心の哲学

トマス・リード

心の哲学

朝広　謙次郎訳

知泉書館

凡　例

一、翻訳には次のテキストを用いた。

The Edinburgh Edition of Thomas Reid, *An Inquiry into the Human Mind on the Principles of Common Sense*, ed. by Derek R. Brookes, The Pennsylvania State University Press, 1997.

これは標準版とされている原著の第四版によるものである。

一、本訳書の表題については訳者の解説を見られたい。もともとの表題は原著第四版のタイトルとして訳出した。

一、訳文は、頁を開けば普通の日本語が目に飛び込んでくるという感覚を大切にした。（　）はすべて原文のものである。「　」については、語句の言及および会話の引用が原文では地の文と区別されていない箇所に用いた場合がかなりあるものの、実質的には原文のものといえる。そのほか、原文で意味が足りないところを補足するための表記は一切用いていない。

一、右の原則から訳者註もその指示を控えめなものとするべく、連番なしの＊印だけとした。巻末に該当章と該当頁で整理してある。

一、解説では幾つかの文献を利用したが、それらのあるものは文章のなかでわかるようにしてある。そのほかのものについては以下の通りである。

D・スチュワートの「リード伝」　*Account of The Life and Writings of Thomas Reid, D. D., F. R. S. E.*, by Dugald Stewart, Edinburgh, 1803.

「卒業記念講演」　*The Philosophical Orations of Thomas Reid*, ed. by D. D. Todd, Southern Illinois University Press, 1989.

リード書簡　The Edinburgh Edition of Thomas Reid, *The Correspondence of Thomas Reid*, ed. by Paul Wood, Edinburgh University Press, 2002.

常識の原理にもとづく人間の心の研究

トマス・リード神学博士著
グラスゴー大学道徳哲学教授

全能者の息が人に悟りを与える*　ヨブ記

第四版改訂版*

ロンドン

T.キャデル*，ストランド，ロンドン

J.ベル*，W.クリーチ*，エジンバラ

1785年

献　辞

アバディーン大学総長フィンドレイターおよび
シーフィールド伯爵ジェイムズ*殿下に捧げる

殿下、この研究は新たに重要なことを含んでおりますが、公刊に同意した私はいささか臆病な気になっております。研究の題材は、すぐれた洞察力と才能に恵まれた人々によってすでに調査されてきました。デカルト*、マルブランシュ*、ロック*、バークリー*、ヒューム*がそのような人々であることを誰が認めないでしょうか。人間知性について彼らのとは異なる見解を抱いたことで、著作を検討しない多くの人々から、虚栄心からそのような無謀なことをしたのだと非難されるでしょう。

とは申せ、心の働きに注意を向けることのできる率直で明敏な少数の人々が、この研究で提出されていることを考慮され、判断を下してくれるものと希望しております。有能な審判としてそのような少数の人々にだけ訴えます。彼らが認めなければおそらく私は間違っていたのであり、喜んで自分の見解を変えるでしょう。しかし、彼らが認めれば、大衆は、いつものように、最後には彼らの権威に従うことでしょう。

私の考えが例の哲学者たちの考えにどれほど反していても、彼らの思索はとても役にたち、私の歩んだ道を指し示してさえいるように思われます。ご承知のように、有益な事柄を発見したという功績は、私のようにたまたまそれに出くわした人々だけではなく、機が熟すのを待ってそれを世に送りだした彼らのような人々にも与えられるのが正当であります。

殿下、一七三九年に『人間本性論』が公刊されるまでは*、一般に受容されている人間知性の原理を疑問視することなど思ってもみませんでした。あの論考の独創的な著者は、ロックがたてた諸々の原理にもとづいて懐疑主義*の体系を打ちたてました。もっともロック自身は懐疑主義者ではありませんでしたが。ともあれ、この体系によれば、あることを信じるのにはそれと反対のことを信じる以上の根拠はありません。さて、あの著者の推理は私には適正なものと思われました。したがって私にとって、その推理がもとづく原理を疑問視するか、それともその結論を容認するか、そのいずれかを選ぶ必要があったのです。

率直な人は何のためらいもなくこの懐疑的体系を容認できるでしょうか。殿下、私にはできませんでした。というのも、絶対的懐疑主義はキリスト教徒の信仰にとって破壊的であるように、哲学や普通の知性を持った人々の思慮分別にとっても破壊的だからです。正しい人と同様、正しくない人も信念によって生きるのです。信念がなければ、敬虔、愛国心、友情、親の愛情、そして個人の徳といったことが、ドン・キホーテの武者修行のように物笑いの種になってしまうでしょう。名誉とか徳の場合同様、快楽、野望、強欲の追求も信念にもとづいているはずです。

日雇い労働者が仕事に精を出すのも、夕刻に給金がもらえるという信念のためであり、そうでなかったなら決してむだ骨を折ることはないでしょう。この懐疑的体系の著者でさえ、あえてそう言ってよければ、その著書が読まれ、顧慮されるだろうという信念があって書いたのです。できれば、人類に役だつという信念をもって彼が書いたのであって欲しいものです。しかし、おそらく結局はそうなることでしょう。というのも、私の思いますに、懐疑的な著述家たちの仕事は、知識という構造の中のどこであれ、弱いところ、欠点のあるところがあればそのあらを指摘することだからです。そしてその箇所が適切に修理されれば、建物全体はもっと強固なものとなり、以前より不動なものとなります。

本懐をとげるために私は、この懐疑的体系がもとづく原理を真剣に検討してみることにしました。そして大いに驚いたことに、それがその全重量をとある仮説の上に支えていることがわかったのです。それは古くからの仮説であり、哲学者たちのあいだで広く受容されたものですが、それに対するしっかりした証拠は見いだすことができませんでした。仮説とは次のようなことです。すなわち、知覚する心の中にあるもの以外は何も知覚されない、我々は外的な事物を本当は知覚せず、そうした事物が心に刻印した像や映像しか知覚しない、というものです。この像や映像は「印象」や「観念」と呼ばれます。*

私の心の中に印象や観念が存在すると想定し、右の仮説が真実であるとしてみましょう。すると、それらの存在から何かほかのものの存在を推論することはできなくなります。印象と観念のほかには、私に知られるなり概念があるなりするものはないからです。さらに、それらはまたたくまに過ぎてゆくはかない存在ですので、それらが存在できるのは、私がそれらを意識しているあいだだけだということになります。こうしてこの仮説によれば、物体と精神、太陽に月に星に地球、友人と親戚など、これまで私が思考とは無関係に恒常的に存在すると想像してきた全宇宙のすべてがたちまち消滅してしまいます。

かくて、まやかしの幻視のごと*
跡を残さず

殿下、あらゆる哲学、あらゆる宗教と徳、あらゆる常識を覆すような仮説を哲学者たちの権威によって容認することは、思えば道理に合わないことです。これまで知る機会のあった人間知性のあらゆる体系がこの仮説にもとづいていることがわかり、私は、いかなる仮説も考慮することなく、人間知性を新たに研究することを決意したのです。

こうして私が殿下に謹んで献呈するのは、この研究の成果です。ただしそれは五官についてだけです。この研究で私がとりえとするのは、私自身の心の働きに多大な注意を向けたことと、同様の注意を向ける人が感じ知覚することをできるかぎり明快に表現したという点だけです。想像の産物は、並の程度をはるかに飛び抜けた才能を必要とします。しかし、たいてい地中深くに埋められている知識という財宝は、飛翔しようにも翼のない雑役夫が刻苦勉励して掘り下げることで得られると言ってよいでしょう。この探求においてなされなければならなかった様々な実験は、私には好都合でした。というのも、それは時間と注意力以外のものを必要としませんが、私はその二つをまかなうことができたからです。心ひそかに自負していることですが、利害や野心とは切り離された学究生活が与える時間のゆとり、職業上の義務が若い人々にこの主題で講義することを私に課したこと、そして最後に、この種の思弁に人生において早くから傾倒していたこと、これらのおかげで私は、この研究が扱う主題にこれまで以上にかなり綿密な注意を向けることができたのです。

この主題についての私の考えは、もう何年も前に、これとは違った形で学生用にまとめられ、のちには私が光栄にもその一員とさせていただいている哲学の私的な会合*にその判断を求めて提出されました。この研究の大部分は殿下に吟味していただく栄誉も受けました。そして、殿下と、私が交友関係を誇りに感じ、その判断に感服している人々のすすめが、うれしいことに私の臆病と自信のなさを相殺し、研究の公刊を決心させたのでした。

この時代にあって常識と理性を当惑させることをたくらんだ懐疑的にさまつな議論に対し、人類の常識と理性を正当化すること、神がお造りになったものの中でも最も高等な部分に新たな光を投じることが殿下の地位にふさわしいものであるなら、一方において、諸々の芸術や学に対し殿下が関心を示され、国土の安泰に寄与するあらゆるものに対するのと同様に、諸々の芸術と学の改善にかかわるあらゆることに対しても気をくばられていることを思えば、他方において、私が殿下のおかげで勤めております職業において精進に励んだことの成果として、殿下がこの試論を喜んで受け取られるであろうことに少しの疑念もありません。この試論はまた、最後に以下のように自分のことを述べるにさいして私が心に抱く、多大なる敬意のあかしでもあります。

多大な恩恵に恵まれし、
殿下の最も忠実なる僕
トマス・リード

目次

心の哲学

第一章　序　　論

第一節　主題の重要性と論及方法

人間の心は、その身体同様、興味をそそり驚きに満ちている。心の能力は、身体器官の場合におとらない神の英知によって、様々な目的に適応している。それどころか、心はより高貴であり身体よりまさるのだから、設計者である神の英知と巧みがよりいっそうそれに用いられたと考えておかしくない。したがって、人間の心は独自に研究する価値のある主題であり、その知識がほかのあらゆる学にもたらす広範な影響*を考えれば、研究の意義はなおさらである。

心との結びつきが最もうすい技芸や学でも、その能力は我々が用いなければならない原動力であり、心の能力の本性と用途、欠陥と障害をよりよく理解すればするほど、我々はそれをより巧みに用いて多くの成果をおさめる。しかし、最も高貴な技芸では、心は我々が働きかける対象でもある。画家、詩人、俳優、雄弁家、道徳家、政治家は様々な方法で、また様々な目的で心に働きかけるが、心の琴線にしかるべく触れるのに応じて彼らは成功する。それどころか、それぞれの技芸が堅固な基礎の上にたつなり威厳のある学に達するなりするのは、それらが人間本性の原理の上に構築されてからである。

今や賢明な人々は、自然の作品を知るただひとつの方法が観察と実験であることに同意しているか、または同意するべきである。本性上我々には、個々の事実や観察を諸々の一般的規則までたどり、それらを用いてほかの結果を説明するなり生み出すなりする根強い傾向がある。知性のこの手続きは日常よくある出来事を通じて万人に知られており、哲学で真の発見がなされるのはこの手続きによってだけである。

水が寒さのために凍結し、熱さのために蒸発することを最初に発見した人は、ニュートン*が重力の法則と光の属性を発見したのと同じ一般的原理にもとづいていたのであり、同じ方法を用いたのである。ニュートンの「哲学することの規則*」は常識の格率であり、日常生活で毎日実行されている。物質についてなり心についてなり、ほかの規則によって哲学する人は目標を間違えているのである。

様々な推測と理論は人間の創造物であり、たぶん神の創造物とはいつになってもつり合わないだろう。もし我々が神の作品を知ろうとするなら、配慮して謙遜な態度で作品そのものに尋ねなければならず、それが明かすことにあえて我々のものをつけ加えてはならない。自然の適正な解釈だけが健全で正統な哲学である。我々がつけ加えるものは真偽が疑わしく何の権威もない。

地球の形成、動物の発生*、自然悪と道徳悪の起源*についての奇妙な理論は、それらが事実からの適正な帰納ではないかぎり、デカルトの「渦*」やパラケルススの「アルケウス*」におとらずむなしい愚行である。おそらく物質の哲学におとらず心の哲学も、これまで理論によって品位を落としてきた。観念の理論*はたしかにとても古い理論であり、これまで広く一般に受容されてきた。しかし、だからと言ってこの理論が信頼できるわけではなく、この理論の自由で率直な検討が妨げられてはならない。とくに、すべての学だけでなく、常識の言明までも打ち負かそうとする懐疑主義の体系を生み出したこの時代にあってはなおさらである。

さて、身体の知識はすべて解剖や観察のおかげである。我々が心の能力と原理を発見できるのも、心の解剖によるのに違いない。

第二節　心の知識に対する障害

しかし、この解剖は、もう片方の解剖よりはるかに難しいことが認められなければならない。したがって、人類がこの点であまり進歩しなかったのも不思議ではない。心の働きに正確な注意を向けて思考の対象とすることは、観想的な人々にとってさえ容易ではなく、人類の大半にとってはほとんど不可能である。

機会に恵まれた解剖学者は、年齢、性、保存状態の点でありとあらゆる人体を自分の眼で正確に調べることができる。その結果、片方の人体で欠陥があったり、不明瞭だったり、異常だったりした個所が、もう片方の人体ではっきりと完全な状態で見いだされるかもしれない。しかし、心の解剖学者に同じ利便はない。どれほど正確で明瞭であっても、彼に調べられるのは自分の心だけである。それだけが彼に検査できる被験者である。彼は諸々の外的な記号から、ほかの心の働きを推論するかも知れないが、それらの記号は大部分あいまいで、自分の心で知覚したもので解釈されなければならない。

となると、誰にもできたためしはないが、かりにとある哲学者が彼の思考原理のすべての働きを明瞭かつ念入りに描写したとしても、結局それは特定被験者の解剖にすぎないことになり、人間本性一般に広げられたりすると不完全で誤ったものとなるだろう。というのも、少しでも反省して見ればわかるように、心の場合の相違は、それとは違う種類の相違とくらべてけたはずれだからである。

我々の様々な能力の中には、自然が植えつけて養育したので人間の努力は必要ではなかったと思われるものがある。動物と共通で、個体の保存なり種の維持なりに必要な能力のことである。しかし、それとは別の能力があり、自然は種子だけを心に植えつけ、養育は人間の文化にまかされた。知性、趣味、道徳を改善し、人間本性の品位を高めることができるのは、それらの能力のしかるべき陶冶によるのである。他方、それらの能力の無視や悪用は人間本性の退化や腐敗をもたらす。

味覚なり食欲なりが切望するままに自然のごちそうにあずかり、澄んだ泉で渇きをいやし、折々の欲求にうながされるまま種を繁殖させ、身に危険がおよぶとそれを避け、労働と休息の繰りかえしのうちに暮らしている二足動物は、森の木のようにまさに自然の申し子である。しかし、この同じ未開人は、論理学者、趣味人、雄弁家、政治家、有徳家、聖人になる種子を内に秘めている。それらの種子は自然によって心に植えつけられたが、陶冶や訓練が不足しているために永遠に埋もれたままであり、本人はおろかほかの人にも気づかれない。

最低の社会生活においてでさえ、未開状態で潜伏していた原理が顕在化する。教育や人との交流、また生活様式によって、それらの原理のあるものは、生来の活力なり陶冶の効果なりのおかげで完成の域にまで発育するが、生来の型から奇妙にも逸脱してしまうもの、抑圧されるかおそらく抹消されてしまうものもある。

こうして人間本性は個人ごとに多種多様なものとなり、道徳や知的資質の点で、獣類や悪魔から天使にまでいたる全段階を占めることになる。心のそうしたとほうもない多様さのせいで、人間という種の共通原理の発見はひどく難しくなるに違いない。

ところで、心のオリジナルな能力についての哲学者たちの言語は流布している体系に適合しており、そのほかの体系にはふさわしくない。それはまるで、特注した男の体格に合って見ばえのする上着が、たとえ男まえで体型がよくても、体格の違う人が着るとぶざまに見えるのと似ている。心とその働きにかかわる哲学を改革するには新たな語句や表現を使うか、慣行の表現を違う意味で用いなければほとんど不可能である。それは哲学者の特権だが、たとえ必要でも偏見と誤解を招き、時の裁定のもとで認可されるのを待たなければならない。というのも、言語の改革は、宗教および政治のそれ同様、役だつことで改革が身近になり、一定期間後に改革に権能が与えられるまでは、多くの人々にいつも疑われ、嫌われるからである。

心のオリジナルな知覚と思念が、自然によって最初に授けられたままの単一で純粋な姿で現れたなら、反省する習慣のある人はたやすくそれらの起源をたどるだろう。しかし、我々が反省できるようになる以前に、それらは習慣、連合、抽象によって互いに混合し、別の混合物とも結びつくので、それらのもとの姿を知るのは難しくなる。この点で心は薬剤師に比較される。薬剤師の諸々の素材は、たしかに自然によって供給される。しかし、職業上彼は、それらを混ぜ合わせ、合成し、分離し、蒸発させ、昇華させるので、それらはまったく異なった見かけを帯びてしまい、その結果、素材が最初は何だったかを知るのは難しくなり、それをもとの自然な姿にもどすことはさらに難しくなる。しかし、心の場合、以上のような作業は成熟した理性の慎重な活動によって行われるのではない。そうだったなら我々はその作業を思い出すだろう。むしろその作業は、我々が理性を使うようになる以前に働く本能、習慣、連合、そのほかの原理によって行われるのである。その結果、心がその来た道をたどり、最初に考え、行為して以来用いてきた働きの起源をたどることはとても難しくなる。

とある子供の心に、生まれて感覚し始めてから理性を使用するようになるまでのあいだに生じたこと、つまり幼い能力はどのようにして働き始めるのか、反省できるようになると見いだされる様々な思念、見解、感情をそれはどのようにして生みだすのか、そうしたことの明瞭で完全な記述を我々が手に入れることができたとしよう。これは自然史の財宝となり、おそらく、開闢以来哲学者たちが提出してきたあらゆる体系以上に人間の能力を明らかにするだろう。しかし、自然が我々の力のおよばないものとしたことを望むのはむだである。反省は心の能力を識別するただひとつの道具だが、この能力を幼児期から成熟期へと育てた自然の足跡をたどるには、あまりにも遅く到来する。

したがって教育、流行、哲学の先入観の中で育った人が自分の諸々の思念と見解を解きほぐし、我々の創造主の意志によるとするほかは説明できない単純でオリジナルな本性的原理を見いだすには、多大な警戒心と精励恪勤が要求されなければならない。そのような解明は、まさしく人間の能力の「分析」と呼ばれるだろう。そしてこれが遂行されるまでは心の適正な体系、つまりオリジナルな本性的能力および法則を枚挙し、それらによって人間本性の様々な現象を解明することを期待するのはむだである。

この種の研究で成功することは人力のおよばないことである。しかし、慎重を期し、謙遜な態度でのぞむことで、誤謬とまやかしは避けられるだろう。迷宮はあまりに錯*そうし、曲がりくねった道をたどるのに導きの糸はあまりに繊細かもしれない。しかし、もうこれ以上はたどれないという地点でたちどまり、それまでに確保した場所を安全なものとするなら害にはならない。炯眼の士がやがてさらに先をたどるだろう。

哲学を堕落させ、誤謬と誤った理論で満たすのは天才であり、その欠如ではない。独創的な想像の持ち主は、土台を掘ってはがらくたを取りのぞき、様々な建築資材を運ぶといういやしい務めをみくだして嫌がり、心気くさいそれらの仕事を学における雑役夫にまかせ、自分は意匠をこらして楼閣を築く。資材に事欠けば発明がおぎない、空想が彩りをそえて装飾をほどこす。その楼閣は見た目に心地よく、堅固さと十分な土台以外に欠けるものがない。自然の作品かと見まがうほどだが、あとに続く建築家がそれを粉砕し、かわって別の楼閣を築く。現代が幸運なのは、こうした楼閣建築家たち*が哲学より小説に従事していることである。それは間違いなく彼らの領分であり、そこでなら空想の産物は正当だが、哲学ではまがい物である。

第三節　心の哲学の現状　デカルト・マルブランシュ・ロック

心とその能力にかかわる哲学がとても低水準にあることは、この哲学を注意して検討したことがない人にも推測されるだろう。力学、天文学、光学のそれのように、明快かつ疑問の余地なく決定された原理など心にはあるだろうか。力学、天文学、光学は普遍的な自然法則の上にたてられた真の学である。これらの学で発見されたものは、もはや論争にはならない。後世が何かをつけ加えるかも知れない。しかし、自然の行程が変わらないかぎり、すでに確立されたものは決して覆されない。だが注意を内面に向けて人間の様々な思考、見解、知覚などの現象を考察し、諸々の本性的な一般法則と第一原理にまでたどろうとすると、我々はただちに無知におちいって当惑する。もし常識が、あるいは教育の原理がたまたま堅固なものでなかったなら、我々が絶対的懐疑主義で終わるのでなければおかしい。

哲学のこの分野では何も確立されていないのを見いだしたデカルトは、その基礎を深くすえるため、十分な理由が与えられるまでは自分の存在を信じまいと決めた。*そのような決意を固めたのは、おそらく彼が最初だった。しかし、彼が目的をとげて本当に自分の存在に自信がなくなったのなら、それは嘆かわしいことだったろうし、理性なり哲学なりでは治療できなかっただろう。自分の存在を信じていない人は、自分がガラスでできていると信じている人同様、ともに議論するのには向いていない。そのような無節操を生みだす障害が人間にはあるのかもしれないが、それは推理によっては治療されないだろう。たしかにデカルトは、「私は考えている、だから私は存在する」という論理的議論によって自分はこの錯乱から抜け出た、と我々に信じさせるだろう。しかし、彼が終始正気であり、自分の存在を決して深刻に疑わなかったことは明らかである。というのも、彼はこの議論において自分の存在を当然視し、何も証明していないからである。彼は「私は考えている、だから私は存在する」と言う。それなら「私は寝ている、だから私は存在する」なり「私は何もしていない、だから私は存在する」なりと言うのも立派な推理ではないか。もし物体が運動していれば、間違いなくそれは存在しているに違いない。しかし、静止していても、物体は存在しなければならないのである。

おそらくこの省略三段論法*でデカルトは、自分自身の存在ではなく思考の存在を想定するつもりだったのかもしれない。そしてそこから心、あるいは思考の主体の存在を推論するつもりだったのだろう。しかし、なぜ彼は思考の存在を証明しなかったのだろうか。意識がそれを保証するからだと言ってよいだろう。だが何が意識を保証するのか。意識は自分をあざむかないと誰が証明できるだろうか。誰にもできやしない。意識をあてにする理由としてこれよりましなものはない。すなわち、心が健全なかぎり人々は本性上意識をかならず潜在的に信じるのであり、したがって意識の証言を疑う人を見ればあざ笑い、あわれむのである。意識の場合同様、正気のとき人々は、自分らの存在もかならずあてにするのではないか。

デカルトの議論で想定されているほかの命題、すなわち「心あるいは主体がなければ思考は存在できない」という命題も同じ異論をまぬがれない。この命題が証拠を欠いているというのではない。しかし、その証拠は、この命題によって証明される別の命題の証拠より明白かつ直接的なわけではないのである。「私は考える」「私は意識している」「考えるものは存在している」「私は存在する」、これらの命題をひとまとめにして考えるなら、正気の人は、このどれかを疑う人についていつも同じ見解を抱くのではないだろうか。もしその人が自分の友人なら、形而上学や論理学ではなく、薬や摂生による治療を彼に期待するのではないだろうか。

私の思考と意識には主体がなければならないこと、つまり「私」が存在することが証明されたと想定しよう。では自分が記憶する、ひとつながりに継起する諸々の思考がどれもひとつの主体に帰属すること、この瞬間の「私」が昨日やもっと過去のまさに分割不可能な「私」であることを、私はどのようにして知るのか。

デカルトはこの疑問を持ち出すことを適切とは考えなかった。しかし、ロックがこの疑問を持ち出した。* この疑問を解決するのに彼は、人格の同一性は意識にあるとおごそかに決定している。つまり、もしあなたが一二箇月前にかくかくのことをしたと意識しているなら、その意識によってあなたはそのことをした当の人物になるわけである。さて過ぎ去ったことの意識とは、私があることをしたという記憶以外何も意味しない。したがって人格の同一性は記憶にあるというのがロックの原理に違いなく、この原理の帰結として、人は忘却するすべてのことについて人格の同一性を失うに違いない。

心の哲学が諸々の疑問を作り出すことに生産的であるにもかかわらず、それらを解決することではうまくいっていないのは何もこれだけではない。

デカルト、マルブランシュ、ロックは物質的世界の存在を証明するために*その才能と技量を発揮したが、結果はひどくぶざまだった。あわれにも無学な人々は太陽や月や星が存在すること、我々が居住する地球が存在すること、なつかしい故郷、友人たち、縁者たちが存在すること、我々が所有する土地、様々な家屋、動産が存在することを信じて疑わない。しかし、哲学者たちは俗人たちの信じやすさをあわれみ、理性にもとづくもの以外は信じまいと決意する。万人が理由を挙げられずに信じてきた事柄について、彼らは俗人たちにその理由を与えるために哲学に取り組む。事が重大なだけに、人はきっと、その証明は難しくないと思うだろう。しかし、この証明はこの世で最も難しいことなのである。というのも、これら三人の偉人は誠意のかぎりをつくしたが、推理できる人に外界の事物の存在を確信させる論拠のひとつすら、哲学の財宝から引き出せなかったからである。賞賛されし哲学よ！　光のまな娘！　英知と知識の守護者！　哲学よ、汝がかようなものなら、汝はいまだに人間の心には現れてはいないのだ。汝が我々を祝福して与えた光明は、人間の能力に闇のとばりを投げかけるだけであり、汝の祭壇に近づいたこともなく、汝の影響を感じたこともない人々が享受している安息と安寧を妨げるだけである。しかし、哲学よ、汝がみずから発見した、あるいは作り出したこの暗雲と物のけを追いはらう力が汝にないのなら、貧しく悪意に満ちたこの光明を撤回するがいい。私は哲学を軽蔑し、その保護を拒否する。わが魂を常識に安住させよ。

第四節　これらの哲学者たちの擁護

しかし、きざし始めた光を軽蔑するのではなく、むしろその増大を望むべきである。私がすでに言及した哲学者たちを彼らの体系の欠点と汚点のせいで非難するのではなく、哲学でこれまで知られることのなかった領土を最初に発見した人々として、敬意をこめて彼らを追憶するべきである。体系がたとえどれほどひ弱で不完全でも、彼らは将来の発見に通じる道を開いたのであり、将来の発見は、その多くが間違いなく彼らの手柄となるのである。彼らは無数のちりやがらくたを取りのぞいたが、それは学院的詭弁の時代*に集積され、道をふさいでいた。彼らは我々を正道に、すなわち経験と正確な反省という道に導いた。彼らは、あいまいでよく定義されていない言葉のわなを避けることを我々に教え、この点について以前には知られていなかったほど明瞭明快に語り考えた。彼らは多くの突破口を開いたが、それらは彼らが達しなかった真理の発見に通じるか、そうでなければ彼らが不本意にもおちいった誤謬の露見に通じるだろう。

心について受容された哲学の欠陥と汚点は分別のある人々の軽蔑とあざけりを招くことになったが、ことの原因は次の点にあった。すなわちこの哲学の信奉者たちは、ひいきという自然な偏見のあまり、哲学の裁判権をその正当な限界以上に拡張しようと試み、常識の言明を裁判にかけようとしたからである。しかし、この言明はそのような裁判権を拒否する。この言明は理性の審理をみくだし、哲学の権威を否認する。この言明は哲学の援助を要求せず、その攻撃をおそれない。

常識と哲学がこのように一方的に競い合うと、哲学はいつも面目を失い敗北する。それどころか、哲学はこうした敵対関係がやみ、侵略行為が放棄され、親密な友好関係が回復するまでは栄えることができない。というのも、実際常識は哲学を何とも思わず、その援助を必要としてはいないからである。他方、哲学は常識の原理のほかに（別の比喩を用いれば）根を持たない。哲学は常識の原理から成長し、そこから養分をとる。この根から引き抜かれると哲学の評判はおとろえ、その活力は枯れ、哲学は死んで腐敗する。

私が言及した前世紀の哲学者たちは、右のような同盟関係と従属関係の維持に、哲学の評判と関心が必要とするほど注意を向けなかった。しかし、現代の哲学者たちは常識に対して戦端を開き、哲学のさまつな議論によってそれを完全に征服しようと望んでいる。それは、全能のユピテルに挑んだ巨人族*におとらず無謀でむだなことである。

第五節　バークリー主教、『人間本性論』、懐疑主義について

私が考えるところでは、クロイン主教*と『人間本性論』の著者*の二人は、哲学のこの分野で現代が生んだ最も鋭く、最も経験豊かな人物である。前者は懐疑主義に好意的ではなく、職務上宗教と道徳のことをいつも心にとめていた。とは言え、研究の結果彼は、物質的世界のようなものは存在しない、自然には諸々の精神と諸々の観念のほかには何も存在しない、物質的実体と抽象観念についての信念が哲学における誤謬、宗教における不信仰、異端の主要な原因であると確信した。彼の議論はデカルト、マルブランシュ、ロックによってすえられ、哲学者たちによって一般に受容された原理にもとづく。

最も有能な判断力の持ち主たちは、この原理はこれまでに反駁されなかったし、これからも反駁されず、バークリーは人が正気では信じることのできない事柄を反論しがたい論拠によって証明した、と考えているらしい。『人間本性論』の著者は同じ原理にしたがい、それを徹底する。そしてかの主教が物質的世界を解体したのと同様、この著者も同じ根拠から精神の世界を解体し、自然の中に観念と印象以外には何も残さない。つまり観念と印象が影響する主体さえ存在しない*のである。

この著者にはいっぷう変わったしゃれっ気があるようだ。著書の序論で彼は、諸々の学の完全な体系をまったく新しい基礎、すなわち人間本性という基礎の上に築くことをまじめな顔つきで約束しながら、その著書全体の意図はというと、世の中には人間本性や学などないことを示すことなのである。そのことを非難するのは、自分の存在も読者の存在も信じていず、したがって読者を失望させたり、読者の信じやすさをあざ笑う意図のない著者に対し

てはおそらく筋が通らないだろう。しかし、私は、『人間本性論』の著者がこう弁明するほど懐疑的であるとは想像できない。自分の原理に反して彼は著書が読まれることを信じたし、その形而上学的眼識に相応の評判と名声を手にするまでは、人格の同一性を維持するべきだと信じたのである。実際彼は、自分の哲学に同意できたのはひとりで書斎にこもっているときだけだ*と率直に認めている。社交生活はまるで日の光のように懐疑主義の暗雲を追いはらい、おかげで彼は常識の支配に服することになった。いやたとえひとりでいるときでも、その原理が主張しているような懐疑主義を明示する行動を疑われたことなど、私は聞いたことがない。もしそうした行動を彼の友人たちが感知したなら、彼らは善意から彼を決してひとりにしなかっただろう。

エリスのピュロン*はこの哲学の祖だが、後継者たちよりはるかにその哲学を徹底したようだ。というのも、もし我々がディオゲネス・ラエルティオス*が引用したカリュストスのアンティゴヌス*を信用するなら、ピュロンの生活はその教義にのっとっていたからである。たとえ荷車が向かってきても、あるいは犬が襲ってきても、さらには絶壁にたったとしても、彼は自分が見聞きしたことを信じず、危険を避けるために一歩も足を動かさなかった。しかし、幸いなことに、彼の付き人たちはそれほどの懐疑主義者ではなかったので、ピュロンに危害が加わらないように注意したのである。というわけでピュロンは九〇歳まで生きた。これと同様に、かりにその原理が例の著者にあまりに強力な影響を与えたとしても、友人たちが彼に危害がおよばないよう注意しただろうことは疑う余地がない。おそらく『人間本性論』は仲間内で書かれたのではないだろう。しかし、その中には、著者がときおり俗人たちの信念にたちもどっていることや、懐疑主義的態度を数頁と維持できていないことを明らかに示す箇所が含まれている。

同様にあの偉大なピュロンも自分の原理を忘れるようなことがあり、自分の料理人に対して激怒したという。おそらくこの料理人は、肉を主人の好み通りに焼かなかったのだろう。そのためピュロンは、肉のついた焼き串を手に、市場までその料理人を追いたて*たのだそうだ。

万人の信念と行動を日常生活において支配する諸々の原理をむぞうさに拒絶するのは、大胆な哲学である。反駁したつもりの哲学者でさえ、それらの原理にしたがわなければならない。それらの原理は哲学より古く権威がある。哲学はそれらの原理にもとづくのであって、その逆ではない。もし哲学がそれらの原理を覆すようなことがあれば、哲学はともにその廃墟にほうむられるに違いない。しかし、煩さな哲学の原動力はこの目論見にはあまりに弱々しい。そうした試みは、機械工が地球をその位置からずらすためにてこを考案したり、数学者が同じものに等しいものどうしは互いに等しくないことを証明しようとするのと同様、ばかげたことである。

ゼノン*は運動の不可能性を証明しようとした。ホッブズ*は正と不正には違いがないことを証明しようとした。そしてこの著者は、感官、記憶、さらには論証すら、少しも信頼できないことを証明しようとした。そのような哲学は、たとえその虚偽を見つけることができない人にとっても、間違いなくばかげている。それは理性と人間本性をおとしめ、人類を野獣とする代償をはらって詭弁家の頭のよさを示そうとするのと何も変わらない。

第六節　『人間本性論』について

人間本性にかかわるこの体系にはまだ不利な点があり、一般的に言って、そのせいで人はこの体系を前に気おくれする。

デカルト、ホッブズ、そしてこの著者は、それぞれ人間本性の体系を提示した。しかし、それは、たとえどれほどの才能と能力を持っていたとしても、ひとりの人間にとってはあまりに壮大な計画である。かならず察知されるに違いないように、人間本性の多くの部分が観察されていないし、観察された部分でさえ、空所を埋めて体系を完成させるために無理にゆがめられている。いったいそうでなければ、クリストファー・コロンブスなりセバスティアン・カボート*なりがアメリカ大陸の完全な地図を提示していただろう。

　自然の作品にはある種の性格と様式があって、そのため決して完璧に模倣されることはない。この完璧な模倣が私の言及した人間本性の体系、とくに最後に言及した体系には欠けている。人形が様々な運動と身ぶりをこなすのをひと目見て、人は感銘をうけるだろう。しかし、人形が分解され、正確に観察されると賞賛の念は消える。我々は製作者の用いた技術をすべて理解する。この技術とそれで表現されたものとはどれほど似ていないことか。人間の身体と比較して何というちっぽけな作品か。その構造を知れば知るほど人間の身体には驚きがあり、我々は無知にますます敏感になる。人間の身体の仕組がそれほど理解しがたいのに、心の仕組は容易に理解できるのだろうか。しかし、この体系によれば、連合の三法則*がいくつかオリジナルな感覚をともなって、感官、想像、記憶、信念、そのほかの心の活動と情念のすべてを説明するのである。これが自然の作った人間だろうか。自然の作品がもたらす情景の背後をうかがい知るのは、そんなに容易ではないと私は疑う。まさにこの体系は、その作品をまねようと、自然のあまりに大胆な弟子によって考案された人形である。ロウソクのあかりでなら何とか見られるものの、白日のもとで分解されると、こてで漆喰を塗り固めた人間に見えるだろう。自然のほかの領域については、知れば知るほど私はますます気に入り、よしと思う。太陽系、我々が住んでいるこの地球、鉱物、植物、動物、自分の身体、以上の自然の領域で通用する法則、これらについて知っているごくわずかのことでさえ、壮大にして美しい情景を私に提示し、私の幸福と活力とに寄与する。しかし、自分の内面をのぞき、そうした眺望と喜びを可能にする心そのものを考察すると、もし『人間本性論』の通りなら、私は自分が呪いのかかった城に閉じこめられ、物のけやばけ物にだまされていたのを見いだす。自分がどれほどまやかされていたかと思い、私は内心赤面する。みずからを恥じ、みずからの定めをいさめなければならない。おろかな被造物をだまし、あとで手のうちを明かしてどれほど愚弄されていたかを知らしめるとは自然よ、これが汝の気晴らしか。これが人間本性の哲学なら、我が魂はその秘密をさぐろうとはしまい。それはまさに禁断の知識の木である。その実を味わうとすぐに私は、自分が裸で、ひとつとして身を覆うものがなく、自己さえ奪われているのを知覚する。自己と全自然とがはかない観念へと収縮し、エピクロスの原子さながら虚空*を踊躍するのを目のあたりにするのである。

第七節　これらの著述家の体系はすべて同じであり懐疑主義に通じる

人間本性の第一原理を巡るこれらの深遠な討究が、おのずと決まって人を懐疑主義の奈落におとしいれるとすれば、我々はどうしたらよいだろうか。懐疑主義に通じると言うが、これまでに生じたことからそう判断してよいのではないか。デカルトがこの鉱脈を掘り始めると、すぐに懐疑主義が彼に襲いかかろうとした。彼はそれを締め出すためにできるだけのことをした。マルブランシュとロックはさらに掘り進み、この敵がさらに増大するのを防ぐのはもはや困難だとわかったが、それでも誠意のかぎりをつくした。そこでバークリーが仕事を引き継ぎ、すべてを救うことに絶望してひとつの方策を思いついた。すなわち物質的世界を放棄することだが、彼は、物質的世界は損失をもたらすことなく切り詰めることができ、さらに都合のよいことに、難攻不落の隔離壁によって精神の世界を守ることができると考えた。しかし、何としたことか！『人間本性論』が節操もなくこの隔離壁の土台を掘り崩し、大洪水ですべてを沈めてしまったのである。

これら疑う余地のない事実からこう理解するのは、たしかに筋が通っている。すなわち人間知性についてのデカルトの体系、それを私は「観念的体系」と呼ばせてもらいたいが、この体系はのちの著述家たちによっていくらか改善されて今や一般に受容されているが、もともとこのような懐疑主義が仕かけられ、育成されてきたという欠陥がある。したがって人間知性について堅固で有用な知識を期待するまえに、観念的体系を基礎から明らかにし、その素材を検討しなければならない。

第八節　我々はよりよいものを絶望してはならない

しかし、デカルトや彼の追随者たちが失敗したのだから、そのような作業は絶望的ではないのか。いや決してそんなことはない。このような臆病は我々自身にとって、また真理にとっても有害である。有用な発見は、ときにはすぐれた才能の結果であるかも知れない。しかし、それはまた、しばしば時と偶然の所産でもある。十分な判断力をもった旅人も道に迷うだろうし、知らないうちに間違った道に迷いこむこともあるだろう。見通しがきくうちは、彼は疑いを抱かずにつき進むだろうし、彼に続く人々もいる。しかし、その道が炭坑で終わったなら、自分が間違えていたことや間違えた理由を知るのにたいした判断力もいらない。

哲学のこの分野における見込みのない状態は、これまで例の試みを思いとどまらせる結果をもたらしてきた。しかし、この結果は予想されたものであり、ただ時の経過とともによりよい成果があげられたなら除去されるだろう。日常生活において懐疑的ではない分別のある人々は、この主題についてこれまでに語られたことや、これから語られるだろうことに極度の軽蔑を示しがちである。「形而上学など誰が知ったことか」と彼らは言う。「学院的詭弁家はかってにこしらえた蜘蛛の巣と取り組むがいい。私は自分やほかの事物の存在を固く信じるつもりだ。彼らがどれほど反対のことを言っても、雪は冷たいし、蜂蜜は甘いと信じるつもりだ。説得して私から理性と感官を取りのぞこうとする者は気が狂っているか、または私を愚弄しようとしているに違いない」

正直なところ私には、懐疑主義者がこれに何と答えるか、またどんなまともな論拠によって聴取されるのかはわからない。というのも、彼の推理は詭弁であるか、または人間の能力に真理がないかのいずれかであるが、もし前者ならたしかにその推理は軽蔑にあたいするし、後者ならなぜ我々は説得できるのか。

だから、人がもしこのような形而上学の労役に縛られて抜け出す道が見つからないのなら、解くことのできない結び目をあえて切断して形而上学を呪い、ほかの人々を説得して形而上学に首をつっこまないようにすればよい。鬼火を追って私が泥沼にはまったとすれば、ほかの人々に警告する以外何が私にできるだろうか。哲学が自己矛盾するのなら、その信奉者たちを愚弄するがよい。彼らが追求し享受するあらゆる対象をめしあげ、哲学をその起源だったに違いない地獄に放り投げればよい。

しかし、哲学は絶対確実にそのようなものだろうか。哲学は誤解されたのかもしれないのではないか。かつての天才たちの夢が哲学の託宣としてまかり通ったのではないだろうか。それなら哲学は何も聴取されずに非難されるべきだろうか。それでは筋が通らないだろう。私はこれまで哲学を、形而上学以外では気のおけない仲間、誠実な助言者、常識と人類の幸福の友と思ってきた。そこで、哲学が不誠実であることが疑えない証拠を見いだすまでは、私は哲学とつき合い、信頼を抱き続けるのである。

第二章　嗅覚ついて

第一節　議論の進め方　匂いの媒体と器官について

人間知性の働きを解明して第一原理を見いだすのは非常に難しいので、最も単純なものからより複雑なものへと慎重に進んでいくよりほかに、成功の見込みはない。そこで人間の能力の分析では、五つの外的感官が最初に考察されるべきだろう。同じ理由から、それらのうちどれから始めるのかも決まり、最も高貴で有用な感官ではなく、むしろ最も単純な感官、その対象がほかのものと間違えられる危険の最も少ない感官が優先されるはずである。

右の観点から諸々の感覚を嗅覚、味覚、聴覚、触覚、視覚の順で考えれば、分析は最も簡単明瞭に行われるだろう。

自然哲学が我々に教えるところによると、あらゆる動植物は、おそらくそのほかの事物も含めて、生命活動を営んでいるときだけでなく死後の分解や腐敗の過程でも、空気中にとても微細な物質をいつも発散している。おそらくこの揮発性の粒子は互いに反撥して空気中に飛散し、化学親和力*を持つ物体と出会ってそれらと結合し、新たな凝結物を形成する。植物そのほかの物体の匂いはすべてこのような揮発性の粒子によって引き起こされ、空気中にこれらの粒子が飛散するところではどこでもそれらの匂いを嗅ぐことができる。動物によっては匂いの感覚が鋭いところをみると、これらの発散物は遠くまで広がり、想像を絶するほど微細であるに違いない。

ある化学者たちが考えたように、あらゆる種類の物体には「指導的精神」*、すなわち匂いそのほかの特性をもたらし、とても揮発的なために、しかるべき受容体を求めて空気中を飛び交うある種の魂があるのかどうか、私はここでは追求しない。これはほかの理論同様、適正な帰納というよりむしろ想像の産物であろう。とは言え、あらゆる物体がそれらの微細な発散物によって匂うのであり、この物質が空気とともに鼻腔に吸い込まれるという点については疑う理由がない。吸気と排気のさいにたえず空気が流れる通路に匂いの器官をおいた点に、明らかな自然の意図が見られる。

解剖学が我々に教えるところでは、鼻腔粘膜とこの粘膜の繊毛で覆われた部分に分布する嗅神経が、自然の英知によってこの感官に定められた器官である。したがって物体が微細物質を発散しなかったり、微細物質が鼻に吸い込まれなかったり、鼻腔粘膜なり嗅神経なりがその役目を果たさなかったりしたなら、匂いを嗅ぐことはできない。にもかかわらず匂いの器官、その媒体、右に言及した粘膜なり神経なり動物精気*なりによって生じると考えられるどんな運動も、明らかに匂いの感覚と少しも類似しない。それどころか、この感覚そのものからは神経、動物精気、微細な発散物など我々には思いもつかなかっただろう。

第二節　抽象的に考察された感覚

この感官の媒体と器官についてこれだけのことを前置きして、我々は次に、バラなりユリなりの匂いを嗅ぐときに心が意識しているものを念入りに注意してみよう。我々の言語にはこの感覚に対するほかの名称がないので、それを「匂い」とか「香り」と呼ぶことにし、少なくとも検討を終えるまでは、それらの名称の意味から感覚そのもの以外はいっさい除外することにしよう。

以前この感官が欠けていた人がいて、突然彼がこの感官を授かってバラの匂いを嗅いだとしよう。彼は匂いとバラとの類似点なり合致なりを知覚できるだろうか。きっとできない。彼は自分が新たに触発されているのを見いだす。しかし、彼はそれがなぜであり、またどんな原因によるのかわからない。以前には知らなかった痛みなり快感なりを感じる人のように、自分自身はその原因ではないことを彼は意識している。しかし、ことの性質上、それが物体によるのか、それとも精神によるのか、また近くのものによるのか、それとも遠くのものによるのか決められないのである。ほかとは何の類似点もないので比較できない。したがって彼は、おそらく未知の原因*があるに違いないというほかには、何も結論できないのである。

匂いに形、色、延長、そのほかの物体的性質を帰することは明らかにばかげている。例の彼は、憂うつ感なり喜びなりの場合同様、匂いに場所など指定することはできない。それどころか、彼には、嗅がれているとき以外にも匂いが存在するとは考えられないのである。したがって匂いは心の単純でオリジナルな触発あるいは感じであり、解明も説明もまったく不可能に思われる。たしかにそれはどんな物体の中にも存在できない。それは感覚なのである。そして感覚は心の中にだけ存在できる。

様々な香りは、それぞれ強さなり弱さなりが違っている。大部分は心地よいか不快かのいずれかである。香りが弱いと心地よいものも、強くなると不快になる。様々な匂いを比較しても、類似なり不一致なり、とにかくどんな関係もそれらのあいだに知覚されない。匂いはそれぞれそれほど単純であり、また相互に異なっているので、それらを類や種に分類することはほとんど不可能である。我々が匂いに与える名称は「バラの匂い」「ジャスミンの匂い」など、ほとんどが個別的なものである。とは言え、一般的な名称もいくつかあり、例えば「甘い」「悪臭のする」「黴くさい」「腐った」「死臭のする」「香ばしい」などである。心を清新にして活気づけるものもあれば、心を消沈させて落胆させるものもある。

第三節　感覚、記憶、信念の自然原理

ここまで我々はこの感覚を抽象的に考察してきた。次にこの感覚をほかの関連する事柄と比較してみよう。まず記憶や想像と比較しよう。

嗅いでいなくても私はバラの匂いを考えることができる。バラの匂いを考えているときに、バラとその匂いがどこにも存在しなくてもおかしくない。しかし、その匂いを嗅いでいるときは、かならずきっとその感覚が実際に存在すると私は信じる。すべての感覚に共通なのは、知覚されなければ存在しないように、存在しなければ知覚されないことである。私は感覚同様、自分の存在を容易に疑うことができる。しかし、自分の存在を反駁しようと試みた深遠な哲学者たちでさえ、感覚が現に存在することを疑問視するより、むしろ感覚を主体なしでさえ独立して存在するものとしたのである。

さてここに感覚、例えば匂いがあり、それは三つの異なった仕方で心に提示されるだろう。すなわち匂いは嗅がれ、思い出され、想像され思考されるだろう。第一の場合には感覚が現に存在しているという信念が、第二の場合には感覚がかつて存在したという信念がかならずともなう。最後の場合は信念をともなわず、論理学者が言う「単純把握*」である。

なぜ感覚が事物の現時点での存在についての信念を、記憶が事物の過去時点での存在についての信念をそれぞれ我々に強要する一方、想像はまったく信念を強要することがないのか。これにはどんな哲学者も理由らしきものを挙げることができないと私は思う。むしろそうしたことがこれらの働きの本性である。すなわち感覚、記憶、想像は心の単純かつオリジナルな活動であり、解明不可能である。

ある部屋で、鉢に植えてあってとても心地よい芳香を放つチュベローズをただ一度だけ嗅いだとしよう。翌日私は自分が見、嗅いだものを人に語る。そのとき自分の心に生じることを念入りに注意してみると、明らかに昨日見た事物と嗅いだ芳香とが想起する私の心の直接的対象である。さらにあの鉢と花が今私がいる部屋に運ばれ、あのときと同じ芳香を放つのを想像することができる。この場合も、私がかつて見たり嗅いだりした事物が私の想像の対象であるように思われる。

たしかに哲学者たちは、右のような場合で私の記憶と想像の直接的対象はかつての感覚ではなく、むしろその観念、かつて私が嗅いだ香りの像や心象または形象*であると言う。つまり彼らによれば、ともかくそうした観念が今私の心なり感覚中枢*なりにあり、心はこの眼前の観念を凝視し、それがかつてあったものの表示なり、これからあるだろうものの表示なりであることを見いだして、それぞれを記憶なり想像なりと呼ぶのである。これは観念的哲学の学説である。現在の考察を中断したくないので、私はこの学説を今は検討しない。とくと注意すると、記憶の対象はかつてあった事物であり、眼前の観念ではないように思われる。我々はのちに*この観念の体系を検討し、次のことを明らかにしてみたい。すなわち、観念の存在については何らしっかりした証拠がないこと、観念は人間知性の現象を解明するために案出された虚構であり仮説にすぎないこと、しかし、観念はまったくこの目的に役だっていないこと、それどころか心あるいは感覚中枢における事物の観念あるいは像という仮説は、常識にとっては非常に驚くべき多くの逆説と懐疑主義を生み出し、心の哲学をおとしめ、分別ある人々のあざけりと軽蔑を招いたことである。

さてしばらくは俗人たちとともに、チュベローズの匂いを思い出すときには昨日嗅いで今はもはや存在しない感覚が私の記憶の直接的対象であり、チュベローズの匂いを想像するときにも感覚の観念ではなく感覚そのものが対象になっていると考えよう。しかし、感覚、記憶、想像の対象はこのように同じだが、それらの心の活動なり働きなりは異なっており、匂い、味、音と同様、容易に区別される。私は感覚と記憶の違い、そしてこの両者と想像の違いを意識している。また私は感覚が匂いは現に存在するという信念を、記憶がそれはかつて存在したという信念を強要するのがわかる。「匂いがある」とは感官の直接の証言である。「匂いがあった」とは記憶の直接の証言である。もし、匂いは存在するとなぜ信じるのかと尋ねられたなら、「嗅いでいるからだ」という以外に私は理由を挙げることができないし、今後もできないだろう。匂いは昨日あったとなぜ信じるのかと尋ねられたなら、「覚えているからだ」という以外の理由を私は挙げることができない。

したがって感覚と記憶は心の単純にしてオリジナルな、互いにまったく異なる働きであり、両者ともに信念のオリジナルな原理である。想像もそれらから区別されるが、信念の原理ではない。感覚はその対象の現時点での存在を含意し、記憶はその対象の過去時点での存在を含意する。しかし、想像はその対象を存在なり非存在なりの信念なしに裸のまま眺める。学院哲学のいわゆる「単純把握」である。

第四節　ある場合には判断と信念が単純把握に先行する

しかし、ここで再び観念的体系が我々の妨げとなる。それによれば、心が観念に対して行う最初の働きは単純把握、すなわちどんな信念もともなわない事物の単なる概念である。様々な単純把握を得たのち、それらを比較することでそれらのあいだの一致なり不一致なりが知覚されるが、この知覚がいわゆる信念*、判断、知識である。私は、これらはすべて自然のうちに何の根拠も持たない虚構だと思う。というのも、万人が認めるように感覚が記憶や想像に先行しなければならず、したがって少なくとも我々が今語っている事柄では、かならず信念および知識をともなった把握が単純把握に先行しなければならないからである。それだから、信念なり知識なりは様々な単純把握の結合と比較によって得られると言わずに、むしろ単純把握は自然でオリジナルな判断の分解と分析によってなされると言うべきである。この点で心の働きは自然物*と同様である。自然物は単純原質または元素*からなる。しかし、自然は、のちに我々によって合成されるよう、これらの元素をばらばらに提示しはしない。むしろ自然はそれらを凝結物中に混交して提示する。そしてそれらが分離されるのは化学的分析という人為によるのである。

第五節　信念の本性についての二つの理論を反駁する　これまでに言われたことからの結論

感覚と記憶にともなうこの信念または知識はいったい何か。もちろん誰もがそれが何であるかわかっている。しかし、それは誰にも定義できない。感覚や意識を定義する人がいるだろうか。幸いにも誰もそんなことはしない。

哲学者が信念を定義したり説明したりしなかったなら、いやしむべき迷信や、死に物ぐるいの熱狂より信じがたい哲学的逆説のいくつかは日の目を見なかっただろう。それぞれの対象が同じとき、感覚、記憶、信念、想像はそれぞれ観念の力強さと活気の程度が違うだけである、という観念的哲学による近年の発見*はまさにそのような哲学的逆説である。死後の世界の観念を考えてみよう。ある人は死後の世界を固く信じている。つまり彼は死後の世界について強力で生き生きとした観念を持っている。別の人は死後の世界の存在も非存在も信じない。つまり彼の観念は弱くかすかである。さて三番目の人が死後の世界は存在しないと固く信じているとしよう。しかし、いったい彼の観念はかすかなのか、それとも生き生きしているのかわからなくなり、私は途方にくれる。もしかすかな観念なら、固い信念がありながら観念はかすかだということになる。また観念が生き生きしているのなら、死後の世界のあるなしで信念は同じになってしまう。信念が単純把握より強力な対象観念を含意することの証明*に用いられるのと同じ論拠が、愛情が無関心より強力な対象観念を含意することの証明にも使われるだろう。なら憎悪はどうなるのだろうか。この仮説では、それは愛情の程度だろうか、それとも無関心の程度だろうか。愛情には観念では説明できないもの、すなわち心からの愛着があると言って当然なら、同じ理由で信念には観念では説明できないもの、すなわち心からの同意なり得心なりがあると言えるのではないだろうか。

しかし、この奇妙な見解は、その主張同様、その反論もばかげているだろう。円、四角形、三角形は大きさが違うだけで形は違わないという人がいれば、誰も彼を信じる気にも反論する気にもならないだろうと思う。感覚、記憶、想像が程度の違いであり種類の違いではないと主張するのは、これにおとらず常識にとって驚きであると私は考える。錯乱したり夢想したりしたときに人々が混乱しがちなことは、私も知っている。しかし、だからと言って、夢想せず錯乱してもいない人々も物の識別ができないことになるだろうか。それを言うなら、錯乱していないことを人はどうやって知るのか、私は答えられない。私には人が自己の存在をどうやって知るのかもわからないのである。しかし、自分で錯乱を疑う人がいれば、たぶんその人は錯乱しているのだと私は思うし、治療を必要としているだろう。しかし、その治療を、彼が論理学の全体系の中に見いだすことはないと私は確信している。

前に私は信念あるいは知識にかかわるロックの思念に言及した。*彼は信念あるいは知識は観念の一致なり不一致なりを知覚することにあると考え、これを非常に重要な発見だと自慢している。

我々はあとでロック哲学のこの大原理をもっと細かく検討し、ロックが意図しなかったにもかかわらず、それが現代の懐疑主義における眼目のひとつになっていることを明らかにするだろう。*ここではこの原理が現在考察中の信念の事例と合致するのかどうか、またこの事例を解明するのかどうかを考えることにしよう。私は自分が感じている感覚が存在し、自分が想起する感覚が、今は存在しないが昨日は存在したと信じている。さてロックの体系によれば、私は感覚の観念を過去と現在の存在の観念とそれぞれ比較し、感覚の観念があるときは現在の存在の観念と一致して、過去の存在の観念とは一致せず、別のときには過去の存在の観念と一致して、現在の存在の観念とは一致しないことを知覚する。まことにこれらの観念は、一致と不一致について実に気まぐれである。さらに私は観念の一致、不一致で何が意味されているのか本当はよくわからない。私は「感覚は存在する」と言う。そして私は自分が言おうとしていることをはっきり理解している。しかし、事態をもっとはっきりさせるために、ロックは「感覚の観念と存在の観念との一致がある」と言う。率直に言って、私にはこれでは何もわからない。私には奇妙であいまいな回りくどさしか理解できない。そこで私は感覚や記憶にともなう信念は心の単純な活動であり、定義できないと結論する。そうしてみると信念は見聞きすることに似ており、見聞きすることは、それらの能力のない人にも理解できるよう定義することはできないのである。そして、そもそもそれらの能力を持っている人には、どんな定義もそれらの働きを今以上にはっきりさせるわけではない。同様に信念のある人はみな信念の何たるかを知っているが、それを定義することも説明することもできないのである。信念のない人がいればそれは好奇の対象に違いない。私はさらに感覚、記憶、想像は、たとえそれらの対象は同じでもまったく異なった本性の働きであり、健全にして分別のある人々によって申し分なく区別できると結論する。それらを混同する危惧のある人は本当にあわれむべきである。彼がほかの方法によって救済されるにせよ、それは論理学や形而上学によるのではない。私はさらに、二かける二は四だと信じること同様、感覚が現に存在していると信じ、我々が思い出すことがかつて存在したと信じるのも人間本性であると結論する。感覚の証拠、記憶の証拠、そして事物の必然的関係の証拠はそれぞれ明瞭にしてオリジナルな証拠であり、すべて等しく我々の本性にもとづいている。それらのいずれもほかに依存したり、ほかに帰せられることはない。これらの証拠に反して推理するのは不合理である。それどころか、それらの擁護のために推理を働かせるのも不合理である。それらは第一原理である。それらは理性の領分ではなく、常識の領分に属する。

第六節　形而上学的不合理の擁護　心なしの感覚とは観念の理論の帰結であること　この奇妙な見解が帰結すること

匂いの感覚が匂いの記憶や想像とどのように関係するかを考察したので、次にこの感覚が心とどのように関係するかを考察しよう。確かなことは匂いを嗅ぐことが心、あるいはこれまで「感覚」「働き」「感じ」と呼ばれてきた嗅覚能力を所持するものなしに、それ自体で存在するとは誰も考えることができないし、信じることができないということである。しかし、誰かが、感覚が心なしには存在できないことの証明を要求したなら、私には証明できないと白状する。否定するのと同様、あえて証明するのも私には不合理に思われる。

『人間本性論』の公刊以前なら、右のことは弁明なしに語られたかもしれない。というのも、私が知るかぎり、それまでは誰も心を疑問視しなかったし、心の存在を信じる理由など考えなかったからである。思考的存在者は空気のようなものか火のようなものか、物質的なものか非物質的なものかというようなことはこれまで様々に論じられた。しかし、思考が何らかの存在者の働きであることは、疑うことができない原理として当然視されていたのである。

しかし、古今を問わず最も鋭い形而上学者のひとりである例の著者がそれを俗人たちの先入観とし、心とは主体をともなわない観念および印象の継起である*と主張して以来、たとえそれが人類の共通理解に反していても、この見解は顧慮されている。したがって私は切に願うが、私があれこれの形而上学的思念を不合理なり人類の常識に反するなりと非難しても、どうかおこらないで欲しい。そのような見解を持った著述家たちの知性に対して、私は何らの軽蔑も意図してはいない。実際これらの見解は知性の欠陥からではなく、その過度の精妙さから生じたのである。これらの見解に通じる推理は我々の問題を新たに解明し、例の著者の真の天才ぶりと深い洞察力を示すだろう。前提の意義が結論の不合理を償ってあまりある。

もし我々が本性上信じ、とくに日常生活では理由も挙げられずに当然視しなければならない諸々の原理があるとすれば、それらはいわゆる「常識の原理」である。そしてそれらに明らかに反するのはいわゆる「不合理」である。

もし感覚と思考が思考的存在者なしに存在することが真実であり、哲学の原理として受け入れられたなら、たしかに古今みぞうの大発見と認められなければならないだろう。容認された観念学説が、そのことが導かれる原理であり、適正かつ自然な帰結に思われる。人類の共通理解にとってあまりに衝撃的で不快でなければ、この発見はおそらくそんなに遅れることはなかっただろう。そこで、この発見を世に紹介するには非凡な哲学的大胆さが必要だったのである。思考のあらゆる対象は印象または観念、すなわち先行する印象のかすかな写しでなければならない、というのが観念的体系の基本原理である。これは共通に受容された原理で、例の著者でさえ彼の全体系がその上に築かれているにもかかわらず、この原理を少しも証明していない。彼が形而上学的装置を組みたてて天と地、物体と精神を覆そうとしたのは、不動点としてのこの原理にもとづいてである。そして私の理解では、それは目論見に十分である。というのも、もし印象と観念だけが思考の対象であるなら、天と地、物体と精神、そのほか何でもただ印象と観念を意味するか、あるいは意味のない言葉になるからである。したがってどれほど奇妙でも、この思念は容認された観念学説と密接に結びついており、我々はその結論を認めるか、あるいはその前提を疑問視するのでなければならない。

本性上観念にはほかの存在に対してどこかよそよそしいところがある。観念は最初、事物の像または代表というつつましい性格で哲学に導入された。この点で観念は無害だっただけでなく、人間知性の働きを説明するのによく役だった。しかし、人々が観念についてはっきり明瞭に考え始めて以来、観念は徐々に事物に取ってかわるようになり、自分以外のあらゆる事物の存在をむしばむようになった。まず観念は物体の第二性質をすべて放棄した。*観念によって、火は熱くなく、雪は冷たくなく、蜂蜜は甘くないこと、要するに熱さと冷たさ、音、色、味、匂いは観念あるいは印象にすぎないことがわかった。バークリー主教は観念をさらに徹底させ、物体の第二性質の場合と同じ原理から適正に推理して、延長、凝固性、空間、形態、*物体は観念であり、自然界には観念と精神以外何もないことを見いだした。しかし、精神までも放棄し、宇宙に存在するのは観念と印象だけだとした『人間本性論』によって観念は完勝したのである。ついには争う相手がなくなり観念どうしが衝突し合って、自然界に存在するものがなくなったなら、どういうことになるだろうか。哲学はきっと危機におちいるだろう。というのも、その場合我々はいったい何を語り議論すればよいだろうか。

しかし、今のところ哲学者たちは印象と観念の存在を認めている。彼らは観念について誘引の法則なり先行の規則なり*を認めている。それらによると観念と印象は様々な形態へと整列し、互いに継起するのである。しかし、彼らは、観念と印象がしかるべき財産として心に帰属することを俗人たちの誤謬だと見なした。これらの観念は、空飛ぶ鳥同様、自由で独立している。あるいは広大な虚空を遍歴し続けるエピクロスの原子さながらである。我々はそれらをエピクロスの体系における「事物の皮膜*」になぞらえたらよいだろうか。

> そこで私は言うが*、事物のこの皮膜は多量に、また様々な具合に四方へ飛散するが、姿は希薄で、ちょうどクモの巣や金ぱくのように、互いが空気中で出会うとすぐにくっついてしまう。ルクレチウス

あるいはそれらはむしろ、対象から発出してまだ受動知性*に遭遇していないアリストテレス*の可知的形象*に類似するだろうか。しかし、そもそも自然界にはそれと比較するものがないのに、なぜ我々は観念をほかの何かと比較するのだろうか。それは宇宙の全造作なのである。原因なしに存在し消滅する。ひと組にまとまると俗人たちはそれを心と呼ぶ。それは時空や立法者なしに特定の法則によって互いに継起する。

しかし、結局これら独立自存する観念は宇宙に取り残されると、あわれにも無防備で窮乏しているように見える。そして全般的に見て以前よりひどい状態にある。デカルト、マルブランシュ、ロックは観念をかなり頻繁に用いつつも、それらを寛大にあつかって相応の収容施設をあてがい、観念は松果腺や純粋知性、さらには神的精神*などに

宿るとした。彼らはさらに観念に役目を与えて事物の代表とし、尊厳と品格を持たせた。しかし、『人間本性論』は観念に多くを負いながらも、それらを独立自存させることでむしろ事態を逆行させてしまったように思われる。なぜなら、こうして観念はすみかを追われて世界をさまようことになり、友も縁故もなく、その裸身を覆うぼろすらないからである。観念をほめそやす人々の軽率な熱狂によって、観念の全体系が滅亡するのではないだろうか。

ともあれ、思考や観念が思考的存在者なしに存在するというのはたしかに非常に驚くべき発見だろう。その発見は、普通の仕方で考え推理するあわれな人々には容易にたどれないほどとほうもない帰結をともなう。我々はいつも思考は思考する人を、愛情は愛情を抱く人を、反逆は反逆する人を想定すると思いがちだったが、これらはどうやらすべて間違いらしい。反逆する人がいなくても反逆があり、愛情を抱く人がいなくても愛情があり、立法する人がいなくても法律があり、苦しむ人がいなくても処罰があり、時間がなくても継起があり、運動体と空間がなくても運動があることがわかった。あるいは右のすべてで観念こそ愛情を抱く人、苦しむ人、反逆する人であるなら、そのことを発見した例の著者はさらに我々に、いったい観念は互いに会話するのか、互いに責務を負ったり感謝したりするのか、約束を交わして同盟や盟約を結ぶのか、そうした関係を遵守したり破棄したりするのか、破ったなら罰せられるのかどうかを教えて欲しかった。とあるひと組の観念が互いに盟約を交わし、ほかの観念がそれを破り、さらに第三の観念がそのために罰せられるなら、この体系では、正義は自然な徳ではないと考えてもよいだろう。

『人間本性論』にはひとりの著者、それもきわめて独創的な著者が必要だと考えるのはごく当然と思われる。しかし、我々は、それが連合と誘引によって互いに結合、配置された一群の観念であることを知らされるのである。

結局この不思議な体系は、人間本性の現状にはあてはまらないように思われる。常識というつまらないものから清められた選りすぐりの人士の意にどれほどかなうのか、私にはよくわからない。もっとも、たとえそのような選りすぐりの人士でさえ、この体系を理解できるのは最も思弁的なときであり、独立自存する観念を遥かの高みに追い求め、ほかのことが目に入らなくなる場合であることは認められると思う。しかし、彼らが身を落として再び人類と交わり、友や仲間や同胞市民と語らうなら、観念的体系は消え失せる。常識があらがいがたい激流のように彼らをさらって行く。彼らの推理や哲学にもかかわらず、彼らは自分やほかの事物の存在を信じるのである。

それは彼らにとって幸いなことである。というのも、もし彼らが極秘の信念を持ってこの世にもどって来たなら、周囲の人々は彼らを病気だと見なして診療所に送るだろうからである。そこで、プラトンが彼の学院に加わる者にあらかじめある種の資格を要求したように*、この観念的哲学の博士たちも、ひとりのときでも仲間といるときでも極秘の信念は堅持するべきであるとか、自分の原理は自分の日常習慣にも影響するべきであるとか思ってしまうほど精神の弱い人には、学派への参加を拒否するのが賢明である。というのも、この哲学は木馬のようなものであり、精神の不健全な人が自分の名声を傷つけないよう、密かに押し入れの中で乗って遊ぶものだからである。しかし、彼がその木馬を教会、取引所、遊技場に持って来るなら、彼の後継者がただちに陪審を招集し、彼の財産を差し押さえるだろう。

第七節　心についての概念と信念は我々の本性によって示唆される　関係づけられた観念どうしの比較によっては得られない関係の思念

さてそれでは、この哲学はたまたま機会があって密かに室内遊戯として用いる人々にまかせ、我々は人類の残りの人々やひとりのとき以外の専門家たちさえもが、思考は主体を持ち、思考的存在者の活動に違いないという強固であらがいがたい信念をどのようにして得たのか、あらゆる人々はどのようにして自分は観念と印象とは違うと信じ、観念と印象が変化しても同一であり続ける自己を信じるのかを研究しよう。しかし、実はこの見解の起源を人類の歴史の中にたどることはできない。というのも、すべての言語が、そのもともとの構造にこの見解を織りこんでいるからである。あらゆる国民がこの見解を信じてきた。日常生活の営み同様、あらゆる法律制度と政治体制がこの見解を想定している。

これと同様に、誰にしろいつそうした思念を得たのか思い出すのは不可能である。というのも、できるだけ記憶をさかのぼってみても、我々はいつもすでにそう考えていたし、一たす一は二同様、自分自身やほかの事物の存在を十分確信していた。したがってこの見解はあらゆる推理、経験、教育に先行していたように思われる。およそこの見解はこれらの手段のいずれによっても得られなかったのだから、なおさらそうだろう。だとすれば万人が、初めて反省して以来いつも変わらず、思考なり感覚なりから思考能力やこの能力が帰属する恒常的存在者あるいは心を推定すること、意識されるあらゆる種類の感覚や思考を、我々がひとつの不可分な心あるいは自己に帰することは否定できない事実と思われる。

だが、いったいどんな論理によってそう推定するのかを我々は明らかにできない。それどころか、感覚や思考が、そもそも心なり能力なりについての思念と概念をどのようにしてもたらすかも明らかにできないのである。嗅覚能力は、嗅ぐことで得られる実際の感覚とは非常に異なった何かである。というのも、感覚がなくても能力は残るだろうからである。そして心はさらに能力とは異なった何かである。というのも、能力が失われても心は同じ不可分の存在であり続けるからである。にもかかわらず、例の感覚が我々に能力と心とを示唆する。そして単にそれらについての思念を示唆するだけでなく、それらの存在についての信念も作り出すのである。しかし、理性によっては、感覚と能力および心との関連なり結びつきなりは発見できない。

それではいったい我々はどう言えばよいだろうか。感覚からの推定、つまり心とその能力の存在の推定は哲学なり教育なりの先入観、心が抱く単なる虚構であって、賢者ならおとぎ話同様、捨て去るべきなのか、それとも自然の判断、つまり観念どうしが比較され、それらの一致と不一致が知覚されることで得られた判断ではなく、本性上我々が直接吹き込まれた判断なのだろうか。

私は後者だと思うが、もしそうならこの見解は捨て去ることができず、それから解放されようとあがいても、最後には屈伏するほかないだろう。たとえ頑迷さのあまり我々の本性的原理を取りのぞくことができたとしても、それは哲学者らしくふるまうことではなく、むしろおろかしい狂気の沙汰だろう。この見解が自然原理ではないと考える人々は、まず何より、我々がほかの仕方でどのようにして心とその能力についての思念を得ることができるのかを明らかにし、さらにどのようにして感覚は心なしには存在できないと我々が誤解するのかを示す義務がある。

関係についての我々の思念は関係づけられた観念の比較によって得られる、というのが哲学者たちに受容された学説である。* しかし、例の見解はこれに反する事例のようである。我々は心と感覚の思念を得たのち、それらを比較することによって、心が感覚に対して主体あるいは基体であり、感覚が心に対して活動あるいは働きであることを知覚するのではない。そうではなく関係づけられたもののひとつ、すなわち感覚がその相関者および関係を示唆するのである。

ここで「示唆」という言葉を使わせてもらいたい。* というのも、私は心のとある能力を表現するもっと適切な言葉を知らないからである。その能力はこれまで哲学者たちの注意を完全にまぬがれてきたが、信念のオリジナルな原理の多くがそうであるように、印象でも観念でもない単純思念の多くがそれのおかげなのである。私はこの言葉で何を意味しているのか例を挙げて説明してみよう。我々は、ある種の音が通りを行き交う馬車を直接心に示唆するのを知っている。そのさい馬車の想像だけでなく、「馬車が通っている」という信念ももたらされる。しかし、この信念をもたらすのに、観念の比較や一致なり不一致なりの知覚はない。それどころか、我々が耳にする音と通過すると想像され信じられた馬車とには、少しの類似点もないのである。

たしかにこの示唆は自然でオリジナルなものではない。むしろこれは経験と習慣の結果である。しかし、右に語られたことから、私には自然な示唆もあるように思われる。とくに感覚は現時点での存在についての思念を示唆し、知覚されるなり感じられるなりするものが今存在するという信念を示唆する。また記憶は過去時点での存在についての思念を示唆し、想起されたものがかつて存在したという信念を示唆する。そして感覚と思考は、心の思念に加え、心の存在および思考に対する心の関係についての信念をそれぞれ示唆する。やはり自然原理によって、自然界における存在の始まりや変化が原因についての思念と原因の存在についての信念を我々に強いる。さらに、のちに触覚のところで明らかにされるように、ある種の触感が本性上延長、凝固性、運動を示唆するが、これまで感覚と混同されてきたにもかかわらず、それらは感覚とはまったく似ていないのである。

第八節　物体には性質があり、それを我々は匂いと呼んでいる　この物体の性質は想像の中でどのようにして感覚と結びつくか

匂いが感覚、感じ、あるいは心に対する刺激*を意味することを我々は考察してきた。この意味で感覚は心の中だけに存在する。しかし、人類が「匂い」という名称をもっと頻繁には、心の外にあって物体の性質と考えられるものに用いているのは明らかである。人々はこの言葉で心の存在をまったく推定しない何かを理解し、アラビアの砂漠や人跡未踏の無人島に香ばしい空気が漂うと考えるのは、彼らにとって少しも難しくない。分別ある日雇い労働

者なら誰でも、自分の存在同様、その点についてはっきりした思念を持っており、そういうことが可能であるのを確信し、自分の存在と香ばしい空気の両者いずれについても少しも疑うことができない。

そのような人が現代の哲学者と出会い、植物の匂いとは何かについて教えてもらいたいと思ったとしよう。哲学者は彼に「植物に匂いはない、それは心にしか存在しない、それ以外に匂いが存在するのは不可能であり、以上のことはすべて現代の哲学によって論証されている」と語る。きっと例の凡人はこの哲学者にからかわれていると思うだろう。しかし、哲学者がまじめであることがわかると、「こいつの頭は変だ」というのが彼の結論になるだろう。あるいは、哲学は魔法のように新たな世界を人々に与え、並の人のとは違う能力を授けるのだと結論するだろう。こうして哲学と常識は食い違う。しかし、そのことで誰が非難されるべきだろうか。私の考えでは哲学者の方である。というのも、もし彼が「匂い」によってほかの人々と同じことを意味しているのなら、たしかに彼の頭が変だからである。しかし、彼がその言葉を異なった意味で用いながら、自分でそのことに気づかず、またほかの人々にも注意しないのであれば、彼は言葉を乱用し哲学をおとしめているのであって、真理には何も貢献していない。あたかも、ある農夫が「娘」と「牛」という言葉の意味を取りかえて、事情を知らぬ隣人に自分の牛は娘であり、娘は牛であることを証明するようなものである。

観念的哲学の逆説の多くには少しの英知もないと私は思う。それらの逆説は分別ある凡人たちには明らかな不合理と思えるが、専門家たちには深遠な発見で通っている。私としてはいつも常識の言明を尊重し、絶対に必要なとき以外はそれから逸脱しないと決めている。したがって私は右のような場合、俗人たちが「匂い」と呼び、嗅がれてなくても存在し続ける何かが実際バラやユリにあると考えるので、いったいそれは何なのか、我々はどのようにしてそれについての思念を得るのか、匂いというこの性質は、ほかに表現がないために同じ名称で呼ばなければならない感覚といったいどんな関係にあるのかを研究しよう。

そこで以前のように嗅覚の感官を使い始めた人物を想定しよう。彼は若干の経験から鼻がこの感官の器官であること、空気または空気中の何かがこの感官の媒体であることを発見するだろう。さらに経験によってバラが近くにあると感覚があり、バラが取りのぞかれるとその感覚がなくなることを見いだして、自然界ではバラとこの感覚とに結びつきのあることがわかる。バラはこの感覚の原因、機会、先行条件*と見なされ、この感覚はバラが現存することの結果なり帰結なりと見なされる。バラとこの感覚は心の中で連合し、想像においてそれらが恒常的に結合しているのがわかる。

しかし、ここで我々が注目するのは、この感覚は主体である心なり器官である鼻なりとかなり密接に関係しているが、しかし、それらの結びつきはバラとの例の結びつきほど強く想像に働かないことである。その理由はこうだと思われる。この感覚と心の結びつきはかなり一般的で、ほかの匂いだけでなく、味や音など、種類の違う感覚の場合と区別できない。この感覚と鼻の関係も同様に一般的で、ほかの匂いの場合と区別できない。しかし、この感覚とバラの結びつきは特殊で、しかも恒常的である。こうして雷鳴と稲光、凍結と寒冷の場合同様、この感覚とバラは想像の中でほとんど切り離すことができなくなるのである。

第九節　人間本性には原理があり、そこからほかのすべての自然的特性あるいは原因についての思念に加え、右のことについての思念も導かれる

「匂い」と呼ばれるバラの性質を我々はどのようにして考えるようになるか、またこの匂いとは何かをさらに解説するなら、心は非常に早くからその能力の行使を指導する原理を渇望することが観察されるべきである。バラの

匂いは心の触発あるいは感じである。それは恒常的ではなく、去来するものであるから、我々はいつまたどこでそれを期待できるのか知りたがり、現存するとこの感じをもたらし、取りのぞかれるとこの感じがなくなるような何ものかを見いだすまでは落ちつかない。それが見つかると、我々はそれを例の感じの原因と呼ぶ。しかし、それは、この感じが本当にこの原因によって引き起こされるなり作り出されるなりするという、厳密に哲学的な意味においてではなく、普通の意味において*である。というのも、例の感じと例の原因のあいだに恒常的結合があれば心は満足するからである。そしてそうした原因は、実際には自然法則にほかならない*。匂いがバラと恒常的に結合しているのがわかると心は落ちつき、この結合が真の作用性*のせいなのかどうか調べはしない。それは哲学的研究であって、人生には関わりがない。しかし、例の恒常的結合を発見することは人生にとって真に重要であり、心に強烈な印象を与えるのである。

観察できるすべての事物が何かと結びついて、それが原因または機会になっているのを見いだしたいあまり、我々はごくわずかな観察を根拠にそうした結びつきを空想しがちだが、この弱点は自然界で確立している真の結びつきについて少しも知ることのない無知な人々において最も著しい。ある人がある日不幸な事故にあう。不運の原因がほかにわからず、彼は暦のうえでその日は縁起が悪かったのだと考えてしまう。そして同じことがまた生じると、彼は自分の迷信に凝りかたまる。そう言えば、何年も前に白い雄牛がこの地方に連れて来られたことがあった。図体の大きなやつで、何マイルも離れたところから人々が見に来たものである。数箇月後、妊婦の致死率が異常に高くなるという出来事が起こった。このような二つのただならぬ出来事が続いて生じると、それらの結びつきが疑われ、とうとう例の白い雄牛が高い致死率の原因だという見解をこの地方の人々に抱かせるようになったのである。

こうした見解がどれほど浅はかでばかげていても、人間本性からすればあらゆる自然哲学と根は同じである。すなわち事物のあいだに結びつきを見いだしたいという熱望、過去に観察された結びつきが将来も続くだろうと信じる自然かつオリジナルで説明不可能な傾向である。前兆、兆候、運不運、手相、星占い、無数の卜占や夢解釈、偽の仮説や偽の体系、自然哲学の真の原理、これらはすべて人間本性の同じ基礎の上に築かれている。これらはごく少数の事例から性急に結論されたか、それとも十分な帰納から慎重に結論されたかによって区別されるにすぎない。

自然原因*とその結果とのあいだに結びつきを発見するのはただ経験のみだから、さらに研究してみないことには、原因ということで結果を産出する力*という漠然として不明瞭な思念を我々は考えてしまう。日常生活では多くの場合原因や結果に明瞭な名称をつける必要はない。そこで、互いに非常に異なっていても想像の中で密接に結びついていれば、ひとつの名称が原因と結果の両方に役だつことになるが、普通の談話などでは原因と結果のうち最も注意を引く方に名称が与えられるのである。このため多くの言葉があいまいになる。そして右のような経緯が同じなのであいまいさはすべての言語に共通し、哲学者たちによって見過ごされがちである。いくつかの例がこの点を解説し、我々が述べてきたことを確証するだろう。

「磁性」という言葉は磁石に向かう鉄の性質とこの性質を生み出す磁石の性能の両方を意味する。鉄の性質かそれとも磁石の性能かと尋ねられたなら、人は最初当惑するだろう。しかし、少し注意すれば、我々は磁石の性能を原因とし、鉄の運動をその結果と考えていることがわかるだろう。それら二つはまったく異なっているが、想像の中であまりによく結合しているので、我々は「磁性」という共通の名称を両方に用いるのである。同じことは「重力」という言葉についてもあてはまり、地球に向かう物体の性質を意味することもあれば、地球の引力を意味することもあり、我々はそれを前者の原因と考える。アイザック・ニュートン卿の定義のいくつかにも同じあいまいさが観察されるだろう。彼の造語でさえそうである。彼は向心力について述べた三つの定義の中で*、「絶対量」「加速量」「起動量」のそれぞれで理解されるものをかなり明瞭に説明している。最初の定義では、「向心力」という言葉は原因に与えられ、我々はそれを中心にある物体の力と考える。二番目、三番目の定義では、「向心力」という言葉は、速度が生じるときと中心に向かう運動が生じるときにこの原因がもたらす結果にそれぞれ用いられている。「熱さ」という言葉は感覚を意味し、「冷たさ」という言葉はそれとは反対の感覚を意味する。しかし、「熱さ」という言葉は、程度が異なるだけで相反するわけではない物体の性質あるいは状態をも意味する。もしある人が、同じ水が片方の手に熱く、もう片方の手に冷たく感じたなら、これがきっかけで手に対するこの感じと熱さという物体の性質とを区別する。もちろん彼はこれらの感覚が相反するのを知っているが、だからと言って物体にも相反する性質があるとは想像しない。また病気のときと健康のときとで物の味が違っていることがわかると、彼は「味」と呼ばれる物体の性質は、それのもたらす感覚が前のとは反対であっても変わりはないと容易に確信する。

俗人たちは、バラの匂いが匂いの感覚に似ると想像する不合理を哲学者たちに非難されるが、それは不当だと私は思う。というのも、俗人たちは両者に同じ形容詞を使っているわけではなく、両者から同じ様に推理しているのでもないからである。バラの匂いとは何か、それはバラの性質なりバラからの発散物なりであり、我々はそれを嗅覚で知覚する。これが我々の知っているすべてである。しかし、匂いを嗅ぐとはいったいどういうことか。それは心の活動であり、心の性質とは決して想像されない。もう一度繰りかえすと、匂いの感覚はかならず心を推定すると考えられる。しかし、バラの匂はそのようなものを推定しない。我々は「これは甘い匂いがする」「あの匂いが鼻をつく」などとは言うが、「この心は甘い匂いがする」「あの心の匂いが鼻につく」とは言わない。したがってバラの匂いとそれが引き起こす感覚はたしかに同じ名称を持っているが、だからと言って俗人たちはそれらを同じと考えているわけではない。

これまでに述べられてきたことから我々は次のことを学ぶだろう。すなわち「バラの匂い」は二つのことを意味する。第一に感覚であり、それは知覚されているとき以外は存在せず、心の中にだけ存在する。第二にそれはバラの中の性質なりバラからの微細な発散物を意味し、それは心から独立して恒常的に存在し、自然本性によって我々に感覚をもたらす。オリジナルな本性によって我々はこの感覚には恒常的原因があると信じ、すぐにその原因を求め、経験によってそれをバラの中に見いだす。熱さと冷たさ同様、匂い、味、音の名称すべてがあらゆる言語であいまいである。しかし、我々が注目するのは、普通の言語ではそれらの名称はごくまれにしか感覚を意味するのに用いられないことである。大部分は感覚によって表示される外的性質を意味する。この現象の原因はこうだと思う。感覚は強さの度合が様々である。あるものは活発で生き生きとしており、我々に相当な喜びなり不安なりをもたらす。その場合、我々は感覚そのものを注意しなければならなくなり、感覚そのものを思考や談話の対象にする。我々はそれに感覚だけを意味する名称を与える。この場合、我々はすぐに、その名称で意味されているのは心の中だけにあり心の外にはないと認める。様々な痛みと病気、空腹そのほかの欲求の感覚がそれである。しかし、感覚が思考の対象にならないほど我々の関心を引かないなら、我々は本性上この感覚をそれが恒常的に結合している外的なものの記号と見なす。そして感覚が表示するものがわかると、我々はそれに名称を与える。つまり感覚は固有の名称を持たず、感覚によって意味表示されたものの付属品となり、例の名称のもとで区別がつかなくなる。その結果例の名称は感覚についても用いられるが、たいてい最も適切には感覚によって表示された事物について用いられる。匂い、味、音、色の感覚はそれ自体としてより記号や表示としてはるかに重要である。それはひとつの言語における単語に似ている。* 我々は単語の音ではなく、その意味に注意するのである。

第一〇節　感覚において心は能動的であるか、それとも受動的であるか

匂いを嗅ぐことや、そのほかの感覚において、心は能動的か受動的かという研究課題が残されている。これは言葉の問題、あるいはあまり重要でない問題と思われるかもしれない。しかし、これまで慣行としてきた以上に心の働きに正確な注意を向けるようになるのなら、まさにその理由でこれはまったく無益な問題ではない。私が考えるところでは、現代の哲学者たちの見解では感覚において心はまったく受動的である。心は任意に感覚を引き起こせないのに、対象が提示されると感覚がほとんど避けがたいのだから、そのかぎりこの見解は疑いもなく真実である。だが同様に真実であると思われるが、感覚に対して多かれ少なかれ注意が向けられたり、まぎらわされたりするのに応じて、感覚は多かれ少なかれ知覚され記憶される。誰もが知っているように、かなり強い痛みが不意の驚きなり心をまったく独占してしまうものなりでまぎらわされる。会話に熱が入ると時計が時をきざむのは気づかれず、たとえその音を聞いてもすぐあとでは覚えていない。大商業都市の喧騒は一生そこで暮らしてきた人々には聞こえないが、田舎に引きこもってひっそり暮らしてきた人々には気絶しそうなほどである。したがって心がまったく受動的な感覚がそもそもあるのか私にはわからない。しかし、かなり最近のものにかぎられるが、覚えている感覚すべてにいくらか注意を向けたことを我々は意識しているのだと思う。

激しい痛みで叫ぶなり、突然の恐怖で思わず飛び上がるなりするのをこらえるのが難しいように、衝撃が強く尋常ではないとき、それに注意を向けないでいることは間違いなくむずかしい。このいずれもが強い決心と修練でどこまで達せられるのかは測りがたい。アリストテレス学派の人々には能動知性と受動知性の二つを想定する十分な

理由がないとはいえ、注意は意志の活動として説明されるのだから、心が感覚において部分的には受動的で部分的には能動的だと考えたこの学派の人々の方が、心は純粋に受動的だと断言する現代の哲学者たちより真実に近かったと私は思う。感覚、想像、記憶、判断は、いつの時代でも俗人たちによって心の活動と考えられてきた。すべての言語においてそれらを表す様式がこのことを示している。それらの活動に専念すればするほど、心は能動的だと言われる。他方、観念的哲学が言うように、それらが単に印象にすぎないなら、むしろ心はたいへん受動的だと言わなければならない。というのも、様々な文字を受けとめるからという理由で、私が書くのに用いる紙に相当な能動性を誰も帰しはしないだろうからである。

匂いの感覚と記憶および想像との関係、さらにこの感覚と心あるいは主体との関係は感覚すべてに、いやそれどころか、心の働きすべてに共通している。感覚と意志との関係は知性のあらゆる能力に共通である。感覚とそれが表示する物体の性質との関係は味、音、色、熱さ、冷たさの感覚に共通である。そこで匂いの感官について語られてきたことは、そのほかの感官や心のほかの働きにも容易にあてはまるだろう。これをもって、匂いの感官についてこれほど長く論じてきたこととの弁解としたい。

第三章　味覚について

匂いの感官について言われたことの大部分は味や音の感官にも容易にあてはまるので、私はこの応用を読者の判断にまかせ、退屈な繰りかえしを避けようと思う。

味覚を触発するものはおそらくある程度は唾液の中でとける。舌、口蓋、口峡の細孔を満たす液体と化学親和力を持たないかぎり、物がどのようにして容易に、いわば自発的にこれらの細孔に入るかはわからないだろう。したがって味覚の器官がいつもある種の液体でうるおっているのは自然のみごとな仕組みであり、普遍的な溶剤、かつまたある種の医薬軟膏でもある点でこの液体はこれまで以上に研究する価値がある。自然は犬などの動物に唾液を軟膏として使うよう教えている。味覚や消化の促進は唾液が溶剤として効果的であることを示している。

匂いの感官が呼吸器官の入り口にあるように、味覚の感官が消化器官の入り口にあるのは、自然の明らかな意図であり適切である。これらの器官がこのような場所にあり、胃に入るものはすべて両感官の検査を受けなければならないことから、両感官が健康によい食物と有害な食物とを区別するため自然によって意図されたことははっきりしている。動物には食物を選ぶ手段はほかにないが、人間とて未開状態では同じだろう。自然の作り出したものから選択するとき、贅沢や悪習によって害されていないなら、嗅覚と味覚が誤ることはめったにないだろう。そうは言うものの、洗練された贅沢な調理法なり化学と薬学の知識なりによる人為的調合は健康に有害であるにもかかわらず、両感官をだまし心地よく感じさせることがある。実際、人間社会では普通の不自然な生活によって嗅覚と味覚は害され、自然の任務を果たせなくなるだろう。

ほかの感官によって区別できないものを区別し、同一の物体に生じた変化を、多くの場合、ほかの手段より速く知覚し、識別するのにも、味覚と嗅覚は非常に有用である。薬種屋や薬局だけでなく市場、飲食店、居酒屋などでも、味覚と嗅覚だけでどれほど多くのものが言われた通りのものと識別され、その良不良が知覚されていることだろうか。味や匂い、およびそのほかの可感的性質の細かな違いを正確に注意することで、感官による事物の判断がどれほど改善されるかは、簡単には言えない。アイザック・ニュートン卿はその偉大な才能をみごとに発揮して、不透明な物体の色から、その物体を構成する微細で透明な部分の大きさを発見しようと試みた。* そのほかの第二性質が研究されたなら、自然哲学は新たにどれほど解明されることだろうか。

味や匂いの中には神経を刺激し、精神を高揚させるものがある。しかし、そのような人為的な精神高揚には沈滞感がともなうのが自然の法則であり、この沈滞感は時の経過によるか、または同じような刺激物を繰りかえし摂取することによってしか取りのぞかれない。そのようなものを用いることで刺激物に対する嗜好が身につくが、それは自然の嗜好にかなり類似し、これと似た効力がある。こうして人は嗅ぎたばこ、たばこ、強い酒、阿片チンキなどに対する嗜好を身につける。

自然は両感官で享受される快感と苦痛に用心のため制限を設け、我々がそれらに至福を見いださないよう快感と苦痛の幅をかなりせまくしたように思われる。どれほど不快な匂いなり味なりでも、習慣によって耐えられ、ついには心地よいものになる。またどれほど心地よいものでも、不断に慣れるとその味わいが失われる。両感官のもたらす快感なり苦痛には何らかの程度でその反対の性質がともない、均衡が保たれる。そこで神々しいソクラテスが語った*美しい寓話をかりれば、快感と苦痛は本性上互いに異なり、それぞれの顔は違う方向を向いているが、神は両者を固く結びつけたので、片方を引くと一緒にもう片方も引いてしまうのである。

単純で、合成されていないように思われる匂いには、実に様々な種類があり、互いに似ていないだけでなく、互いに対立するものも中にはあるが、同じことは味についてもあてはまる。ひとつの味は匂いとはもちろん、別の味とも異なっているだろう。このことから、いったいどのようにしてすべての匂いがひとつの類に、すべての味が別の類にまとめられるのかという問題が生じる。類の違いは何か。片方の器官は鼻で、もう片方の器官は口蓋であるという違いか。それとも器官とは別に、感覚そのものに匂いに共通なもの、味に共通なものがあって、それらによって互いが区別されるのではないか。おそらく後者なのだろうが、最も単純という見かけにもかかわらず、実はこれらの感覚にはまだ何らかの合成があると思われる。

抽象的に考えれば、まったく単純で合成されていない多くの感覚なり事物なりは、類と種に分類することはできないだろう。なぜなら、ひとつの種に属する個物のそれぞれには独自なものがあって、それによって互いに区別されるが、それらには種に共通なものも必要だからである。同じことはひとつの類に属する種にもあてはまる。さらに類もまた何らかの合成を含意するかどうかは、形而上学者たちにまかせることにしよう。

匂いと味の感覚にはとほうもなく様々な様態があり、どんな言語もそれらを表現できない。五〇〇本ものワインの違いを調べることになったなら、人は二本とて正確に同じ味のものを見つけられないだろう。チーズそのほかでも同様である。ともあれ、ワインにしろチーズにしろ、五〇〇種類の味から二〇種を選び、味わったことのない人にも明瞭な思念を与えるよう、それらを記述することなど、我々にはほとんどできないのである。

とても思慮に富んで勤勉な博物学者ネーミア・グルー博士*は一六七五年に王立協会*で発表した論文で、少なくとも一六種類の単純味覚を列挙した。それらの単純味覚から二つ三つまたはそれ以上を取り出して様々に組み合せた場合、いったいどれほどの複合味覚が生じるかは組合せ理論にくわしい人々には容易にわかるだろう。しかもこれらの複合味覚にはさらに強さ弱さの程度がある。多くはさらに別の点でも多様である。例えば風味のある物体ですぐに知覚される味もあれば、徐々にしか知覚されない味もある。けっこう長持ちする味もあれば、つかのまの味もある。落ちつきのない間欠性のものもあれば、安定したのもある。唇、舌先、舌根、口峡、口蓋垂、咽喉など味覚器官の様々な箇所は、そのいくつかがとある風味の物体で触発され、別の風味の物体はまた別の箇所を触発する。ここに挙げた多様性、およびそのほかの多様性について、例の正確な著述家が多くの実例で描写している。同じ正確さで研究されれば、間違いなく匂いもまたとても多様であるとわかるだろう。

第四章　聴覚について

第一節　音の多様性　その位置と距離は推理によらず習慣によって学習される。

味や香り同様、音もその様態が様々である。というのも、まず音は音調で異なる。耳は四〇〇あるいは五〇〇もの音調の多様さと強弱の程度を知覚できる。それらを組み合わせれば、それぞれが完全音調*であるとの仮定で、音調なり強弱なりで異なる二万種類以上の音があるだろう。さて観察されるべきなのは、完全音調には弾性空気の無数の振動が必要で、それらの振動はまったく均一で、まったく規則的に継起するに違いないことである。それぞれの振動は弾性空気をなす無数の粒子の前進後退からなり、それらの運動は方向、力、時間の点ですべて均一である。したがって音源物体の組成、形態、配置、たたき方によって弾性空気の振動が一様でなくなるため、同じ音調がときにとほうもなく多様なものになることがわかるだろう。そうした多様性は弾性空気の組成、ほかの運動による弾性空気の攪乱、刺激を受ける耳の構成によっても生じる。

フルート、ヴァイオリン、オーボエ、フレンチ・ホルンは、すべてが同じ音調で鳴っても容易に区別できる。それどころか、二〇人の声が同じ音を同じ強さで出しても、いくらか違いがある。同じ声でさえ、その特徴が維持されていても、病気か健康か、若いか年をとっているか、痩せているか太っているか、機嫌がよいか悪いかによって違ってくる。同じ言葉も、外国の人が話す場合とそれを母語とする人が話す場合とでは、いやそれを言うなら、母語話者でも出身が違えば区別されるのである。

匂い、味、音の感覚はむやみに多様なのではない。それらは外界の事物を識別するための記号であり、記号の多様性が記号によって意味表示される事物の多様性にある程度対応しているのは当を得たことである。

さてところで、事物の場所と本性を音によって識別することは、習慣によって学習されるようである。通りの騒がしさ、階上の部屋の物音、ドアをノックする音、階段をあがる人の音などは経験によって学習される。かつてこんなことがあったのを私は思い出す。寝ていて突然恐怖に襲われ、心臓の鼓動を聞いたのだろう。しかし、私は誰かがドアをノックする音だと思った。そして何度か起き上がってドアを開けてから、自分の心臓の音だったことがわかったのである。おそらく経験してみなければ、太鼓なり鈴なり荷馬車なりいずれの音かわからないのと同様、左右いずれから聞こえるのか、上下のいずれで鳴っているのか、遠くからか近くからかわからないはずである。自然はその働きにおいて倹約家*であり、人間本性の一般的原理によってただちに経験が知識をもたらす場合には、特殊な本能という出費を避けている。

というのも、若干の経験さえあれば、それ自体では結びついていない諸々の事物が、想像においてだけでなく信念においても、人間本性によって互いに結びつくからである。とある音を聞くと、馬車が通過しているとの結論が推理なしに直接下る。この結論が論理によって導かれる前提はない。それは我々の本性的原理の結果であり、人間と動物に共通である。

和声と旋律、およびそのほかの音楽の魅力を知覚できるのは聴覚によるが、そのためにはいわゆる音感というかなり高度な能力が必要であるように思われる。単なる聴覚の点では等しく申し分のない人々のあいだで、これにはかなり程度の違いがある。したがってこの能力は外的感官にではなく、もっと高次のものに分類されるべきである。

第二節　自然言語について

音の最もみごとな目的のひとつは疑いもなく言語である。言語がなければ人類は動物以上に改善されないだろう。言語はたいてい人間による純粋な発明と見なされている。すなわち人間はもともと動物同様、無言だったが、かなりすぐれた発明の才と理性の使用があったので、思考と意図を表す人為的な記号を考案し、一般の承諾を得てそれを定着させることができたのだとされる。しかし、言語の起源はもっと注意深く研究する価値がある。それはそうした研究が言語の改善にとって重要だからだけでなく、人間の心という主題に関連し、人間本性の第一原理をいくつか解明するように思われるからである。そこで私はこの件について考えを述べてみようと思う。

「言語」で私は人類が思考や意図、目的や欲望をほかの人に伝達するために用いる記号を理解する。そしてこの記号には二種類あると考える。第一に、記号を用いる人たちが契約なり合意によって決めたことだけを意味する記号であり、これは人為記号である。そして第二に、あらゆる契約や合意に先だって、万人が本性的原理によって理解することを意味する記号である。人為記号からなる言語は「人為言語」と、自然記号からなる言語は「自然言語」とそれぞれ呼ばれるだろう。

これらの定義を前提すれば、もし人類に自然言語がなかったなら、理性や発明の才をもってしても人為言語を発明できなかっただろうことが証明できると思う。というのも、まず人為言語は記号の意味を決めるのに契約なり合意を必要とする。したがって、人為記号を用いる前に契約なり合意なりがあるに違いない。しかし、記号や言語なしには契約なり合意なりは不可能である。それゆえ人為言語の発明に先だって自然言語があるに違いない。以上が証明されるべきことだった。

一般に言語が書き言葉や活字のように人間の発明だったとすれば、全民族がいまだに動物のように無言だろう。動物にさえ自然記号があり、それによって自分の思考、愛情、欲望を表現し、相手の思考、愛情、欲望を理解するのである。雛はかえるとすぐに、餌に呼んだり、危険を知らせたりする親鳥の様々なこわ音を理解する。犬なり馬なりは生来、優しく語りかけられるときと脅かされるときとで人間の声を区別する。しかし、我々が知るかぎり、動物には協定なり盟約なりの思念やそれらを実行するさいの道義的責任という思念はない。もし自然が動物にこれらの思念を与えたなら、それらを表す自然記号も与えただろう。自然がこれらの思念を拒んだなら、盲人が人為的に色を理解するのが不可能なように、やはり人為的にこれらの思念を得るのは不可能である。たしかに名誉や恥辱に敏感な動物もいて、憤慨したり感謝したりする。しかし、我々が知るかぎり、本性上そのことの思念がないため、どの動物も約束したり誓約したりすることはできない。人類もまた生来それらの思念がなく、それらを表す自然記号がなかったなら、いくら知力や発明の才に恵まれていても言語を発明することはできなかっただろう。

人類の自然言語、あるいは思考の自然な表出の要素は、私が考えるところでは声の抑揚、身ぶり、顔の表情の三つである。共通の人為言語を持たない二人の未開人は、これらの自然言語を用いて会話し、ある程度まともに思考を伝達し、依頼したり拒否したり、肯定したり否定したり、脅迫したり嘆願したり、交易したり、盟約したり、誓約したりできる。もし必要なら、これらは間違いなく信頼できる諸々の歴史的事実によって確証されるだろう。

自然的要求にのみかなうごくわずかなものとはいえ、人類はこのように生来共通の言語を持っていたので、あとから人為記号をつけたすことで自然記号のたりないところを改善するのには、それほど偉大な発明の才はいらなかった。これらの人為記号は処世術と知識の改善とともに増えるに違いない。声の分節化は、あらゆる記号の中でもとくに人為言語に最も適している。人類は一般に声の分節化を人為言語に用いてきたので、自然がそう意図したと判断してよいだろう。しかし、おそらく自然は、我々が自然記号を使用しなくなることを意図してはいない。自然記号のたりないところを人為記号によって補えば十分である。馬車に乗ってばかりいる人は徐々に足を使わなくなる。人為記号ばかりを使う人は自然記号の知識と用法を忘れる。口のきけない人は必要に迫られて使うので、ほかの誰よりも自然言語を保持している。同じ理由で未開人も、文明人以上に自然言語を保持している。言語に活力を与えるのは主に自然記号である。言語が自然記号をあまり使わなければ、それだけ言語から表現力や説得力がなくなる。こうして、書くことは読むことより表現力がおとり、読むことは書物なしに語ることより表現力がおとる。しかし、その語りも、声のしかるべく自然な抑揚、勢い、変化がなければ、それらをともなう語りとくらべ、冷たく死んだ言語である。例の三つをともなう語りにさらに眼と顔の表情の自然言語が加われば、もっと表現力が出る。最後に、行為が効果を加わえて語りはようやく申し分なく自然な状態にまで達し、しかるべき活力をともなうことになる。

発話が自然なら、それは単に声を使ったり肺を動かすことではなく、全身の筋肉の運動である。口のきけない人や未開人の場合がそうで、彼らの言語はより自然なのでより表現力があり、またより学習しやすい。

文化生活の洗練が自然言語のたりないところを補うどころか、むしろそれを根絶し、退屈であじけない無意味な分節音やつまらない文字のなぐり書きにしてしまったのは残念なことではないか。たいてい言語の完成は、人間の思考と感情をこれら退屈な記号によって明瞭に表すことだと考えられている。しかし、これが人為言語の完成なら、実に自然言語の退廃である。

人為記号は意味表示するが、表現しない。それらは代数の記号同様、知性に語りかける。しかし、情念、愛情、意志は人為記号に耳を傾けない。これらは、自然の言語によって我々が語りかけるまでは活性化せず、活動しない。情念、感情、意志はこの言語に対しては注意を向け、恭順するのである。

容易に明らかにすることができただろうように、音楽家、画家、俳優、雄弁家の芸術はたしかに優美な趣味、的確な判断、多くの研究と実践を必要とするが、そもそもそれらに表現力があるかぎり自然の言語にほかならず、生まれたとき我々はこの言語を授かったのだが、使わなかったので精通しておらず、今になってそのことを埋め合わせるのはとてつもなく難しいのである。

一世紀のあいだ、分節音や書き言葉を廃止してみよ、そうすれば万人が画家、俳優、雄弁家になるだろう。そのようなことが実行できると言っているのではない。またかりに実行できたとして、そのことで生ずる進歩が損失を相殺すると言いたいのでもない。我々はただ、人間は生まれつき互いに語らうものだから、自分を理解させるのにあらゆる可能な手段を用い、人為記号がだめならできるかぎり自然記号を用いるだろうと言いたいのである。自然記号を完全に理解している者こそ、あらゆる表現芸術における最善の審判であるに違いない。

第五章　触覚について

第一節　熱さと冷たさについて

我々がこれまで考察してきた感官はどれも非常に単純かつ一様で、ただ一種類の感覚とただ一種類の物体の性質しか示さない。耳で音だけを、口蓋で味だけを、鼻で香りだけを我々は知覚する。これらの性質はすべて第二性質であり、ひとつにまとめられる。しかし、触覚では単一のではなく、多くの非常に異なる性質が知覚される。主なものを挙げれば、熱さと冷たさ、固さと柔らかさ、粗さと滑らかさ、形態、凝固性、運動、延長である。我々はこれらを順に考察しよう。

容易に認められるように、熱さと冷たさは第二性質であり、匂い、味、音と同じ種類である。したがって匂いについて語られたことが熱さと冷たさについても容易にあてはまる。すなわち「熱さ」「冷たさ」という言葉にはそれぞれ二つの意味がある。まず心の感覚を意味し、その感覚は感じられているとき以外には存在せず、心の中にしか存在しない。しかし、これらの言葉はかなりしばしば物体の性質を意味し、それらの性質は自然法則によって熱さや冷たさの感覚を引き起こすのである。そうした性質は習慣によって感覚と密接に結びついていて、それから切り離すのは難しいが、それでも感覚には少しも類似せず、まったく感覚がなくても存在し続けるだろう。

熱さと冷たさの感覚はまったくよく知られている。というのも、これらは我々が感じるがままのものであり、それ以外ではありえないからである。しかし、我々が「熱さ」や「冷たさ」と呼んでいる物体の性質は知られていない。これらは、同じ名前で呼ばれる感覚の未知の原因または機会と考えられるだけである。常識はこれらの性質の本性について何も語らないが、しかし、これらが存在することを端的に言明する。感じられなくても熱さや冷たさがあることを否定するのはあまりにはなはだしい不合理なので、反論する価値もない。人が存在しなければ寒暖計はあがりもさがりもしないとか、住人がいなければギニア海岸はノヴァヤゼムリャ*島と同じくらい寒い、などというほどの不合理があるだろうか。

しかるべき実験と帰納によって、物体の熱さと冷たさが何であるかを研究するのが哲学者たちの仕事である。熱さは、ふだん自然界に拡散しており、ときに熱せられた物体中に蓄積される特殊な元素*なのか、それとも熱せられた物体部分の振動なのか、あるいは熱さと冷たさは、それぞれの感覚が間違いなくそうであるように相反する性質なのか、それとも熱さだけが性質で、冷たさはその欠如なのか、これらの問題は哲学の領分である。常識はいずれについても何も語らない。

「熱さ」と呼ばれる物体の性質がどんな本性のものであれ、我々にたしかにわかることは、それが熱さの感覚に少しも類似しないことである。痛風*が四角形や三角形に類似すると想像するのが不合理であるように、感覚と物体の性質が似ていると想像するのは不合理である。あまりに頭の単純な男でも常識があれば、熱さの感覚やそれに類似した感覚が火の中にあるなどとは想像しない。彼が想像するのは、自分やほかの人に熱さの感覚をもたらす何かが火の中にあるということである。しかし、普通の言語において「熱さ」という名称は、物体の性質が引き起こす感覚より頻繁かつ適切に火の中のこの未知なるものを意味するので、例の彼は火の中に熱さがあることを否定する哲学者をあざ笑い、哲学者は常識に反して語っていると考える。

第二節　固さと柔らかさについて

次に「固さ」と「柔らかさ」について考察しよう。これらの言葉がいつも意味するのは物体の真の属性または性質であり、それらについて我々は明瞭な概念を持っている。

物体部分が固着して形態が容易に変わらないとき、我々はそれを「固い」と呼び、物体部分の移動が容易なら、我々はそれを「柔らかい」と呼ぶ。これが、万人が固さと柔らかさについて抱く思念である。それらは感覚ではないし、感覚に似ているのでもない。それらは触覚によって知覚される以前に存在する真の性質であり、知覚されなくてもそうした性質であり続ける。ダイアモンドは人に触れられるまでは固くないと言う人がいたなら、いったい誰が彼と議論するだろうか。

物体が固いか柔らかいかを我々が感覚で知覚するのは疑いない。固さの感覚はテーブルに手をおいて触感に注意し、テーブルとその性質、およびそのほかの外的事物についての考えをできるだけ無視することで得られる。しかし、感覚することと、感覚に注意し明瞭な反省の対象にすることとは別である。前者はやさしいが、後者はたいていひどく難しい。

この感覚を記号として用い、意味表示される固さにすぐ注意することに我々はあまりに慣れているので、俗人たちであれ哲学者たちであれふだんはこの感覚を思考の対象にはしない。それどころか、この感覚にはどんな言語にも名称がないのである。これほど明瞭で頻繁な感覚はない。それなのにこれは注意されず、またたくまに心を通過し、本性的法則によって示唆する物体の性質を導入するのに役だつだけである。たしかに場合によっては、物体の固さが引き起こす感覚に注意することは決して難しくない。例えば大変な衝撃によってひどい痛みが生じる場合である。我々はこの痛みに注意し、それが単なる感覚であって心の中にしかないことを認める。もしある人が頭を石柱に激突させたなら、自分が感じる痛みが石の固さに類似するかどうか、あるいはその感じに似た何かが生気のない物質*にあると考えられるかどうか、私は彼に尋ねたい。

この場合心はすっかり痛みの感覚に注意を奪われ、人類の共通言語で語れば、例の彼は石の中に何も感じず、ただ自分の頭に激しい痛みを感じるだけである。ところがもし彼が頭を静かに石柱にもたせかけたなら、事情が違ってくる。この場合彼は、自分は頭に何も感じず、ただ石の固さだけを感じると言うだろう。ではこの場合彼は、先の場合のように感覚していないのだろうか。いや間違いなく彼は感覚している。しかし、それは、石の中にある何かの記号としてだけ自然が意図した感覚である。したがって彼は記号が意味表示する事物にすぐさま注意を向けるので、感覚に注意を向けて、感覚によって意味表示された事物の固さとは違うものがあることを納得するには多くの困難がともなうのである。

はかない感覚に注意してそのすばやい経過をとめ、固さという外的事物の性質から、この性質のもとに身を隠しがちな感覚を切り離すのがどれほど難しくても、それは哲学者が刻苦勉励なしとげなければならないことであり、さもなければ、感覚という主題について適正に論じることはもちろん、感覚について提出される議論を理解することさえ不可能になるだろう。というのも、感覚のような主題では結局最後は人が自分で感じ、自分の心の中に知覚するものに訴えなければならないからである。

実に奇妙なことに、固い物体に触れるたびに感じられ、またしたがっていつでも好きなだけ感じていられるこの感覚、ほかの感覚にもまして明瞭明確なこの感覚は、これまであまりに未知なため思考や反省の対象にはならず、どんな言語にも名称がなかった。俗人たちだけでなく哲学者たちもこの感覚をまったく見過ごすか、または我々が「固さ」と呼ぶ、感覚とは少しも類似点のない物体の性質と混同してきたのである。それなら、そもそも人間の能力についての我々の知識は未熟であり、日常生活でいつも意識される心の働きを注意することに我々はまだ精通してはおらず、幼い頃からの不注意の習慣は、ほかの習慣同様、克服するのは困難であると結論されないだろうか。たぶんこの感覚の真新しさは子供たちの注意を最初は引きつけるが、それ自体何も興味を引かないので、なじむとすぐにこの感覚は見過ごされ、注意はそれが意味表示する事物にだけ向けられるようになるのだろう。例えば、言語を学習するとき子供は音に注意する。しかし、いったん習得してしまうと、自分が表現したい意味にのみ注意が向けられる。もしそうなら、哲学者になるなら我々は再び幼い子供にもどらなければならない。すなわち、思考し始めて以来すっかり身についてしまった不注意の習慣を克服しなければならない。もっともこの不注意の習慣は、日常生活でそれが有用なことが、人間の心にかんする第一原理の発見にさいして哲学者に降りかかる障害をおぎなってはいるのだが。

さて音源物体の振動が聞こえてくる音と似ていないのと同様、物体部分の固着は物体の固さが知覚される感覚には似ていない。それどころか、理性によっては両者の結びつきは知覚できない。創造主の意にかなうなら、物体の振動で匂いの感覚が生じ、物体からの微細な発散物が聴覚を刺激してもよいのに、なぜそうではないのか誰も理由を挙げることができない。これと同様に、本性上固さを表示する触感に加えて、匂い、味、音の感覚が固さを表示することがなかったのはなぜか、誰も理由を挙げることができない。とにかく誰であれ、物体についてこれまでに知られた性質に類似する感覚を考えることはできない。それどころか、もし物体とその性質が存在しなかったなら、すべての感覚が現状通りではなかったかもしれないことを、誰も十分な論拠によって示すことはできないのである。

ここに解明されなければならない人間本性の現象がある。我々は物体の固さを自然界のどんな事物にもまして明瞭に理解し、固く信じている。我々は触感以外にはそうした概念と信念に達することができないが、固さとこの感覚には少しの類似点もない。それどころか、どんな推理の規則によっても片方からもう片方を推定することはできない。そこで問題は、我々はどのようにしてこの概念と信念を得るのかである。

まず概念について考えてみよう。我々はそれを感覚の観念と呼んだらよいだろうか、* それとも反省の観念と呼んだらよいだろうか。後者ではないだろう。そして感覚に類似しないものを感覚の観念と呼ばないかぎり、前者でもないだろう。したがって我々の観念の中で最も日常的で、最も明瞭なもののひとつである固さのそれは、その起源が心についてのあらゆる既存の体系には見いだされないのである。すべての思念を感覚と反省から導こうとした体系があったが、そこにさえ見いだされないのである。

しかし、第二に、固さの概念が得られたとして、ではどのようにしてそれについての信念が得られるのだろうか。物体のこれこれの性質がなければこれこれの感覚は存在できないことが、観念どうしの比較から*おのずと明らかになるだろうか。そうではあるまい。では蓋然的な論拠なり確実な論拠なり*によって証明できるのだろうか。それも違う。この信念は伝統、教育、経験によって得られたのか。いずれでもない。それなら我々は、理性のうちに何の基礎もないものとして、この信念を放棄したらよいだろうか。しかし、惜しいかな！　この信念は我々の自由にならないのである。それは理性を打ち負かし、哲学者のあらゆる論拠をあざ笑う。『人間本性論』の著者でさえ、この信念を擁護する理由がわからず、かえってそれに反対する多くの理由を見いだしたにもかかわらず、思弁にふける孤独なときでさえこの信念を克服することができず、ほかのときなどは堂々とこの信念に従うどころか、そうしなければならないことを告白するほどである。

さてそれでは、これほど説明しがたく、これほど扱いがたいこの概念と信念について我々は何と言えばよいだろうか。私には次のように結論するほかないと思われる。すなわちオリジナルな本性的原理によって触感は心に物の固さの概念を示唆し、それにかかわる信念を作り出す。言い換えれば、この感覚は物の固さの自然記号である。そこで、次にこのことをさらに詳しく説明することにしたい。

第三節　自然記号について

人為記号では記号と意味表示された事物とには何の類似点もなく、ことの性質からいって必然的であるようなどんな結びつきもないが、自然記号でも事情は同じである。「黄金」という言葉とそれによって意味表示された物質とに類似点はなく、ことの性質上この言葉は、ほかならぬこの物質を意味表示するのに適しているのでもない。しかし、習慣によってこの言葉はこの物質を示唆するのである。触感は固さを示唆するが、右の場合同様、固さと類似点はなく、知覚されるかぎりでは固さとかならず結びついているのでもない。以上二種類の記号は、示唆が、前者では習慣の結果であり、後者では心のオリジナルな本性の結果である点で違っている。

言語についてこれまで述べられたことから明らかなように、人為記号だけでなく自然記号、とくに思考、意図、気質には顔の表情、声の抑揚、身ぶりや態度という自然記号があり、それらの記号とそれらによって意味表示された事物との結びつきについての生来の知識がなければ、人間の言語は発明されず確立されなかっただろうし、例えば芸術などは「人類の自然言語」と呼べるこの結びつきにもとづいている。そこで今や、こうした自然記号がいくつかにまとめられることを観察し、それらの違いを自然記号の種類の相違で指摘し、感覚と感覚によって示唆された事物との関係や感覚を「外的事物の記号」と呼んだことの意味をよりいっそう明瞭に理解するべきだろう。

自然記号の第一類は、意味表示された事物との結びつきは自然によって確立されているが、経験によってのみこの結びつきが発見される記号である。真正な哲学はそうした結びつきの発見であり、諸々の結びつきに一般的規則を見いだすことである。偉大なヴェルラム卿*が真正な哲学を「自然の解釈*」と呼んだとき、彼はこのことを申し分なく理解していた。哲学の本性と基礎を明瞭に理解し表明できた者は、彼のほかにはいない。我々が力学、天文学、光学について知っていることで、自然によって確立され、経験なり観察なりによって発見された結びつきとそれから導かれた帰結以外のものがあるだろうか。農業、園芸、化学、医学の知識もすべて同じ基礎の上に築かれている。人間の心にかかわる哲学が学と称するのを決して絶望してはならないが、もしそうなるとすれば、様々な事実を観察して一般的規則を見いだし、そこから適正な帰結を導き出すことによるのでなければならない。いわゆる「自然原因」はより適切には「自然記号」と、「結果」は「意味表示された事物」と呼ばれるだろう。我々が知るかぎり、この原因にはどんな作用性あるいは因果性もない。我々に確実に断言できるのは、原因と結果の恒常的結合は自然が確立したものであり、自然は人類に、この結合を観察してその存続を信じ、知識の改善と能力の増大のためにそれを利用するという性質を与えたことである。

自然記号の第二類では、記号と意味表示された事物との結びつきは、自然によって確立されているだけでなく、推理なり経験なりなしに自然原理によって発見される。人間の思考、意図、欲望の自然記号がそれであり、すでに「人類の自然言語」として言及された。怒った顔つきによって幼児は脅え、笑顔や穏和な表情によって気持ちが和らぐ。よい音感の子供は、様々な音楽の調子によって眠ったり踊ったりし、喜んだり悲しんだりする。あらゆる芸術といわゆる「優美な趣味」の原理は、この種の結びつきで解明されるだろう。優美な趣味は推理や経験によって改善されるかも知れない。しかし、自然が心にそれの第一原理を植えつけていなければ、それはそもそも獲得されないだろう。それどころか、すでに明らかにされたように、この第一原理にかんする生来の知識の大部分が、自然記号を廃し人為記号を代用することで失われてしまったのである。

自然記号の第三類は、我々があらかじめどんな思念なり概念なりも持たなかった事物を示唆し意味表示する記号であり、まるで奇術のようにこの事物を呼びだし、それについての概念をもたらすと同時に信念も作り出す記号である。私が前に示したように、*感覚はそれが帰せられる心、すなわち感覚がはかなく短命なのに対して恒常的な存在、感覚やほかの働きが無数に様々なのに対していつも同一な存在、意識されたり思い出されたりする無数の思考、意図、行動、愛情、喜び、苦しみに対しいつも同じ関係にある存在を示唆する。心についての概念は、感覚の観念でもないし反省の観念でもない。それはどんな感覚にも、我々が意識するどんなものにも似ていないからである。心についての最初の概念は、心についての信念や意識され思い出される働きに共通する心との関係についての信念同様、あらゆる思考的存在者に示唆されるが、それがどのようにしてかは我々にはわからない。

物体の固さについての思念と信念も同様にして得られる。すなわちオリジナルな本性的原理によって、固い物に触れたときに我々が感じる感覚にそれらは付随している。この感覚はおのずと決まっていつも固さの思念と信念を伝えるので、正確に反省すれば感覚とそれが伝えるものとが違っているだけでなく、痛みと剣の先端同様、まったく似ていないことがわかるにもかかわらず、人間本性の原理に従事するとても頭の切れる研究者たちによってこれまで両者は混同されてきた。

さて次のように観察されるだろう。すなわち私が言及した第一類の自然記号は真の哲学の基礎であり、第二類の自然記号は芸術あるいは優美な趣味の基礎である。そして第三類の自然記号は常識の基礎であり、これは人間本性の中でもこれまで一度も説明されたことがない。

私には当然のことと思われるが、固さについての思念と信念は最初特定の感覚によって得られ、思い出せるかぎりこの感覚はいつもこの思念と信念を示唆しているので、もしこの感覚がなかったなら、我々は固さについてどんな思念も持たなかったはずである。さらにまた明らかと思われるが、感覚からの推理によっては物体の存在を知ることはできないし、ましてその性質となるとなおさらである。このことはクロイン主教や『人間本性論』の著者によって反駁不可能な論拠で証明された。同じく明らかなように、感覚と外的事物についての概念および信念との右のような結びつきは習慣、経験、教育、そのほか人間本性について哲学者たちに認められてきたどんな原理によっても作り出すことはできない。他方、感覚はいつも外的事物についての概念および信念と結びついているのは事実なのである。したがって、適正な推理の規則によって我々は、次のように結論しなければならない。すなわちこの結びつきは我々の本性の結果なのであって、より一般的な原理が発見されて解明されるまでは、人間本性のオリジナルな原理と見なされなければならない。

第四節　固さ、およびそのほかの第一性質*について

さらに観察すると、固さは性質であり、それについて我々はほかの何ものにもましてはっきりと明瞭な概念を持っている。その原因はともかく、何らかの力による物体部分の固着は申し分なく理解されている。物体部分の固着が何であり、それがどのように触覚を触発するかを我々は知っている。したがってそれは、すでに取り上げられた

第二性質とはまったく違う性質である。というのも、第二性質について我々が知っているのは、それが我々にある種の感覚を引き起こすのに適しているということだけだからである。もし固さが第二性質なら、物体における固さとは何かと問うことは、哲学者たちにふさわしい研究課題となり、色や熱さ同様、固さにも様々な仮説が提出されただろう。しかし、明らかにそうした仮説はばかげている。物体における固さとは物体部分の振動であるとか、物体からの微細な発散物が触覚を触発して感覚をもたらすとか言う人があれば、そのような仮説は常識にとっては驚きだろう。微細物質が発散されなくても、また振動などなくても、物体部分が固着していれば物体は固いことを我々は知っているからである。しかし、誰も次の点を否定できない。すなわち、もしそれが創造主の意にかなうのだと想定すれば、物体からの微細な発散物や物体部分の振動が、固さの場合同様、触覚を触発しただろうし、これら二つの仮説のいずれかが匂い、味、音、色、熱さといった第二性質の説明に用いられるのなら、この想定には明らかな不合理はないことである。

第一性質と第二性質の区別はこれまでいくどか変革をへてきた。デモクリトスとエピクロス、および彼らの後継者たちはこの区別を維持した。アリストテレスとアリストテレス学派の人々はそれを破棄した。デカルト、マルブランシュ、ロックはそれを復活させたが、彼らによってこの区別はかなり明確なものになったと考えられた。しかし、バークリー主教は*、観念学説の支持者たちが納得するに違いない論証によって、再びこの区別を放棄した。しかし、結局この区別には、我々の本性的原理の中に真の基礎があるように思われる。

固さについて述べられたことはその反対である柔らかさだけでなく、粗さと滑らかさ、形態と運動についても容易に適用できるので、一度述べられたことの繰りかえしになるだけのそうした適用をはぶかせてもらえるだろう。それらにはすべて触感が対応し、外的事物の真の性質として心に提示される。それらについての概念と信念は、人間本性のオリジナルな原理によって対応する感覚といつも結びついている。それらの感覚にはどんな言語においても名称がなく、俗人たちだけでなく哲学者たちも見過ごしてきた。彼らがもしそれらの感覚を取り上げたとしても、それらによって示唆された外的事物の性質と混同してきたのである。

第五節　延長について

固さと柔らかさ、粗さと滑らかさ、形態と運動がすべて延長を前提しており、延長がなければ考えられないことがさらに観察される。しかし、他方で、何らかのものを固いとか柔らかいとか、粗いとか滑らかとか、有形とか可動とか感じることがなければ、我々が決して延長についての概念を持たなかったことが認められなければならないだろう。だから、延長の思念がほかの様々な第一性質の思念より先行するわけではないと信じる十分な理由があるのと同様、延長の思念はほかの様々な第一性質の思念にかならず含意されているのだから、それらに後続するわけではないことも確かである。

したがって延長は、例の諸々の第一性質を示唆するのと同じ感覚によって示唆される性質であると思われる。球をつかむと私はそれが固く、有形で延長していると知覚する。この触感は非常に単純で、物体のどんな性質にも類似しない。しかし、それは三つの第一性質を示唆し、それらの性質はそれらを示す感覚とだけでなく、互いにもまったく異なっている。テーブルにそって手を動かすと触感は非常に単純なので、それを違う性質に区別するのは難しいと思われてしまう。しかし、感覚はただちに固さ、滑らかさ、延長、運動を示唆し、それらは互いに違っており、それらを示唆する感覚同様、明瞭に理解されている。

哲学者たちはたいてい、まるでそれがいとも簡単であるかのように、延長の観念は物体の端に触れることによって得られると我々に語る。告白すると、私はこの感覚でどのようにしてこの観念が得られるのか見つけ出そうとかなり苦労したが、むだだった。しかし、延長についての思念は最も明白明瞭なもののひとつである。それどころか、人間知性が長い論証的推理を働かせる余地はそれにはない。

延長についての思念は幼児期以来知られており、見たり触ったりするものすべてによっていつも強要されるので、我々はそれがどのようにして心に浮かぶかは明らかだと考えがちである。しかし、より詳しく検討してみると、そのことはまったく解明しがたいことがわかる。触感があり、いつでもそれが心に延長を提示しているのは確かである。しかし、どのようにしてかは問題となる。というのも、この触感は、正義や勇気に対してと同様、延長には類似せず、どんな推理の規則によっても延長した事物の存在をそれから推論できないからである。したがってこの触感では、どのようにして延長する事物についての思念が得られるのか、またどのようにしてこの事物についての信念が得られるのかを説明できない。

この点で哲学者たちがだまされたのは、第一性質を示唆する触感が名称を持たず、そのためこれまで反省されなかったからである。それらは、またたくまに心を通過し、ただ外的事物についての思念と信念を導入するのに役だつだけであり、この思念および信念は我々の本性によって触感と結びついているのである。触感は自然記号であり、記号をいささかも反省せずに、それどころか記号があることを観察さえせずに、心はすぐに記号が意味表示する事物に向かう。したがって延長、形態、運動の観念は感覚の観念で、耳や鼻による音や匂いの観念同様、触覚の感官によって得られるといつも当然視されてきた。触感は我々の本性によって延長、形態、運動についての思念と密接に結びついているので、哲学者たちは片方をもう片方と間違えてしまい、両者はただ異なるだけでなく、互いにまったく似ていないことがわからなくなってしまった。しかし、この主題について明瞭に推理したいなら、この触感に名称を与えるべきだろうし、それに注意を向けて反省することに慣れることで、それと意味表示された、あるいは示唆された性質とを分離して、両者を比較できるようにしなければならないだろう。

そうした習慣は刻苦勉励なしには身につかない。そしてそれまではこの主題について明瞭に思考し、正しく判断することはできないだろう。

さてでは、ある人に手でテーブルに触ってもらおう。彼は固いと感じる。しかし、これは何を意味するだろうか。間違いなく次のことである。すなわち彼は触感を得ており、その触感から、どんな推理も、またどんな観念の比較もなしに、何か外的なものが実際存在し、その部分は固着しているため、相当の力でないとずらすことができないと結論するのである。

ここには触感とそれから引き出された、あるいは示唆された結論とがある。この二つを比較するために、我々は両者を別々に眺め、両者はどう結びついているのか、両者はどれほど類似するのかを考察しなければならない。テーブルの固さは結論であり、感覚は結論を導く媒介である。この媒介と結論をそれぞれ明瞭に注意してみよ。そうすれば、自然界でこれほど似ていないものはないことを知覚するだろう。片方は心の感覚であり、心の中以外には存在しない。それどころか、それは感じられていないとかたときも存在できないのである。もう片方の固さはテーブルにあり、感覚される以前にも、感覚が消えたあとでも、そこに存在するとたやすく結論される。片方はどんな延長、部分、固着も含意しないが、もう片方はそれらすべてを含意する。両方ともたしかに程度の違いがあり、触感などはある限度以上では痛みとなる。しかし、ダイアモンドのような固さは少しの痛みも含意しない。

例の触感と固さには類似点がないだけでなく、理性は両者のあいだに何の結びつきも知覚できない。それどころか、なぜ柔らかさなど、そのほかの触感ではなく、この触感から固さが結論されるのか、その理由を論理学者は示すことができないだろう。しかし、現実には、人類はその本性によってこの触感から固さを結論するのである。

熱さの感覚と固い物体に手をあてて得られる感覚は、いずれも触感である。それどころか、推理によって片方から引き出される結論は、同じく推理によってもう片方から引き出せる結論だけである。しかし、我々は、本性上片方から眼に見えない隠れた性質*を結論し、それについては熱さの感覚をもたらすのに適した何かという相対的概念*しかないが、もう片方から結論される性質については、はっきりと明瞭な概念*がある。すなわち物体の固さである。

第六節　延長について

この点を別の観点から理解するには、感覚だけから延長、形態、運動、空間についての思念が得られるかどうか試みるべきだろう。そこで私は、延長、形態、運動については盲人も眼の見える人と同じ思念を持っていること、ソーンダーソン博士*が円錐、円筒、球、諸々の天体の運動と天体どうしの距離についてアイザック・ニュートン卿と同じ思念を持っていることを当然視する。

したがって視覚はそれらの思念を獲得するのに必要ではないので、それらの思念の起源を巡る以下の研究では視覚をまったく無視することにし、とある盲人が以前触覚によって得た経験、習慣、思念を奇病のせいで失い、自分の身体なりほかの物体なりの存在、形態、規模、延長の概念をあらかじめ持たずに、完全なままと想定される感覚と推理力だけで外的事物の知識を新たに得る場合を想定しよう。

まず彼の身体はひとつの場所に固定され、ほかの物体が触れることで触感のみが得られると想定しよう。針でちくりと刺される。間違いなくこれは鋭い感覚をもたらす。彼は痛いと感じる。しかし、彼はそれから何を推定できるだろうか。針の存在や形態についてはきっと何も推定できない。彼はこの種の痛みからは何も推定することはできない。それを言うなら痛風や座骨神経痛*からでさえ何も推定できないだろう。彼は常識によって、この痛みには原因があると考える。しかし、彼に想定された原理からは、この原因が物体なのか精神なのか、延長するのかしないのか、有形なのか無形なのかについて少しも憶測できないだろう。もともと物体なり延長なりの思念がないので、彼には針の痛みからは何もわからないのである。

では次に、先の尖っていない物体があてがわれ、徐々に力が加わって彼の身体を傷つける場合を想定しよう。この場合彼は、先の場合同様、それからはほとんど何も結論できないような別の感覚なり一連の感覚なり以外に、何が得られるだろうか。硬性腫瘍*は、体内の隣接部分を圧迫して外的物体の圧迫と同じ感覚をもたらすが、痛みの感覚以外は何も伝えず、もちろんこの痛みとて延長とは少しも類似しない。

第三に、あてがわれた物体がある程度の範囲で身体と接触する場合を想定しよう。このことで彼に、この物体の延長や大きさについて思念がもたらされるだろうか。自分自身の身体の大きさや形態についての思念が先にあってそれが尺度になるのでなければ、それは不可能だと私には思われる。両手が物体の両端に触れたとき、もし両手の開きが一フィートだとわかっているなら、物体の長さが一フィートだと知るのは容易である。万一もし両手の開きが五フィートなら、物体の長さは五フィートになる。しかし、両手のあいだの距離を知らなければ、両手でつかんだ対象の長さを知ることはできない。それを言うなら、そもそも両手なり両手の開きなりの思念が先になければ、ただ両手が何かに触れただけでは、物体の長さの思念を得ることはできないのである。

さらに、静止している手や顔にそってとある物体が動く場合を想定しよう。これは例の彼に空間や運動の思念をもたらすだろうか。新たな触感をもたらすことは間違いない。しかし、今まで空間や運動の思念のなかった人にこの触感がどのようにしてそれらの思念を伝えるのか、私には理解できない。血液が動脈や静脈を流れているが、流れが激しくなるとこの運動が感じられる。しかし、空間なり運動なりの概念のない人が、この感覚によってそうした概念を得るとは想像できない。血液のそのような運動は、腹部の疝痛*同様、継起的な触感をもたらすだろう。しかし、どんな触感も、たとえいくつか組み合わせたところで、空間なり運動なりには類似しないのである。

次に、例の彼が頭や手を本能的に動かそうとするが、外部の妨害か麻痺のため、実際には何の運動も生じない場合を想定しよう。そうした努力は、以前にはなかった空間あるいは運動の思念を彼に伝えるだろうか。きっと伝えられないだろう。

最後に、彼が空間あるいは運動の思念がないまま本能的に手足を動かす場合を想定しよう。彼は関節の屈曲や筋肉の膨張にともなう新たな感覚を得る。しかし、この感覚がどのようにして彼の心に空間や運動の観念を伝えるかは、いまだにまったく神秘であり理解不可能である。心臓や肺の運動はすべて筋肉の収縮によるが、空間や運動の概念をもたらすわけではない。子宮の胎児にもしばしばそうした運動があり、それにともなう触感もあるだろうが、空間なり運動なりについては何の観念も持っていないだろう。

以上を要するに、外的存在、空間、運動、延長など、およそすべての第一性質、すなわち我々がはっきりと明瞭な概念を持っている第一性質にかんする諸々の思念の起源を感覚から導きだそうとする点で、哲学者たちはみずからだまされ、我々をだましたように思われる。それらの性質は人間の能力について提唱されたどんな体系とも一致しない。それらはどんな感覚にも、あるいは心のどんな働きにも類似しない。したがって、それらは感覚の観念でもないし反省の観念でもない。それらの性質についての概念そのものが、知性にかかわる今日の哲学的体系すべてと相いれない。それらの性質についての信念も同様である。

第七節　物質的世界の存在について

これらの性質にかかわる思念がいつ、どのような順序で得られるかは述べることができない。記憶と反省がおよぶかぎり心の働きをたどっても、想像や信念の中にそれらがすでにあり、すっかり心になじんでいるのがわかる。しかし、それらは最初どのようにして心に知られたのか、それらはなぜ強く信念に影響したのか、それらは現在どれほど顧慮する価値があるのか、以上は人間本性の哲学にとって間違いなくとても重要な問いである。

それなら我々はクロイン主教とともに権限開示令状*を発し、観念的体系の法規にしたがってそれらの思念を哲学裁判にかけてみようか。実際それらの思念は、すでにこの審理においてとてもあわれな結果に終わったようである。というのも、それらの思念には例の法規に精通したとても有能な弁護団、すなわちデカルト、マルブランシュ、ロックがいて依頼人のためにできるだけのことをしたのだが、それらの思念を異端と教会分裂の教唆者と信じたクロイン主教が多大の熱意をかたむけて訴追し、それらの思念を弁護するために述べられたことすべてに応酬して有能な弁護士たちを黙らせたからである。彼ら弁護士たちはこの半世紀のあいだ、議論を拒否し、自分たちの弁論よりむしろ陪審の好意に頼ろうとしているように思われる。

こうして哲学の知恵が人類の常識と対立する。哲学は、物質的世界のようなものはないこと、太陽、月、星、地球、動植物は心の中の感覚か記憶と想像における感覚の像かであり、それ以外ではありえないこと、それらは、痛みや喜び同様、思考されるとき以外には存在できないことをア・プリオリに論証*しようとする。常識は、この見解をある種の形而上学的狂気にほかならないと考え、過度の学習は人を狂わしがちだから、本気でこの信念を抱いている人も、たとえほかの点では善良な人であろうとも、自分がガラスでできていると信じる人と同じであり、きっと知性に弱点があって、考えすぎのせいでそこを痛めてしまったのだと結論する。

哲学と常識のこの対立は、哲学者自身にあまりよくない影響を与えがちである。彼は人間本性をとげとげしい屈辱感とともに眺める。彼は、自分やほかの同胞は生来不合理や矛盾をごまんと信じなければならず、理性はせいぜいこの不幸の発見にのみ十分であるにすぎないと考える。実にこれが深遠だとされる彼の思弁の成果である。人間本性にかかわるこの思念は人の精神を弛緩させ、あらゆる気高い目的と感情の面目を失わせ、事柄全体に憂うつな影を広げる。

もしこれが知恵なら、私は俗人たちとともにまどいたい。私は心ひそかにこの知恵に反発し、人類および神の普遍的統治についてもっと敬虔な感情を吹き込まれる。常識と理性にはともにひとつの創造主がある。すなわち全能の創造主であり、神のほかの作品中に我々は、知性を魅了し喜ばせる一貫性、斉一性、美を観察する。したがって人間の能力にも、神の技量のほどがうかがわれるほかの作品同様、秩序と一貫性がなければならない。人類について敬意を持って考え、真の知恵と哲学を高く評価する者なら、あのような奇妙で逆説的な見解を好まないどころか、強い疑念を抱くだろう。それらの見解が虚偽であれば、哲学をおとしめる。もしそれらの見解が真実であれば、人間という種の品位を落とすことになり、我々はみずからを恥じることになる。

ではいったい何のために、哲学はあれこれ常識に反対するのだろうか。物質的世界についての信念は、哲学のどんな原理よりも古く権威がある。それは理性の法廷を拒否し、論理学者の大砲をあざ笑う。哲学の布告にもかかわらずそれは主権をたもち、理性でさえその命令に屈伏しなければならない。外的な物質的世界にかかわる思念の権威を否認した哲学者たちでさえ、その命令に従わなければならないことを告白している。

私が考えるところでは、やむを得ないことはいさぎよくやるのがよい。そして外的世界について俗人たちが抱く思念と信念は取りのぞくことができないのだから、できるかぎり理性をそれらと一致させるのがよい。理性がこのくびきに怒りいらだつとしても、それを捨て去ることはできない。理性が常識に奉仕するつもりがないのなら、常識の奴隷となるに違いない。

この問題について理性と常識を一致させるために、私は哲学者たちに以下二つの考察を提起したい。第一に、物質的世界の存在を巡る論争では、もし物質的世界のようなものがあればそれは感覚の明白な像に違いなく、心の中の感覚に似ていない物質的事物については概念を持つことはできない、とくに触感は延長、固さ、形態、運動の像であることが双方で当然視されている。クロイン主教のであれ『人間本性論』の著者のであれ*、物質的世界の存在に反対して提起された論拠はすべてこのことを想定している。そこでもしこの想定が真実なら、彼らの論拠は決定的で反論しがたい。しかし、逆にこの想定が真実でなければ、何ら論拠はないことになる。それではこれらの哲学者たちは、あの奇妙な体系の全荷重を支えるこの仮説に対してしっかりした証拠を提出しているだろうか。否である。彼らは証拠の提出などした試しがない。しかし、古代および現代の哲学者たちがこの見解に同意したので*、彼らはそれを当然視したのである。だが、哲学者になるのなら権威を度外視しよう。痛みが剣の先端と似ているかどうかを知るのにアリストテレスやロックに助言を求める必要はない。私は、剣の先端についてと同様、延長、固さ、運動についてもはっきりした概念を持っており、刻苦勉励によって、痛み同様、延長、固さ、運動にかかわる触感についてもはっきりした思念を形成することができる。そこで延長、固さ、運動についての概念とそれらにかかわる触感についての思念を比較すれば、両者が同類ではなく、どの点をとっても互いに類似しないことはきわめて明白に思われる。ただ似てないどころか、それらは、痛みと剣の先端同様、確実かつ明白に似ていないのである。もちろん、延長、固さ、運動にかかわる触感が最初に物質的世界を我々に教えたのは確かだろう。また物質的世界がそれらの触感をともなわずに現れることは、たしかにほとんど不可能だろう。しかし、それにもかかわらず、怒りの情念がそれにともなう顔の表情と似ていないように、これらの触感と物質的世界も似ていないのである。

したがって、物質的世界に対して哲学者たちが下した判決文には「相手にかんする錯誤*」がある。彼らの論証は物質なりその性質なりには触れておらず、ただ彼らの想像の産物である偶像、すなわち観念と感覚から構成され、これまで一度も存在したことがない物質的世界という偶像だけを攻撃しているにすぎない。

第二に、我々には延長、形態、運動についての概念があるというそのことが、これらが感覚あるいは反省の観念ではないために、物質的世界を審理にかけ非難した観念的体系を覆す。したがって例の判決には「法規にかんする錯誤*」がある。

ロックの実に正当な観察によれば*、人間の技術が物質粒子を作れず、物質的世界に対して我々の能力がおよぶのが既存の物質を合成、結合、分離することだけであるように、思考の世界でも諸々の材料は自然によってもたらされ、我々はそれらを色々と結合し、分離するだけである。したがって理性であれ先入観であれ、はたまた真の哲学であれ偽の哲学であれ、自然や我々の本性がもたらさない単純思念なり概念なりは、ひとつなりとも作り出せないのである。延長や運動そのほか、物質の属性についての概念は、誤謬や先入観の結果ではありえない。それらは自然の所産に違いない。そしてそれらは感覚でもなく反省でもないから、それらを得る能力は従来説明されてきた人間の心の能力とは違った何かであるに違いない。

以上を私は、観念的体系の存亡にかかわる決定実験*として提起する。それは、次のように争点を手短に解決する。

延長、形態、運動のいずれか、またはすべてがこの実験の主題になるだろう。それらは感覚の観念かそうではないかのいずれかである。もしひとつでも感覚の観念であるなら、あるいは感覚に少しでも類似するなら、私は口を閉ざして理性を常識と一致させることをあきらめ、観念的懐疑主義の勝利を甘受しよう。しかし、それらが感覚の観念ではなく、どんな感覚にも似ていなければ、観念的体系の基礎はもろく、物質的世界や印象と観念以外のすべての事物に反対するこじつけは間違った仮説にもとづくことになる。

　このうえなくはっきりしており、単純でもあり知りつくされてもいる思考対象の思念と、この思念が由来する能力との起源にかかわる心の哲学がこれほど不十分なのに、この哲学の説明は見解や信念の起源については申し分ないと期待できるだろうか。それがこの点でも不完全なことの事例を我々はすでにいくつか見てきた。感覚なりそのほかの心の働きなりとまったく似ていない事物を理解する能力をもたらしたのと同じ自然が、まだ説明されていない我々の本性によって、この事物についての信念をもたらしたのだろう。

　バークリー主教は感覚から物質の存在を推理できないことを証明したが、これには応酬できない。同様に『人間本性論』の著者も、感覚から自分の心やほかの心の存在を推理できないことをはっきり証明した。しかし、我々は、推理によって証明できるものだけを認めなければならないのだろうか。もしそうなら我々は懐疑主義者になるほかなく、何も信じられなくなる。しかし、『人間本性論』の著者は中途半端な懐疑主義者*だと思われる。彼はその原理を最後まで徹底しなかった。非凡な大胆さと手際のよさで俗人たちの先入観を攻撃したが、残るは最後の一撃というときになって彼の勇気はくじけ、武器を捨てて俗人たちの先入観の中でも最もありふれたもの、すなわち印象と観念の存在に対する信念のとりこになるのである。

　そこで、懐疑的体系への追加事項をひとつ私に述べさせていただきたい。これがないとこの体系はつじつまが合わないからである。印象と観念の存在に対する信念は、心や物体の存在に対する信念同様、理性によってはほとんど支持されない。誰もこれまでこの信念の理由を挙げなかったし、挙げることができなかった。デカルトは自分が考え、感覚や観念を持っていることを当然視したが、彼の後継者も同様だった。懐疑主義のかの英雄でさえ、このさい言わせてもらえば、この点で軽率にも屈服してしまったのである。私がそのように言うのは、彼の哲学にはこの譲歩をせまるような原理がないからである。ほかの存在すべてを打ち負かしたにもかかわらず、すべてを征服するこの哲学が印象と観念には敬意を表明しなければならなかったとは、いったいこの印象と観念の何がこの哲学の手に負えなかったのだろうか。それにこの譲歩は危険である。というのも、信念はその根が少しでも放置されたなら、きっと繁茂するからである。信念に「ここまではよいが、それ以上はだめだ」「印象と観念の存在については信念を認めよう、しかし、それ以外は望むな」と言うより、いっそその根をすべて引き抜いた方が容易である。したがって、徹底して首尾一貫した懐疑主義者なら、決してこの点で譲らない。信念さえ制すれば、何かに屈伏する義理は彼にはない。

そのような懐疑主義者に私は何も言うことはない。しかし、中途半端な懐疑主義者たちからは、なぜ彼らは印象と観念の存在を信じるのか知りたい。私が考えるところでは、彼らの理由はほかに仕方がないからというのだろう。しかし、同じ理由で彼らは、きっとほかの多くの事物を信じることになるだろう。

あらゆる推理は第一原理からでなければならない。*そして第一原理については、本性上それらに同意するほかないという理由しか与えることができない。思考する能力同様、そうした原理が我々の本性をなしている。理性は、そうした原理を作ることもできなければ破壊することもできない。それどころか、そうした原理がなければ理性には何もできない。理性は望遠鏡のようなもので、眼を持つ人が遠くを見るときに役だつが、そもそも眼を持たなければ何も見えない。数学者は公理の真理性を証明できず、公理を当然視しなければ何も証明できない。我々は心の存在を証明できず、思考や感覚の存在さえ証明できない。歴史家や証人は、記憶や感官が信用できることを当然視しなければ何も証明できない。自然哲学者は、自然の行程が安定しており、斉一であることを当然視しなければ何も証明できない。

推理の基礎になるこれら諸々の第一原理がいつ、どのようにして得られたのか私は知らない。なぜなら記憶のおよぶ以前から私はそれらの原理を持っていたからである。しかし、それらの原理が私の本性をなしていること、したがってそれらを振り払うことができないことを私は確信している。思考や感覚にいわゆる「自己」である主体があることは、したがって推理で得られる見解ではなく、ひとつの自然原理である。触感が何か外的なもの、延長したもの、有形のもの、固いもの、柔らかいものを示すのは理性による演繹ではなく、ひとつの自然原理である。それについての信念およびそれについての概念そのものが、等しく我々の本性をなしている。もしこの点で我々がだまされているのなら、我々の創造主によってだまされているのであって、それには何の救済法もない。

触感がそもそも最初から物体とその性質について、その後我々が成長してから得たのと同じ思念を示唆すると私は断言するつもりはない。おそらく自然は、ほかの場合同様、ここでも倹約家だろう。愛の情念はそれにともなう感情や欲望とともに、女性の美の知覚によってごく自然に示唆される。しかし、人生のある時期に達するまでは、その知覚が恋情を示唆することはない。たたくことは幼児に悲しみと嘆きを引き起こすが、成長するにつれ彼はおのずと憤りを感じ、抵抗に駆りたてられるだろう。おそらく、胎児や生後まもなくの幼児は単なる感覚的存在である。外界を知覚する能力、自分の思考、存在、ほかの事物に対する関係を反省する能力は、推理する能力や道徳の能力同様、徐々に発達する。その結果子供は、愛の情念や憤りと同様、機会が到来すれば常識の様々な原理を吹き込まれていくのである。

第八節　感官を巡る哲学者たちの体系について

感官とその対象にかかわる哲学者たちの体系はすべて、感じられたとき以外は存在しない感覚を、それが示唆する事物から適切に区別しなかった点で暗礁に乗りあげてしまった。アリストテレスはたぐいまれな知性で哲学的討究に取り組んだにもかかわらず、この両者を混同し、あらゆる感覚をそれによって知覚された事物の質料なき形相*とみなす。彼は蠟に対する刻印*がその素材ではなくその形を残すように、感覚は心に対する刻印であり、知覚された外的事物の像、類似物、形相で、その質料を欠いていると考えた。色、音、匂いは、延長、形態、固さと同様、彼によれば物質の様々な形相であり、感覚はこの同じ形相が心に刻印されたものであり、知性によって知覚される。このことから明らかなのは、第一性質と第二性質がデモクリトス、エピクロス、そのほか古代の哲学者たちによって区別されたにもかかわらず、アリストテレスはそれらを区別しなかったことである。

デカルト、マルブランシュ、ロックはこの第一性質と第二性質の区別を復活させた。しかし、彼らは第二性質を単なる感覚にしてしまい、第一性質を感覚に類似するとした。彼らは色、音、熱さは物体中にはなく、心の感覚であると主張した。同時に物体表面の特殊な組織なり様態なりがそうした感覚の原因または機会であることを認めたが、この様態にはどんな名称も与えなかった。他方、俗人たちは「色」「熱さ」「音」という名称を感覚にはほとんど用いず、すでに説明されたように、たいていは感覚の未知なる原因に用いている。本性上我々は感覚よりむしろ感覚が意味表示する事物を注意し、前者にではなく後者に名称を与える。このように第二性質については例の哲学者たちが俗人たちとともに、また常識にそって考えたことがわかる。彼らの逆説は単に言葉の誤用にすぎない。というのも、現代哲学の重要な発見として「火の中に熱さはない」と言うとき、彼らが意味しているのは「火は熱さを感じない」ことだが、そんなことは以前から万人の知るところだからである。

第一性質については例の哲学者たちの誤りはかなりひどい。彼らはたしかにそうした性質の存在を信じた。しかし、彼らは第一性質を示唆する感覚にまったく注意しなかった。この感覚は名称を持たないため、まるで存在しないかのようにほとんど考慮されてこなかったのである。彼らは形態、延長、固さなどが触感で知覚されることには気づいていた。しかし、そのことから、この感覚は形態、延長、固さの像であり、それらに類似すると性急に結論してしまったのである。

観念について容認された仮説が、彼らをおのずとこの結論に導いたのである。たしかにこの仮説はこれ以外の結論とは一致しない。この仮説によれば、外的事物は心の中のその像によって知覚されなければならないからである。そして心の像として外的事物が知覚される感覚以外に何があるだろうか。

しかし、これは、もともと事実に反する仮説から導かれた結論である。感覚が何であり、それが何と似ているかを知るのに仮説に頼る必要はない。しかるべき反省と注意さえあれば、感覚は申し分なく理解でき、歯痛が三角形に似ていないのと同様、感覚が物体の性質に似ていないのは確実である。しかし、どのようにして感覚が、それとまったく似ていない外的事物についてすぐに概念と信念をもたらすのか、私は自分がその答えを知っていると言うつもりはない。「感覚は事物を示唆する」と私が言うのは、それらの結びつきの様式を説明する意図からではなく、むしろ誰もが意識できる事実、すなわちそうした概念や信念が本性的法則によって感覚に直接継起して生じるという事実を言い表したいからである。

バークリー主教は物質のような生気のない事物の性質はどんな感覚にも類似せず、自分の心にある感覚に似ているものとしては、ほかの心にある感覚以外には考えられないことを明らかにし、この問題を新たに解明した。たしかに自分の感覚をしかるべく注意すれば、人は以上の点に同意するに違いない。しかし、このことはバークリー以前の哲学者たちの注意をまぬがれてきたのであり、彼自身の心の働きを反省するのにあれほど熟練した独創的なロックでさえそうである。自分自身が感じることでさえ、それにしかるべく注意を向けるのは、我々にはこれほど困難なのである。感覚は気づかれずに心を通過し、自然が感覚に意味表示させるのを意図した事物にすぐに道を譲るので、途中で感覚をたちどまらせ、それを精査するのはとても難しい。そのための能力を獲得したと思っても、心はまだ感覚とそれと連合した事物の性質のあいだでゆれ動き、その結果両者は混ざり合い、混合したまま想像に提示される。向かい合った面の色が異なる球なり円筒なりをゆっくりと回転させれば、色は申し分なく区別され、違いは明らかだが、回転が早くなると、違いが消え失せ、同じ色に見えてくる。

物体の可触的性質がすぐさま、自然がそれと連合した感覚を引き起こすことほどすばやいものは、ほかにはない。しかし、それらを分離して明瞭な思考対象とするすべをひとたび獲得したなら、バークリー主教の例の格律が自明であり、顔の表情とそれが表示する心の情念が似ていないのと同様、触感が物体の第一性質と似ていないことが知覚されるだろう。

しかし、主教がこの重要な発見をどのように用いるのか観察してみよう。なぜ彼は、我々には物質のような生気のない実体とその性質については概念がなく、自然界には心、感覚、観念以外には何もなく、もしほかに存在するとしたなら、それは我々には概念のないもの、概念を持ち得ないものに違いないと信じるたいへん強い根拠があると結論するのだろうか。どうしてそういうことになるのだろうか。ほかでもない、こうしてである。まず、我々には心の中の感覚なり観念なりに類似する以外のものについては概念がない。しかし、我々の心にある感覚や観念に類似するものは、ほかの心にある感覚や観念以外にはない。したがって結論ははっきりしている。明らかにこの議論は二つの命題にもとづいている。彼は二番目の命題を、彼の推理を理解し自分らの感覚に注意できる人々に明らかにした。しかし、最初の命題の証明を彼は試みてはいない。それは観念学説から採用されたのであり、哲学者たちのあいだで広く受容されているので、証明の必要がないと考えられたのである。

我々はここで再び、知性の鋭いこの著述家が、ひとつの仮説から事実および人類の常識を反駁しているのを観察する。類似した印象、感覚、観念がなければどんな事物についてであれ我々には概念を持つことができないというのは、たしかに哲学者たちのあいだできわめて一般的に受容された見解である。しかし、それは自明でもなければ、はっきり証明されてもいない。したがって、物質的世界を放棄することで、常識を形而上学の犠牲にしたくない人々のあざけりを哲学に招くよりは、哲学者たちのこの学説を疑問視した方がよほど道理にかなっていたのである。

しかし、我々はクロイン主教と『人間本性論』の著者を正当に評価し、彼らの結論が、哲学者たちのあいだで広く受容されてきた観念学説から適正に導かれたことを認めなければならない。他方で、バークリー主教と彼の先達たちであるデカルト、ロック、マルブランシュの性格を顧慮してあえて言わせてもらえば、もし彼らが例の著者同様、この学説の帰結すべてを目のあたりにしたなら、それにたいそう疑念を抱き、彼らが実際行ったかに見える以上に注意深くそれを検討したことだろう。

観念の理論はトロイの木馬＊のように、罪のない美しい外観を持っていた。しかし、もしこれらの哲学者たちが、あらゆる学と常識に死と破壊をもたらす種がこの理論の腹に宿っていたことを知っていたなら、城壁を壊してこの木馬を迎えいれることはしなかっただろう。

延長、形態、運動、そのほか物体の属性についてははっきりと明瞭な概念があり、それらは感覚でもなく、感覚に似ているのでもないことは事実であり、その点が確かなのは我々に感覚があるのが確かなのと同様である。外的な物質的世界についての確固とした信念、すなわち推理によっても教育によっても得られない信念、これに対する強力な反論がある一方、これを論証によって支持することさえおぼつかないときでさえ、捨て去ることのできないこの信念を全人類が持っていることも同じく事実であり、この点については、ことの性質が許すかぎりであらゆる証拠がそろっている。これらの事実が人間本性の現象であり、それを踏まえて我々は、たとえどれほど一般的に受容されていても、どんな仮説でも正当に反論できるだろう。しかし、それとは逆に、仮説から事実を反駁することは真の哲学の規則に反しているのである。

第六章　視覚について

第一節　この能力の卓越性さと尊厳について

前世紀と今世紀における光学知識の進歩、とりわけアイザック・ニュートン卿の発見は、哲学だけでなく人間本性にも名誉なことである。人間の能力は様々な不合理と矛盾をもたらすこと以外何の役にもたっていない、として人間知性の価値をおとしめ、人々から真理探求の気力をそごうとする現代懐疑主義者のいやしい試みが、それらの発見によって永久に面目をつぶすのは当然である。

いわゆる「五官」の能力の中で視覚は間違いなく最も高貴である。この感官に仕え、この感官がなければ我々に少しも理解されなかった光線は、生命のない被造物の中で最も驚異に満ちている。光線の非常な微細さ、想像を絶する速さ、光線がいつも示す色の多様さ、不変の法則にしたがって反射し、屈曲し、屈折するさい、光線がもとの属性を変えることなくほかの物体の影響を受けること、抵抗にあわず、またひとつの場所に集積して互いに妨げあうこともなく、さらには最軽量の物体にさえ少しの衝撃も与えることなく、高密度できめの細かい物体に光線が容易に浸透すること、これらを考慮すれば我々は光線の驚異を納得するに違いない。

眼とその付属品の構造、眼の内転外転の様々な運動を実行するさいの自然の見事な仕かけ、様々な動物の本性と生活様式に適応した眼の多様性、これらはこの器官が自然の作り出した傑作であることを実証している。光線と眼が至上の英知と光学上完璧な技能で互いに合致していることを疑う人は、これまで眼について発見されたことにまったく無知か、ひどく奇妙な知性の持ち主だろう。

人間の能力では視覚だけを欠く存在者たちを想像したなら、触覚のゆっくりとした情報だけに慣れたこの存在者たちにとって、直径一インチの球と窪みからなる器官がつけ加わっただけで、全軍の配列や陣だて、壮麗な宮殿の外観、多様な風景を、場所を変えることなくまたたくまに知覚できるとは、どれほど信じがたいことだろうか。かりに人が触覚でテネリフ山*の頂の形を知ろうとすれば、いやローマのサン・ピエトロ大聖堂*の先端の場合でさえ、それは生涯続く作業になるだろう。

ほかの感官ではわからない事柄についてこの小さな感覚器官でなされた発見を知らされたなら、我々が想定した存在者たちはさらにもっと信じられなくなるだろう。すなわち我々は、この感覚器官で未知の大海原を乗り切ることができ、地表を横断し、その形態と規模を測定して各地域を描出できる。それどころか、我々は惑星の軌道を計測し、恒星の軌道を発見することができるのである。

彼らがさらに次のことを知らされたなら、もっと驚くのではないだろうか。すなわち相手がどうしても隠したがっているときでさえ、同じこの感覚器官で気性と気質、情念と愛情が知覚できること、口先では非常に巧みに偽り隠しても、食いいるようなまなざしの前では偽善が表情に現れること、身体だけでなく心についても、この感覚器官でまっすぐなものと曲がったものを知覚できることである。盲人が眼の見える人たちの話を信じるなら、どれほど多くの神秘を信じなければならないか。善良なキリスト教徒に要求されるのと同じ強い信心が、彼にはきっと必要だろう。

したがって視覚能力がほかの感官より高貴なだけでなく、本性上感覚にまさるものがあると見なされるのには理由がある。理性の証拠は「洞察する」と呼ばれ、「触る」「匂いを嗅ぐ」「味わう」などとは呼ばれない。それどころか、我々は、非凡な知識が視覚的に授かる様式*を我々にとって最も完全な知識として表すのが習慣である。

第二節　視覚で発見されるもので、盲人に理解されないものはほとんど何もない　その理由について

視覚能力の尊厳とすぐれた本性が語られたが、観察されるべきなのは、視覚で獲得される知識で先天盲の人に伝えられないものがほとんどないことである。光を見たことがない人でも、光学さえ含む諸々の学で知識を身につけ、哲学の各分野で発見をもたらすだろう。彼は天体の配列、距離、運動だけでなく、光の本性、光線の反射と屈折の法則を眼が見える人と同じように理解するだろう。彼はこれらの法則がどのようにして虹、プリズム、暗箱、幻灯機の現象や顕微鏡および望遠鏡の性能をもたらすかを明瞭に理解するだろう。これは経験で十分証明された事実である。

右のことの理由を理解するには、対象が眼にもたらす見かけとこの見かけが示唆する事物を区別しなければならない。さらに対象の可視的見かけを色の見かけと延長、形態、運動の見かけに区別しなければならない。まず物体の形態、運動、延長の可視的見かけについてだが、先天盲の人もそれらそのものではないが、それらにかなり似かよった事柄について明瞭な思念を持つと私は考える。眼からまっすぐ遠ざかる物体、または眼にまっすぐ近づく物体は静止して見えるということ、眼に近いか遠いかで、あるいは眼に対して正面にあるか斜めかで、同じ運動が速くも遅くも見えるということが盲人にはわからないだろうか。平面がある位置で直線に見え、平面または眼の位置

が変化するのに応じて平面の可視的形態が変わるということ、斜めに見られた円が楕円に、四角形が菱形や長方形に見えるということが盲人にはわからないだろうか。ソーンダーソン博士は球の射影や遠近法の規則*を理解した。もし彼が試みたなら、私が言及したことすべてを理解したに違いない。ソーンダーソン博士がこれらを理解する点に疑いがあるなら、私は彼がとある会話の中で話したことを引用しよう。彼はこう言った。「『球面上の諸々の円で作られる諸々の角はこれらの円の立体射影による表示で作られる諸々の角に等しい*』という命題のハリー博士*による証明を理解するのは非常に難しかったが、この証明をやめて、私なりにこの命題を考えたとき、これが真実に違いないことをはっきり洞察した」この会話に加わった、数学においてまぎれもなく信頼できる的確な判断力を持ったほかの紳士たちが、この発言をはっきり覚えている。

　色の見かけについては、盲人はかなり途方にくれるに違いない。これに類似した知覚が彼にはないからである。しかし、彼は、ある種の類比によって部分的にこの欠陥をおぎなうだろう。眼の見える人たちにとって深紅色は、眼にその見かけをもたらす物体の未知な性質を意味し、彼らはその見かけを熟知し、しばしば観察したことがある。他方、盲人にとっても深紅色は未知な性質を意味し、眼にその見かけをもたらすが、しかし、彼はその見かけを熟知していない。しかし、彼は、鼻が違った匂いで、また、耳が違った音で様々に刺激されるように、眼も違った色で様々に刺激されると考えることができる。こうして彼は、トランペットの音と太鼓の音が違い、オレンジの匂いとリンゴの匂いが違うように、深紅色と青色が違うことがわかる。ところで、深紅色が私にとってほかの人と同じように見えるかを知るのは不可能である。かりに深紅色の見かけが別々の人にとって色と音ほど異なっても、彼らはこの違いを発見できないだろう。したがって盲人は様々な色について、はっきり的を射た仕方であれこれ話すことがあるかもしれない。もし様々な色の本性、組成、美しさについて盲人を暗闇で試したなら、彼はうまく答えて自分の視覚の欠損を相手に悟らせないことができるかもしれない。

事物が眼にもたらす様々な見かけについての知識で、盲人がどこまでおよぶかをみてきた。次にそれらの見かけが示唆する事物、あるいはそれらの見かけから推定される事物だが、盲人はそうした事物を自分では発見できないが、それでもほかの人からの情報でそれらを完全に理解できる。我々の心に眼から入る事柄はすべて、盲人の心には耳から入る。例えば盲人は、彼自身の能力だけでは、光のようなものがあるとは夢にも思わなかっただろう。しかし、彼は、光について我々が知っている情報のすべてを得ることができる。我々同様、彼は、光線の微細さと速度、様々な度合の屈折と反射、光という驚異の元素の不思議な性能と属性をはっきり考えることができる。彼は太陽、月、星などの天体があることを自分では発見できない。しかし、彼は、これらの天体の運動についてなされた天文学者たちの発見と、この運動を支配する自然法則とについて情報を得ることができる。こうしてみると、眼で得た知識で、盲人たちに言語で伝えられないものはないように想われる。

人々が物を見るのは、生まれつき盲目であることと同様、実は珍しいことなのだと想定すれば、このまれな天稟に恵まれた少数の人々は、そうでない多くの人々にとって予言者や霊感師と思われないだろうか。我々は霊感を新たな能力ではなく、人類に共通な能力で把握でき、普通の手段で伝達できることを新たな方法、驚くべき手段で伝達することだと考える。我々の想定では、盲人たちにとって視覚はこの霊感にとてもよく似ているだろう。というのも、この能力を持つ少数の人々は、この能力で獲得した知識をこの能力のない人々に伝達できるからである。たしかに彼らは、この知識が獲得された様式について、盲人たちに明瞭な思念を伝えることはできない。盲人には、ひとつの球と窪みでは、夢なり視覚なりのような広範多岐な知識を獲得する道具として不適当と思われるだろう。人が全能者によって知識を吹き込まれる様式が我々には理解できないように、眼の見える人が多くの事物を眼で識別する様式は盲人には理解できない。それでは盲人は、視覚があるという相手の言い分を、少しも検討することなく詐欺として扱うべきだろうか。しかし、彼が実直で素直な性格の人なら、ほかの人々にこの天稟が実際あることの十分な証拠を見いだし、そのことから多大な利益を得ないだろうか。

視覚の対象の様々な可視的見かけとそれらが示唆する事物の区別は、我々に眼を与えた自然の意図について適正な思念を得るのに必要である。この能力を使用するときの心の働きを正確に注意すれば、対象の可視的見かけが我々によってほとんど顧みられていないことがわかるだろう。それはまったく思考または反省の対象にならず、記号として心に何かほかのもの、すなわち物を見たことのない人々でも明瞭に考えられるものを知らせるだけである。

私の部屋にある事物の可視的見かけは、戸外が晴れか曇りか、太陽が東にあるか南にあるか西にあるか、部屋のどこから見ているかに応じてほとんど毎時間変化する。しかし、私はこれらの変化を、朝昼晩なり、快晴または曇り空なりの記号として以外には決して考えない。一冊の書物や一脚の椅子は、それらがありとあらゆる距離と位置にあることで眼に対して違って見えている。しかし、当の事物は同じままだと我々は考え、見かけを無視してすぐに物体の真の形態、距離、位置を考えるが、可視的もしくは遠近法的見かけはこの物体の記号であり表示なのである。

私がある人を一〇ヤードの距離で見てから、さらに一〇〇ヤードの距離で見たなら、彼の可視的見かけは、長さや幅そのほかの輪郭の点で、あとの場合は先の場合より一〇倍小さい。しかし、可視的形態のこの縮小で、実際の彼が一インチでも縮んだとは、私は考えない。それどころか、可視的形態のこの縮みから彼がかなり離れたところにいると結論づけても、私はこの縮みに少しも注意を向けない。というのも、前提が心に浮かんだことを知覚せずに結論を下すというのが、こうした場合における心の働きの機微だからである。対象の様々な可視的見かけは自然によって記号あるいは表示としてのみ意図され、心は記号を少しも反省せず、あるいは記号のようなものがあることを知覚せず、すぐに意味表示された事物に移ることを例示するのに何千もの事例が提出されるだろう。ある意味でこれは、とある言語の様々な音が、いったんそれらに慣れると無視され、それらが意味表示する事物のみを我々が注意するのとどこか似ている。

　したがってクロイン主教の正しくも重要な観察*によれば、対象の可視的見かけは、対象の距離、大きさ、形態を我々に知らせるために自然が用いるある種の言語である。幸運にもこの観察は、かの独創的な著述家によって、光学の偉大な先人たちを悩ましてきたいくつかの現象の解明に応用された。同じ観察は思慮深いスミス博士*の『光学の体系』でさらに改善され、天空の見かけの形態、光学ガラス*によって、あるいは裸眼で見たときに対象が呈する見かけの距離と大きさの説明に用いられた。

　これら卓越した著述家たちによって述べられたことの繰りかえしをできるだけ避けるために、以下で我々は、自然がこの視覚言語で用いる記号とそれが意味表示する事物の区別を利用しよう。そして、視覚についてまだなお語られるべきことのうち、まず記号について若干観察してみよう。

第三節　対象の様々な可視的見かけについて

　この節で我々は、いつも心に提示されているが、決して反省の対象にならない様々な事物について語らなければならない。自然はそれらを記号として意図した。日常生活では、それらはこの用途以外には用いられない。心は、それらに注意しないという断ちがたく根深い習慣を身につけてしまった。というのも、それらが現れるとすぐに意味表示された事物が電光石火のごとく続き、我々の関心を独占するからである。それらは言語による名称を持たない。それらが心を通過するのを我々は意識するが、その通過はあまりにすばやく、また珍しくもないのでまったく気づかれない。それどころか、それらは記憶や想像に少しの足跡も残さないのである。触感がそうだったことは前章で明らかにされた。同じことが対象の様々な可視的見かけについてもあてはまる。

私は、対象が眼にもたらす見かけを、対象の色、距離、大きさ、形態について視覚で形成する判断から区別する習慣を刻苦勉励して身につけたことのない読者たちに、自分が理解されることを望むわけにはいかない。この区別を必要とするこの世でただひとつの職業は、画家のそれである。画家には、可視的対象についてここで要求されているのと類似の抽象を行う機会がある。そしてこれは彼の芸術で最も難しい。というのも、画家が想像において対象の可視的見かけに思いをこらし、それと意味表示された事物とを混同しなければ、模写から描く場合のように実物から直接描き、あらゆる形態をしかるべき陰影、浮彫り、遠近法で表すのは容易だからである。遠近法、陰影、浮彫り、彩色は、事物が眼にもたらす見かけを模写することにほかならない。したがって我々は、可視的見かけという主題について、この芸術からいくつか手がかりを借りることにする。

例えばある人が、一冊の本のような見慣れた対象を様々な距離と位置から眺めているとしよう。彼は視覚の証言から、一フィートの距離で見られようと、一〇フィートの距離で見られようと、あるいはある位置から見られようと、別の位置から見られようと、それは同じ本、同じ対象であり、眼が判断できるかぎり色、大きさ、形は同じだと断言できないだろうか。きっとそう断言するに違いない。同じ個別の対象が心に提示されるのであり、この対象は、ただそのときどきで、違った距離と違った位置にあるにすぎない。なら次に私はこう問おう。この対象はこれら違った距離で眼に同じ見かけをもたらすだろうか。間違いなくそうではない。

第一に、色が同じだとの判断がどれほど確実でも、違った距離では色が同じ見かけをもたらさないのも同じく確実である。対象がかなりの距離におかれたことの自然な結果である褪色や細部の混交と不明瞭がある。画家または絵の鑑定家でない人々はこのことを見過ごし、距離が一フィートか一〇フィートかで、日陰にあるか日向にあるかで、同じ対象の色が違って見えることを容易に納得できない。しかし、絵の達人たちは、色の褪色や細部の混交によって、同じキャンバス上にあって眼から等しく離れている形態が、非常に違った距離にある対象をどう表現するかを知っている。彼らは、様々な距離と陰影に応じて違う色を使うことで、対象を同じ色に見せる方法を知っている。

第二に、遠近法の規則を熟知している人なら誰でも、本の形態の見かけがありとあらゆる位置で変わることを知っている。しかし、遠近法の思念のない人に、本の形態が違った位置からでも眼に同じに見えないか尋ねたなら、彼はそう見えると気兼ねなく答えるだろう。以前彼は位置の違いから多様な可視的見かけが生じることを考慮し、このことから適切な結論を引き出すことを学んだ。しかし、彼がこれらの結論を下すのは容易であり習慣化するので、前提を忘れてしまう。したがって、彼が本の形態について同じ結論を下したなら、可視的見かけも同じだったに違いないと考えるのである。

第三に、本の見かけの大きさ、あるいは規模を考察しよう。私がこの本を一フィートの距離で見ようと一〇フィートの距離で見ようと、それは約七インチの長さ、五インチの幅、一インチの厚さだと思われる。私はこれらをおおむね眼で判断でき、いずれの距離でも同じだと判断する。しかし、一フィートの距離では、可視的長さと可視的幅が、一〇フィートの距離の場合より約一〇倍大きいのは確かである。したがってその表面積は約一〇〇倍となる。見かけの大きさのこの激変はまったく見過ごされ、誰もがいずれの距離でも本は眼に同じサイズに見えると想像しがちである。さらに、この本を見ると、明らかに長さ、幅、厚さの三次元があるように思われる。しかし、可視的見かけには二次元しかなく、長さと幅しかないキャンバスの上で正確に表される。

最後に、誰もが本までの距離を視覚で知覚するのではないか。ある場合に距離は一フィートを越えず、別の場合に距離は一〇フィートだと誰もが確信をもって断言しないだろうか。にもかかわらず、距離が視覚の直接的対象でないのは確かと思われる。可視的見かけに様々な事情があって、これらが距離の記号となり、のちに明らかになるように、ある限度内でなら、これらの記号からこの距離を判断することを、我々は経験から学ぶ。しかし、先天盲の人が突然見えるようになっても、見られた対象の距離について最初はどんな判断も形成できない、というのは疑えないように思われる。チェゼルデン*によってガラス体転位をほどこされた若者*は最初、見たものすべてが眼に触れると思ったが、可視的対象の距離を判断することはその後の経験によってのみ学んだのである。

私がこのように詳細を述べたのは、次のことを明らかにするためだった。すなわち対象の可視的見かけは、経験が我々に視覚で形成するよう教える対象の思念とは違っていること、可視的事物における色、形態、延長の可視的見かけについて、読者が注意できるようにすることである。これら可視的見かけは普通の思考対象ではないが、この感官の哲学に従事したいと思う人々、あるいはこの哲学で語られるだろう事柄を理解したいと思う人々によって慎重に注意されなければならない。新たに眼が見えるようになった人にとって、対象の可視的見かけは我々と同じだろう。しかし、彼は、対象の実際の規模を我々のように見ることはないだろう。彼は、対象が何インチあるいは何フィートの長さ、幅、厚さであるか、視覚だけでは憶測できないだろう。彼は対象の真の形態について少しも、あるいはまったく知覚できないだろう。それどころか、彼には、これは立方体、あれは球、ここには円錐、あそこには円柱といった識別もできないだろう。その眼は彼に、この対象は近くにあるが、あの対象はもっと離れているといったことも教えられないだろう。男女の衣服が様々にしわを作って陰影をおびても我々には単一色に見えるのに、彼の眼にはしわや陰影ではなく、ただ色の多様性のみが提示されるだろう。要するに、たとえどれほど申し分なくても、彼の眼は外界の事物の情報について最初はほとんど何も教えないだろう。外界の事物は我々のと同じ見かけを彼にも提示し、同じ言語を話している。しかし、これは彼には未知の言語である。したがって彼はそれらの意味も知らずに記号だけを注意する。他方我々にとってこの言語は完全によく知られており、したがって我々は記号に気づかず、記号が意味表示する事物だけを注意するのである。

第四節　色は物体の性質であり、心の感覚ではないこと

現代哲学を教わっていない人々はみな、色ということで、知覚されないと存在しない心の感覚ではなく、見られても見られなくても同じであり続ける物体の性質または様態を理解する。眼の前にある深紅色のバラは、私が眼を閉じても深紅色のバラであるし、見る者がいない真夜中でも深紅色のバラだった。その色は、その見かけが消えても残る。その色は、その見かけが変化しても同じままである。というのも、緑の色眼鏡でこの深紅色のバラを眺めると見かけは変化するが、バラの色が変化したとは考えられないからである。深紅色のバラは、黄疸の人にはまた別の見かけをもたらす。しかし、彼は、変化は自分の眼にあり、対象の色にはないと容易に確信する。違った度合の光がそれぞれ違った見かけをもたらし、完全な闇はすべての見かけを取りさるが、物体の色を少しも変化させない。我々は様々な光学実験によって、色だけでなく、物体の形態や大きさの見かけも変化させるだろう。例えば、ひとつの物体が一〇個の物体に見えるようになるだろう。しかし、すべての人々が信じていることだが、多面鏡*が

一枚のギニー硬貨から実際一〇枚のギニー硬貨を作り出すわけでも、顕微鏡が一ギニー硬貨を一〇ポンド硬貨に変えるわけでもないのと同様、色ガラスが色の見かけを変化させても、見られた対象の真の色を変化させはしない。

人類に共通の言語が明らかに示すのは、物体の不変で恒常的な性質と考えられる色と、眼にもたらされ、光、媒体、眼それ自身の変様で何千にも変化する色の見かけとを区別するべきことである。物体の恒常的な色が、様々な種類あるいは度合の光と様々に透明度の違う媒体によって、見かけのこの多様性をもたらす原因である。有色の物体が提示されると、眼あるいは心に対するある種の現象があり、これを我々は「色の見かけ」と呼んだ。ロック氏はこれを「観念」と呼ぶ。このうえなく適切な呼び方であろう。この観念は知覚される場合以外は存在しない。これはある種の思考で、知覚する存在者または思考する存在者の活動である。本性上我々はこの観念を何か外的なものの記号と思い、その意味を学ぶまでは落ちつかない。彼らがまだ理性を用いるようになっていなくても、このための何千という実験が毎日子供たちによって行われている。子供たちは事物を見、事物に手を触れ、事物を様々な位置、様々な距離、様々な光のもとにおく。視覚の観念はこうして外的な事物と連合するようになり、似ていないにもかかわらず外的な事物を示唆するようになる。とりわけ我々が「色の見かけ」と呼んだ観念は、この観念を引き起こす物体の未知の性質についての概念と信念を示唆する。我々が「色」という名称を与えるのはこの性質に対してであり、観念に対してではない。様々な色は、それらの本性は未知でも、それらが呼び起こす観念と連合させつつ、我々がそれらについて考えるなり話すなりすることで容易に区別される。同様に、重力、磁気、電気はすべて未知の性質だが、それらの様々な結果で区別される。成長すると我々の心は、視覚の様々な観念からこれらの観念が示唆する外的事物へと非常にすばやく移行する習慣を身につけるので、観念は少しも注意されず、普通の言語における名称さえ存在しないのである。

我々がある特定の色について考えるなり話すなりするとき、想像に提示されるその思念がどれほど単純に思われようとも、この色はある程度まで複合的である。それは未知の原因と既知の結果を含んでいる。「色」という名称は原因にだけ与えられ、結果には与えられない。しかし、原因は未知なので、我々は既知の結果との関係でしか原因について明瞭な概念を形成できない。そこで両者は想像の中で一緒になり、たいへん密接に結合されるので、思考の単純な対象と間違えられてしまう。私が「深紅色」や「青色」と呼ばれる物体の色を考える場合、これらをただ未知の性質としてだけ考えるなら、一方と他方のあいだにどんな区別も知覚できない。したがって区別するためには、私は想像においてこれらに固有の結果または関係を一緒に考えなければならない。そして最も明らかな違いは、両者がそれぞれ眼にもたらす見かけである。こうして見かけが想像において「深紅色」と呼ばれる性質とたいへん密接に結合するので、この二つは、一方が心の観念、他方が物体の性質というように、実際にはとても異なっているのに、同一のものだと間違えられてしまうのである。

そこで私は次のように結論する。色は感覚ではなく、我々がすでに説明した意味で物体の第二性質である。すなわち、物体のある種の性能あるいは特性であり、晴れた日の陽光のもとで、名称がなくても我々にはよく知られている見かけを眼に対し提示する。色がそのほかの第二性質と異なるのは次の点である。すなわち物体のこの性質の名称はときにこれを示し、これによって引き起こされる感覚に対して与えられるが、私が判断できるかぎりでは、色の名称は感覚にではなく物体の性質にだけ与えられる。おそらくその理由は、同じ色の見かけは光、媒体、眼の様態に応じて非常に多様であり変化しやすいので、言語はそれらには名称を与えることができないからだろう。実際、それらはあまり関心を引かないので注意されず、それらが意味表示する事物を導入する記号としてのみ役だつだけである。これほど頻繁で、これほどよく知られた見かけが名称を持たず、思考の対象にならないのが信じがたいと思ってはならない。というのも、我々が以前に明らかにしたように、同じことが多くの触感にもあてはまるが、それらの感覚もまた頻繁に生じ、よく知られているからである。

第五節　前節から導かれること

色について言われたことから、我々は二つのことを結論することができる。第一に、現代哲学の最も著しい逆説のひとつが偉大なる発見として広く評価されているが、徹底的に検討されるなら、実は言葉の誤用にすぎないことである。私が逆説というのは、色は物体の性質ではなく心の中の観念である、ということである。我々は、「色」という言葉が俗人たちによって用いられた場合、心の観念ではなく物体の恒常的な性質を意味することを明らかにした。つまり我々は、物体には実際恒常的な性質があり、「色」という言葉の普通の用法もこれと合致していることを明らかにしたのである。俗人たちが「色」という名称で呼ぶのはこの性質である、という点についてもっと強力な証拠が必要だろうか。もし「色」という名称で呼ばれる物体の性質が俗人たちには未知であり、したがって名称を持たないはずだと言われるなら、私は次のように答える。これは結果だけで知られる、つまり、我々にある種の観念を引き起こすことで知られる。しかし、結果だけで知られるにもかかわらず、名称をつける必要がある物体の性質は無数にあるではないか。医学だけでも非常に多くの例を提供するだろう。「皮膚収斂性*」「麻酔性*」「皮膚刺激性*」「皮膚腐食性*」、そのほか無数の名称が物体の性質を意味しており、これらの性質は動物の体に対するその影響でのみ知られるではないか。それならなぜ俗人たちは、その結果が眼によっていつも知覚される物体の性質に名称をつけてはならないのだろうか。したがってことの性質上、俗人たちは「色」という名称を、哲学者たちが

「色の観念」と呼ぶものを引き起こす物体の性質に用いている、と考えてよい。物体にそうした性質があることは、物体があると考える哲学者たちは認めるだろう。哲学者たちは俗人たちが「色」と呼んでいる物体の性質を無名のままにしておき、「色」という名称は観念あるいは見かけに用いるのが適切と考えたが、我々が明らかにしたように、俗人たちはこの観念あるいは見かけにどんな名称も与えない。なぜなら、彼らはそれを決して思考あるいは反省の対象にしないからである。このことから、哲学者たちが色は物体にはなく心にあると断言し、俗人たちが色は心にはなく物体の性質であると断言するとき、両者のあいだには事柄にかかわる相違はまったくなく、むしろひとつの言葉における意味の違いしかないということになるだろう。

疑いもなく俗人たちには、彼らが日々親しんでいるものに名称を与える権利がある。そして哲学者たちの方は、普通の言葉の意味を予告もなく変えるのなら、言語の誤用を責められてしかるべきだろう。

哲学者たちと考え、俗人たちと語ることが*妥当な規則なら、俗人たちと考えるときには俗人たちと語り、彼らを様々な哲学的な逆説で驚かさないことが正しいに違いない。様々な哲学的逆説は、普通の言葉で言い直すなら、実は人類の常識を表現するのである。

哲学者ではない人に、色とは何か、またはなぜある物体は白く見え、別の物体は深紅色に見えるのかと尋ねたなら、彼は答えられないだろう。彼は、そのような設問は哲学者たちにまかせ、色は物体にはなく心にのみあるという現代の哲学者たちの仮説以外なら、どんな仮説にでも飛びつくだろう。

彼の理解にとって最も衝撃的なのは、可視的対象に色はなく、色は彼が不可視と考えるものにあるという主張である。しかし、この奇妙な逆説は哲学者たちのあいだで広く受容されているだけでなく、現代哲学の最もみごとな発見のひとつだと考えられている。独創的なアディスン*は、『ザ・スペクテイタ　第四一三号』の中でこのことについて次のように語っている。「私は読者が、現在自然哲学の研究者たちのあいだで広く認められている現代の偉大な発見について熟知しておられることを想定している。すなわち、光や色は、想像によって理解されたかぎり、心の中の観念にすぎず、物体の中にある性質ではないという発見である。このことは現代の多くの哲学者たちによって議論の余地なく証明された真実であり、この学における最も精巧な思弁のひとつであるから、もし英語のわかる読者が、この思念が詳細に説明されているのを見たいと思うのなら、ロックの『人間知性論』の第二巻第八章にそれを見いだせるだろう」

ロック、アディスン両氏は人類に対して大いに貢献した著述家たちだから、彼らと見解を異にすることに人は不安を感じ、彼らが高く評価した発見には当然の功績があると思いたいに違いない。たしかに第二性質については、以前の哲学者たちより正確に、心の中の感覚とこの感覚を引き起こす物体の本性あるいは性質とを区別した功績がロックや現代のほかの哲学者たちにあると認めるのは正当である。彼らは、この両者が異なるだけでなく、互いにまったく似ていないこと、すなわち匂う物体の微細な発散物と匂いの感覚、あるいは音源物体の振動と音の感覚のあいだにはそれぞれ何の類似点もないこと、熱さの感覚とこの感覚をもたらす熱した物体の本性、有色物体の眼に対する見かけとこの見かけをもたらす物体表面の組織のあいだには、それぞれ何の類似もないことを明らかにしたのである。

これらの事柄を正確に区別した功績は決して少なくない。というのも、本性上どれほど異なっていても、心の感覚と物体の性質はいつも想像において連合してきたので、いわば二面性をもって合体しており、この二面的本性のせいで、それぞれを物体あるいは心に適正に割りあてることができなかったからである。互いに異なる構成部分に区別されるまでは、物体と心のいずれにもその適正な持ち分を指定することができなかった。古代の哲学者たちは誰もこれを区別しなかった。デモクリトスとエピクロスに従った者たちは熱さ、音、色の形相は心にあるが、我々の感官がそれらを誤って物体にあるように表象すると考えた。アリストテレス学派の人々はこれらの形相は実際に物体にあり、それらの像が感官によって心に運ばれるのだと想像した。

一方の体系は感官が生まれつき信頼できず、人をあざむきやすいとした。他方の体系は物体の性質が心の感覚に類似するとした。すでに言及した区別なしでは第三の体系を見いだすことは不可能だった。この区別によって実際これら古代の両体系の誤りが避けられ、我々の感覚が物体の性質に類似するのか、それとも神が我々に自己をあざむく能力とこのまやかしを見抜く能力を与えたのか、そのいずれかをかならず信じなければならないという苦境におちいらないですむのである。

したがって我々は、色やそのほかの第二性質を巡るロックやほかの現代哲学者たちの学説を喜んで正当に評価し、その功績を認めたいと思う。しかし、彼らが自分らの学説を表現している言葉を非難させてもらいたい。眼に対する色の見かけとこの見かけを自然の法則にしたがって引き起こす有色物体の様態との区別を説明し、またこの区別を確立するさい、問題は「色」という名称を原因に与えるか、それとも結果に与えるかだった。彼らはこの名称を結果に与えたが、そのことで彼らは哲学と常識をはっきり敵対させ、哲学を俗人たちのあざけりの的にしてしまった。しかし、実際そうするべきだったように、彼らが「色」という名称を原因に与えたなら、彼らは俗人たちとともに、色は物体の性質であり、心には色やそれに類似したものはないと断言したに違いない。彼らの見解同様、彼らの言語も申し分なく人類の共通の理解にかない、真の哲学が常識と力を合わせることになっただろう。ロックは常識の敵ではなかったので、ほかの場合同様、この場合にも、哲学者たちに受容された仮説に影響されたのかもしれない。実際そうだったことが次節で明らかになるだろう。

第六節　我々の感覚は物体のどんな性質にも類似していないこと

色について言われたことからの第二の結論は、次の通りである。すなわち、色は物体の性質であるが、物体の色が心に表示されるのは、物体の性質に類似した観念あるいは感覚によるのではない。むしろ物体の色はこれに少しも類似しない観念によって示唆される。この結論は物体の色だけでなく、我々が検討してきた物体のすべての性質についてあてはまる。

注目する価値があるのは、五官の働きとこれらの働きで発見される物体の性質についてこれまで分析したことの中には、物体の性質に類似する感覚の例はなく、その像なり類似物なりが感官によって心に伝えられるような物体の性質の例もないことである。

心と外界の関係ほど説明しがたい自然現象はほかにない。哲学者たちが貪るようにその秘密をうかがい、解決しようとした現象はほかにない。この関係が感官という手段で維持されることは、すべての人々が同意している。俗人たちの好奇心はこれで満足するが、哲学者の好奇心は、そうはいかない。哲学者たちは感官が外的事物を我々に知らせる様式を明らかにする何らかの体系、何らかの仮説を必要としている。人間の豊かな発明の才がこの目的のために生み出したかに思われるのはたったひとつの仮説であり、したがってそれがこれまで広く一般に受容されてきた。すなわち、心は鏡のように外界の事物の像を感官によって受け取る、したがって感官の用途はこの像を心に伝えることであるに違いない、という仮説である。

心の中にある外的事物のこの像に、アリストテレス学派の人々とともに「可感的形相*」あるいは「可感的形象*」

という名称を与えたらよいのか、それともロックとともに「感覚の観念*」という名称を与えたらよいのか、はたまたさらにのちの哲学者たちとともに、感官が直接伝えた感覚と記憶および想像に保持されたこの感覚のかすかな写しである観念*とを区別したらよいのか、いずれにせよこれらは言葉についての相違でしかない。私が言及した仮説はこれらの体系すべてに共通している。

この仮説から必然的に生じると考えられる帰結はこうである。すなわち、どんな物質的事物も、また物質的事物のどんな性質も感官がその像を心に伝えなければ考えることができず、思考の対象になることができない。我々はあとでこの仮説を詳しく検討しよう。* そこで、ここでは次のことだけを観察しておこう。すなわち、今述べたように、この仮説の結果、我々に知られ、考えられる物体の性質や属性のすべてに、この性質の像であり類似物である感覚が対応することになり、逆に物体なりその性質なりに類似しない感覚は、物質的世界なり物質的世界に属する事物なりについてどんな概念も与えないことになるという点である。実際これらが例の仮説からの自然な帰結となるだろう。

さて我々は、本章とこれに先だつ四章で色、熱さ、冷たさ、音、味、匂いに加え、延長、形態、凝固性、運動、固さ、粗さを考察してきた。本性上我々はそれらを、これまで万人がそう考えてきた通り、物体の性質と考えていることが明らかにされた。さらに五官がもたらす様々な感覚が細心の注意で検討されてきたが、ひとつとして物体なりその性質なりの像は見いだされていない。ではいったいどこから物体やその性質の像は心にやって来るのか。この問いは哲学者たちに解決させよう。私に言えるのは、それは感官によるのではないということである。適切に注意し配慮することで自分の感覚を知ることができると私は確信しているし、それらが何に類似し、何に類似しないかをたしかに断言できる。私は感覚のひとつひとつを検討し、物質およびその性質と比較してきた。しかし、類似という特徴が明らかになったものはひとつもない。

我々の感覚は物質なりその性質なりの像ではないというこれほど明確な真理は、たとえどれほど古くとも、また哲学者たちによってどれほど広く受容されていても例の仮説に屈するべきではない。それどころか、両者にはどんな友好関係もありえないのである。このことは、感覚にかかわる古代の哲学と現代の哲学をそれぞれの精神について反省してみれば明らかになるだろう。

アリストテレス学派の哲学が支配していた時代では、感覚は詳細にも正確にも検討されなかった。哲学者たちの注意は、俗人たちの場合同様、感覚が示唆する事物に向けられていた。そのため、共通の仮説の結果、外的事物の感覚はすべてこれら外的事物の形相あるいは像であることが当然視された。こうして例の真理は完全に仮説に屈してしまい、まったく抑圧されてしまった。

デカルトは内面へ注意を向け、感覚を精査するというみごとな模範を示した。そしてこの模範は現代の哲学者たち、とくにマルブランシュ、ロック、バークリー、ヒュームによって立派に継承された。そしてこの精査の結果、例の真理、すなわち心の感覚と、物質がそう想定される非感覚的で自動力のない実体の性質あるいは属性との相違という真理が徐々に発見された。しかし、この価値ある有益な発見は、その様々な段階で不幸にも古代の仮説と結びついてきた。もともと不仲で協調できない見解が不運にも一緒になってしまったことから、逆説と懐疑主義という、現代哲学が責められてもあまりに当然なあの怪物どもが現れてしまったのである。

ロックは色、熱さ、冷たさの感覚同様、味覚、嗅覚、聴覚の感覚も物体の中にそれらの類似物を持たないことをはっきり見抜き、そのことを議論の余地なく証明した。この点で彼はデカルトやマルブランシュと同意見である。この見解に例の仮説が加わると必然的に、五官のうち三つの感官がまったく職務にふさわしくないとして、物質的世界についての情報を提供しなくなる。色や熱さ同様、匂い、味、音は、怒りや感謝がそうであるように物体とは何の関係もない。それどころか、怒りや感謝同様、これらの感覚は、第一性質であろうと第二性質であろうと、とにかく「物体の性質」と呼ぶことはできない。というのも、あの仮説からこう論じることがおのずと明らかだったからである。すなわち、もしかりに熱さ、色、音が物体の真の性質なら、我々がそれらを知覚する感覚はそれらの性質に類似しなければならない。しかし、これらの感覚はそうした類似物ではない。したがって熱さ、色、音は物体の真の性質ではない。

我々は次に、第二性質の観念は類似物でないことを見いだしたロックが、すべての哲学者たちに共通の仮説に強いられて、それらの性質が物体の真の性質であることを否定するのを見る。しかし、そう否定したあとでも、なぜ彼はそれらの性質を第二性質と呼ぶのか、その理由を探り出すのはかなり難しい。というのも、私が間違っていなければ、この名称は彼の発案だからである。もちろん彼は、それらの性質は心の第二性質であると言おうとしたわけではない。しかし、そもそも物体の性質ではないことを見いだしたあとで、いったいどんな資格によってそれらの性質を物体の第二性質と呼ぶことができるのか私にはわからない。この点で彼は常識に身を捧げ、常識の権威によって自分の仮説に反する方向へ導かれたのだろう。この哲学者をして、彼の原理と推理によればおよそ物体の性質ではないものを「物体の第二性質」と呼ばしめたのは、常識という我々の見解の最高支配者だが、それと同じ最高支配者が古今、俗人たちだけでなく哲学者たちにも、とくにロックの弟子たちにも、それらが物体の真の性質だと信じさせてきたのである。すなわちこの最高支配者は彼らに実験によって物体の色、音、熱さの本性を研究させた。もし物体にこれらの性質がなかったなら、この研究は無益だったろうが、実際はそうではなかった。逆にそれは、みごとで有益な発見をもたらし、自然哲学のかなりの部分をなしている。だから自然哲学が夢でなければ、物体には「色」「熱さ」「音」と呼ばれる何かがある。だとすると、これとは反対のことを帰結する仮説は誤っているに違いない。というのも、誤った帰結にいたる議論はそれが導かれた仮説に跳ねかえり、その効力を逆行させるからである。物体の性質がそれらに類似した感覚でのみ知られるのであれば、色、音、熱さは物体の性質ではありえないだろう。しかし、それらは物体の真の性質である。したがって物体の性質はそれらに類似した感覚でのみ知られるのではない。

しかし、先に進もう。バークリー主教は、嗅覚、味覚、聴覚によって得られる感覚についてロックが証明したことをほかのすべての感覚についても反論の余地なく証明した。すなわち、それらのうちのどんな感覚も、物質がそう想定される生命のない非感覚的なものの性質に少しも類似しないことである。ヒューム氏は彼の権威と推理でこのことを確証した。この見解は古い仮説に対し有害であるように見える。にもかかわらずあの仮説は維持され、この見解と結合した。そしてこの結合は何というとほうもない怪物たちを産み出したことか。

この結合から最初に生まれた、おそらく最も害の少ない怪物は、物体の第二性質は単に心の感覚にすぎないということだった。すべての事物を神的な心の観念に見るというマルブランシュの思念をこの島に根づかなかった舶来品として無視すれば、次に生まれたのはバークリーの体系であり、延長、形態、固さ、運動といった物体の性質、土地、海洋、家屋といった事物、そして我々自身および我々の妻子や友人らの身体でさえ、すべてが心の観念であり、自然界には諸々の心と諸々の観念しか存在しないという考えだった。

続いて生まれた子孫はもっと恐ろしい。だから、産婆役をつとめ育てあげ、世間に送りだそうという勇気をもった者がいたとは驚きである。どんな原因もなければ、どんな結果もない。物質であれ精神であれ、どんな実体もない。数学的証明でさえ少しも明証ではない。自由もなければ、活動的能力もない。自然界には印象と観念のほかは何もなく、それらは時、場所、主体なしに互いに継起する。広く一般に受容されたひとつの原理からこのようにきわめて正確、明瞭、優雅な仕方で適正に導かれた見解の体系が生み出されたことは今までにない。例の仮説がこれらすべての生みの親である。感覚や感じが外的事物と相違することが、これらすべての罪のない育ての親である。

二つの誤りが互いに帳消しあい、それらの誤りが結果にほとんど、あるいはまったく影響しないことがあるかと思うと、誤りのひとつが正され、もうひとつがそのままの場合、誤りが二つのときよりはるかに真実から遠ざかってしまうことが算術の演算ではときどきある。それと同様のことが、現代のそれと比較してみるとアリストテレス学派の感覚の哲学に生じたように思われる。アリストテレス学派の人々は二つの誤りを取り入れた。しかし、第二の誤りは第一の誤りの矯正物として働き、これを緩和した。その結果、彼らの体系には懐疑主義の傾向がなかった。現代の人々はこの二つの誤りのうち、第一の誤りを保持したが、第二の誤りに徐々に気づき、これを正すことになった。その結果、我々が発見した光明はかえって暗闇を作り出し、懐疑主義が知識にともない、その憂うつな影がまず物質的世界を覆い、ついに自然全体に広がった。このような現象はその原因が隠されたままでは光明と知識の愛好者さえたじろがせがちだが、しかし、その原因が発見されれば、この暗闇が永遠には続かないこと、やがてもっと永続的な光明が続くことが期待されるだろう。

第七節　可視的形態と延長について

我々が「色」と呼ぶ物体の性質とこの色が眼にもたらす見かけとには何の類似もなく、それどころか、我々が知るかぎりでは何の必然的結びつきもない。しかし、形態や大きさの場合は事情が違う。物体の可視的形態や大きさとその真の形態や大きさとには、たしかに類似や必然的結びつきがある。なぜ深紅色は特定の仕方で眼を刺激するのか、それは誰にもわからない。この色がほかの人の眼と同様に自分の眼を刺激し、ほかの人に対してと同様の見かけを自分に対してもたらすかどうか、誰もさだかではない。しかし、眼に対して斜めにおかれた円が楕円に見える理由なら我々にはわかる。可視的形態、可視的大きさ、可視的位置は、数学的推理によって真の形態、大きさ、位置から演繹されるし、状況が同じなら、申し分なく明瞭に見る眼はどれも真の形態、大きさ、位置を特定の仕方で見ることが論証される。それどころか、数学を教われば盲人でも物体の真の形態、距離、位置からその可視的形態を決定できるだろう。ソーンダーソン博士は球の射影と遠近法を理解した。さて、物体の可視的形態を決定するために盲人に要求される知識は次のことだけである。すなわち彼は任意の物体の輪郭を、眼を中心とした空洞球体の表面に射影できればよい。この射影が彼の必要とする可視的形態である。というのも、それは視覚において網膜に投影されたのと同じ形態になるからである。

盲人は、対象上の各点から様々な線が眼の中心へ向かって一定の角度で引かれるのを理解できる。対象の長さが、それを対辺とする三角形が眼のところで作る角度に応じて増減することを彼は理解できる。同様に、幅、あるいは一般に対象における任意の点どうしの距離が、それらの距離を対辺とする三角形が眼のところで作る角度に応じて増減するのを彼は理解できる。球の射影や透視図同様、可視的見かけにも厚さがないのを彼に理解してもらうのは容易だろう。眼は対象どうしの遠近を、経験に助けられるまでは表示しないことを彼は教わるだろう。いやきっと彼はそのことを自分で推測し、そして利発にも、はるか遠くからであれ、あるいは近くからであれ、眼に到達する光線は同じ刺激をもたらすと考えるだろう。

これらは、盲目の数学者が所持していると我々が想定する原理である。きっと彼は、ほかの人からの情報と自らの反省でそれらの原理を獲得するだろう。またきっと彼は、物体の真の形態と大きさ、眼に対するその位置と距離が与えられたなら、それらの原理から可視的形態と可視的大きさを見いだせるだろう。彼はそれらの原理から、一般に、あらゆる物体の可視的形態は眼を中心とした空洞球体の表面へ物体を射影したときの形態と同じであると証明できるだろう。物体の可視的大きさは、その射影が球体表面を占有する多寡に応じて増減することを彼は証明できるだろう。

右のことをまた別の観点から理解するために、我々は眼に対する対象の位置と眼から対象までの距離とを区別することにしよう。眼の中心を通る同一直線上にある複数の対象は、たとえ眼からそれらまでの距離が異なっていても、眼に対しては同じ位置にある。しかし、眼の中心を通る様々な直線上に分散する複数の対象は、眼に対してそれぞれ異なった位置にある。眼に対する位置のこの相違は、例の様々な直線が眼のところで作る角に応じて大小様々である。眼に対する対象の位置ということで我々が意味することをこう定義すると、物体の真の形態が物体部分相互の配置からなるように、その可視的形態も物体部分の眼に対する位置からなることは明らかである。また、物体部分の配置について明瞭な概念を持つ人がその真の形態について明瞭な概念を持つに違いないように、眼に対する物体部分の位置について明瞭な概念を持つ人は可視的形態について明瞭な概念を持つに違いない。さて、物体部分相互の配置について盲人が概念を持つのを妨げるものが何もないのと同様、眼に対する物体部分の位置について彼が概念を持つのを妨げるものは何もない。したがって私は、盲人は物体の可視的形態について明瞭な概念を得るだろうと結論する。

我々は、これまで提出された議論によって、盲人にも物体の可視的延長や可視的形態が理解できることが十分証明されていると考える。それでも、この真実に対する何らかの先入観を取りのぞくために、盲目の数学者が可視的形態について抱く思念と視覚において眼にもたらされる可視的形態を比較し、両者がどの点で異なるかを観察するのは有益だろう。

第一に、可視的形態は色をともなわずには決して眼にもたらされない。ことの性質上両者には何の結びつきもないが、両者はいつも連れだっているので、想像においてさえ我々は両者をほとんど引き離すことができない。このことをより困難にするのは、我々が可視的形態を思考の対象とするのに決して慣れていないことである。可視的形態は記号として用いられ、この目的を果たすと跡形もなく消え去る。製図家や設計者の仕事はこのはかない形態を追い求め模写することだが、長年の努力と訓練ののちでさえこの作業はどれほど難しいことか。想像においてこの可視的形態をとらえるわざを獲得し、それを描写できるようになれば幸いである！　というのも、そうなれば彼は、模写から描くのと同様の正確さで実物を描くことができるに違いないからである。しかし、設計術の教師を本職とする人々のうち、こうした完成の域にまで達している者はどれほど少ないだろうか。それだから、この可視的形態をそれといつも連合するものから区別して理解することが我々にとってどれほど難しくても、もとからそうなのだから何も驚くべきことではない。しかし、盲人が可視的形態について抱く思念は、彼にはまったく概念のない色と連合していない。むしろこの思念には、彼が触覚で獲得する固さや滑らかさが連合するだろう。それぞれ連合するものがこのように違っているために我々はだまされ、本当は同じはずの事態を互いに違っていると見なしてしまいがちである。

第二に、盲人は自ら思考し、原理から数学的に推理することで可視的形態について思念を形成する。他方、眼の見える人では、何ら努力せず、またどんな推理もなしに、まるである種の息が吹き込まれるように可視的形態が眼に対して一挙に提示される。人によっては、実際に図が引かれたり描写されたのをこれまで見たことがなくても、放物線やサイクロイド*の思念をこれらの形態の数学的定義から形成できる。しかし、別の人は、これらの形態の数学的定義を知ることなく、紙面に描かれたものを見たり、木に刻まれたものに触れたりするだろう。最初の人は数学的推理によって、あとの人は感官によって、それぞれこれらの形態について明瞭な概念を持っているだろう。さて盲人が可視的形態について思念を形成するのは、最初の人が、見たこともないのに放物線なりサイクロイドなりの思念を形成するのと同様である。

第三に、可視的形態は眼の見える人にすぐに、それが記号となっている真の形態の概念をもたらす。しかし、盲人の様々な思考はこれとは逆の方に向かう。というのも、盲人はまず物体の真の形態、距離、配置を知る必要があり、それらから数学的推理で徐々に可視的形態にたどりつくからである。それどころか、盲人は本性上この可視的形態を記号だとは考えない。それは盲人の理性と想像の産物なのである。

第八節　可視的形態についてのいくつかの問題に答える

さて、この可視的形態はいったいどんな種類の事物であるかと問われるだろう。それは感覚かそれとも観念か。もし観念ならどんな感覚から写し取られたのか。現代の哲学者たちによって開設された異端審理の法廷があり、自然のあらゆる事柄がその審問に答えなければならないことを知らない人には、これらの問いはさまつなこと、あるいは場違いのことと思われるだろう。異端審理の案件はたしかにわずかだが、その結果は恐ろしい。案件とは以下の通りである。すなわち被告人は印象かそれとも観念か。もし観念ならどの印象から写し取られたのか。さて被告人が印象でもなく、印象から写し取られた観念でもないならただちに、判決阻止のための申し開きさえ許されず、消えてなくなれとの判決が下され、今後はずっと意味のない空虚な音か、あるいは死者の亡霊のようなものにされてしまう。

この恐ろしい法廷で原因、結果、時間、場所、物質、精神が裁判にかけられ敗訴した。それなら可視的形態のようなはかない姿のものがどのようにしてこの法廷に耐えられよう。それはきっと罪状を認め、印象でも観念でもないと自白しなければならないだろう。しかし、何としたことか！　それは長さと幅を持つことで有名である。それは長かったり、短かったり、広かったり、狭かったり、三角だったり、四角だったり、円形だったりする。したがって観念や印象が延長と形態を持たないかぎり、それはこの範疇に属すわけにはいかない。

ならいったいどんな存在の範疇にこの可視的形態は属するのか。なおもそう尋ねられたなら、私は答えとしていくつかの表徴をあげることができるのみである。ひょっとすると範疇にもっと詳しい人々が、これらの表徴で答えを見いだすかもしれない。すでに述べたように可視的形態は、有形物体部分の眼に対する位置である。物体部分の眼に対する様々な位置が合成されると、長さと幅の点で実際にしかるべく延長する形態となって、長さと幅と奥行きの点で延長する形態を表示する。同様に球の射影もしかるべき形態であって、長さと幅を持ち、三次元の球を表示する。球の射影あるいは宮殿の透視図は、可視的形態と同じ意味で表示である。射影や透視図が範疇において占める場所とほぼ同じところに、この可視的形態も見いだされるだろう。

さらに問われるのは、可視的形態に固有の感覚があって、この感覚によって可視的形態が視覚において示唆されるのか、そうでなければいったいどんな手段でこの可視的形態は心に提示されるのかである。この問いは視覚の能力について明瞭な思念を得るのに重要である。視覚の能力をできるだけ解明するため、この感官をほかの感官と比較し、元来まったく異なっているのに混同されがちな事物を、とある事態を想定することで区別する必要がある。

我々の感官のうち三つが遠隔にある事物の情報をもたらす。すなわち嗅覚、聴覚、視覚である。嗅覚と聴覚には感覚あるいは心に対する刺激があり、本性上我々はこれを何か外的なものの記号と理解する。しかし、感覚器官に対する外的事物の位置はそれらの感覚では心に提示されない。馬車の音を耳にしても、その音源が上にあるのか下にあるのか、右にあるのか左にあるのか、私は経験して確かめるまでは決定できない。だから感覚は何か外的対象がその原因または機会だと私に示唆するが、その対象の位置についてはあれこれの方向を示唆しない。嗅覚についても同様だろう。しかし、視覚では、事情はまったく違う。私が対象を見ると、対象の色がもたらす見かけが「感覚」と呼ばれ、その感覚は原因としてある外的事物を私に示唆する。しかし、その感覚は、この原因が眼に対して存在する特殊な方向と位置も示唆する。私はこの原因が正確にこの方向にしかないことを知る。そのさい私は、色の感覚以外に「感覚」と呼ばれるものを意識しない。有色物体の位置は感覚ではない。それはさらなる感覚もともなわず、私の本性上の法則で色とともに心に提示される。

眼の構造が、対象上の任意の点から来る光線が、現にそうであるように網膜の一点に集まらず、むしろ全体に拡散するのだと想定しよう。眼の構造がわかる人には、今想定されたような眼は、実際のように物体の色を示しはするが、その形態や位置は示さないことは明らかである。このような眼の働きは聴覚や嗅覚と酷似するだろう。それは形態なり位置なりの知覚をもたらさず、色の知覚のみをもたらすだろう。それどころか、我々の想定はまったくの想像ではない。それは白内障*をわずらっているたいていの人々の場合にほぼあてはまり、チェゼルデン氏が報告しているように*、それらの人々の水晶体は、光線を絞ることができずに網膜上に拡散させてしまう。そこで白内障の人々は、まるで壊れた眼鏡をかけた場合のように事物を見る。彼らは色を知覚するが、対象の形態あるいは大きさは知覚しないのである。

さて今度は、対象から引かれた直線上に匂いと音が伝わり、聴覚と嗅覚のあらゆる感覚が、その対象の正確な方向あるいは位置を示唆すると想定しよう。この場合、聴覚と嗅覚の働きは視覚に似るだろう。当然我々は、通常は視覚がそうであるように、対象の形態を嗅いだり聞いたりするはずである。現状では色がそうであるように、あらゆる匂いと音が想像において何らかの形態と連合するだろう。

光線が網膜に何らかの刺激を与えると我々が信じるのには理由がある。しかし、我々はこの刺激を意識していない。それどころか、今のところ解剖学者たち、あるいは哲学者たちはこの刺激の本性と効果を発見できないでいる。この刺激は神経に振動をもたらすのか、それとも神経の微細な流動体に運動を引き起こすのか、あるいはこのいずれとも異なる、まだ名称のない結果をもたらすのか。いずれにせよ、我々はこの刺激を「物質的刺激」と呼ぶことにしよう。そのさい忘れずに注意してもらいたいのは、これが心ではなく身体に対する刺激だということである。したがってこれは感覚ではなく、形態なり運動なりが思考と似ていないように、どんな感覚にも類似しない。さて、物質的刺激が網膜のある特定の点に生じると、我々の本性上の法則で心に次の二つが示唆される。すなわち色と外的対象の位置である。この物質的刺激がなぜ音あるいは匂い、または対象の位置をともなって音か匂いのいずれかを示唆しないのかは誰も説明できない。物質的刺激が色と位置を示唆し、それら以外は示唆しないことを我々は、我々の本性、あるいは我々の創造主の意志に帰する。物質的刺激が示唆するそれら二つの事物にはどんな必然的結びつきもないのだから、もしそれが我々の造物主の意にかなうなら、片方だけが示唆されたかもしれない。そこで我々は、我々の眼が色やそのほかの対象の性質を示唆することなく、ただ対象の位置だけを示唆するよう作られていると想定しよう。率直に言ってこれはありうる事態と思われるからである。ではこの想定から何が帰結するだろうか。明らかにこの眼を持った人は感覚、あるいは心に対する刺激なしに物体の可視的形態を知覚するだろう。彼が知覚する形態はまったく外的であり、したがって言葉をひどく乱用するのでなければ、「心に対する刺激」と呼ぶことはできない。形態を知覚することは、心に対する何らかの刺激がなければ不可能だというのなら、私は証拠もなしにこの不可能性を認めたくない。私はその証拠を見いだせない。それどころか、形態が心を刺激するとは、いったい何のことなのか私には理解できないのである。蠟に対する形態の刻印やしかるべき身体に対する刺激なら理解できるが、心に対する形態の刺激は私にとってまったく不可解である。私は形態についてこのうえなく明瞭な概念を形成するが、厳密に検討するに、そのさい形態が心を刺激することはないのである。

最後に、例の眼が色を知覚する能力を回復したと想定すれば、この眼は、色がいつも加わるというただひとつの違いをのぞいては、以前と同様に形態を知覚することがわかる。

さて前に提起された問いに答えるが、可視的形態に固有の感覚、あるいは可視的形態を示唆する感覚はないように思われる。それは我々が意識しない、感覚器官への物質的刺激によって直接に示唆されるように思われる。球をつかむと手に対する物質的刺激が真の形態を示唆するのと同様、網膜への物質的刺激は可視的形態を示唆するのではないか。後者の場合、同じ物質的刺激が色と可視的形態を示唆し、前者の場合、同じ物質的刺激が固さ、熱さ、冷たさ、そして真の形態を同時に示唆する。

我々はこの節をもうひとつの問いで締めくくることにしよう。可触的形態が触覚に対するのと同様、可視的形態は眼に対してしかるべく外的な対象なのだから、次のように問われるだろう。後者に対して注意を向けるのは難しく、前者に対しては容易なのはいったいどんな理由からだろうか。可視的形態は、触覚に対する可触的形態の場合より頻繁に眼に提示されることは確かである。可視的形態は、可触的形態同様、明瞭明確な対象であり、その本性からして思弁に適している。にもかかわらず、可視的形態はこれまでほとんど注意されず、バークリー主教が用いるまで＊「可視的形態」という名称はどんな言語にもなかった。我々は、彼の先例にならい、触覚の対象である形態から区別するためにこの名称を用いてきたのである。

物体の可視的形態に注意し、これを思考の対象にすることの困難さは、感覚に注意を向ける場合の困難さと似ており、両者はおそらく同じ原因によるのだろう。自然は可視的形態を物体の可触的形態および配置の記号であることを意図し、可視的形態をある種の本能でいつもこのように用いることを我々に教えた。そこで、心は可視的形態をすばやく通過して、それが示唆する事物に注意を向ける。可視的形態でたちどまり、それに注意を向けるのは心にとって不自然であり、そのことは傾斜面で停止するのが球状の物体には不自然であるのと同様である。何か内的な原理があり、それが心を外へと動かしている。それに対抗するには逆方向の力によるほかはない。

自然が記号として意図した外的事物がほかにもある。それらに共通なのは、心はそれらを無視する傾向があり、それらが示唆する事物にのみ注意を向けることである。人間の顔には何らかの様態があって、心の現在の気質を示す記号になる。誰もがそれらの記号の意味を理解するが、誰ひとりとして記号そのものに注意を向けないし、そもそも記号について知ることさえない。したがって、顔に見られる比例関係について何も知らず、また、どんな情念でさえ、その表情を描写するなり記述するなりできない多くの熟練した実践的人相学者がいることになるだろう。

熟練した画家または彫刻家は、均整のとれた顔の比例関係だけでなく、あらゆる情念が顔にもたらす変化も語ることができる。しかし、それはこれらの芸術の主要な神秘のひとつであり、それを体得するには、恵まれた才能に加え、果てしない刻苦勉励が要求される。しかし、これらの芸術家がひとたびその腕を披露し、とある情念をしかるべき記号で手際よく表現したなら、誰もがそれらの記号の意味を理解し、そのためには芸術や反省はいらない。絵画について言われたことは、そのほかの芸術にも容易にあてはまるだろう。それらの難しさは、誰もがその意味を理解する様々な自然記号について知り、注意を向ける点にある。

我々は自然的衝動によって記号から記号が意味表示するものへ容易に移行する。しかし、意味表示されたものから記号へと逆行するのには苦労と困難がともなう。したがって我々は、自然が記号と定めた可視的形態をすぐに無視してそれが意味表示するものに向かい、記号に注意をもどすことは容易でない。

我々が可視的形態と可視的延長を注意したがらないことを最もよく示しているのは、次のような事情である。すなわち、数学的推理は、可触的形態と可触的延長同様、可視的形態と可視的延長にも応用できるのに、それらはこれまで数学者たちの注目を完全にまぬがれてきたことである。触覚の対象である可触的形態や可触的延長は二千年ものあいだ何万回となく責めたてられ、とてもみごとな学の体系が引き出されてきたが、視覚の直接の対象である可視的形態や可視的延長については、たったひとつの命題さえ存在していないのである！

幾何学者が正確無比に作図し、その図に注意しながら長い推理の過程をへて、その図の部分どうしの関係を論証するとき、彼は、眼に提示される可視的形態だけが彼の注意を引きつけている可触的形態の表示であり、しかも両者はそれぞれ異なった属性を持っていること、したがって、一方で真だと証明されたことが他方では真ではないことを考慮しない。

このことはおそらく数学者たちにとってさえとんでもない逆説であり、信じてもらうのには証明が必要だろう。しかし、もし読者が可視的形態の数学的考察に少しつき合っていただければ、この証明は決して困難なものではない。そうした考察を私は「可視的なものの幾何学」と呼ぼうと思う。

第九節　可視的なものの幾何学について

この幾何学では、点、直線、曲線、鋭角、直角、鈍角、円の定義は通常の幾何学の場合と同じである。数学のわかる読者なら、以下に挙げる若干の自明な原理に注意すれば、この幾何学の全神秘を理解するだろう。

一　眼が球の中心に想定されるなら、球の大円*はすべてこの眼にとってまるで直線であるかのように見える。大円が眼の方に湾曲する様子は知覚されないからである。同じ理由から、球の大円を含む平面に引かれた線は、直線であれ曲線であれ、眼には直線に見える。

二　あらゆる可視的直線は球の何らかの大円と一致して見える。この大円の円周は、たとえ一周して元にもどったとしても、同じ可視的直線の継続に見え、その各部分は眼にとってはまっすぐである。眼は自分に対する対象の位置しか知覚せず、対象までの距離を知覚しないので、眼からどれほど離れていても、眼に対して同じ位置にある点を眼は同じ可視的場所に見る。さて、眼および任意の可視的直線を含む平面は球の大円を含む平面なので、可視的直線上の各点は大円上の各点と同じ位置にある。したがって双方とも同じ可視的場所にあり、眼に対しては互いに一致する。したがって、大円の円周全体は、たとえ一周して元にもどったとしても、同じ可視的直線の継続に見える。

以上から次のことが導かれる。

三　まっすぐ継続された可視的直線は、どこまで延びても、眼を中心とした球の大円で表される。

また次のことも導かれる。

四　二本の可視的直線が作る角は、それらの可視的直線を表す二つの大円が作る球面角に等しい。可視的直線は大円に一致して見えるので、前者で作られる可視的角は、後者で作られる可視的角と等しいに違いないからである。しかし、数学者たちが知っているように、二つの大円で作られる可視的角は、球の中心から見られると、大円が実際に作る球面角と同じ大きさを持つ。ゆえに、二つの可視的直線で作られる可視的角は、可視的直線を表す二つの大円で作られる球面角に等しい。

五　したがって、可視的直線からなる三角形は、その全部が何らかの球面三角形と一致することは明らかである。一方の辺は他方の辺と、一方の角は他方の角とそれぞれ一致する。したがって、一方の三角形の全体が他方の三角形の全体と一致する。要するに、眼にとって両者は同一であり、同じ数学的属性を持つ。したがって、可視的直線からなる三角形の属性は、平面上の三角形の属性と同じではなく、球面三角形の属性と同じである。

六　これまでの想定通り眼が球の中心にあれば、この眼にとって球のあらゆる小円*は円に見える。そして逆に、あらゆる可視的円は球の小円に合致して見える。

七　さらに、球面全体が可視的空間全体を表す。というのも、あらゆる可視的点は球面上の点に一致して同じ可視的場所を持つので、球面部分すべてを合わせたものがありうるすべての可視的場所、すなわち可視的空間全体を表すからである。

そしてこのことから最後に次のことが導かれる。

八　あらゆる可視的形態は、中心に眼をおいた球へのその射影が占める球面部分によって表される。可視的空間全体に対する可視的形態の比と可視的形態を表示する球面部分の球面全体に対する比は同じである。

数学がわかる読者にはこれらの原理を理解するのはまったく容易であり、我々が単なる見本として以下に挙げる可視的形態および空間にかかわる命題が、これらの原理から数学的に証明されることがわかるだろう。また彼らは、以下の命題が可触的空間についてのユークリッドの命題同様、真であり明証的であることがわかるだろう。

命題一　あらゆる直線は、継続して引かれるとやがて元にもどる。

命題二　元にもどる直線は最も長い直線である。ほかの直線はそれに対して有限の比しか持たない。

命題三　元にもどる直線は可視的空間全体を二等分する。それらはともにこの直線でかこまれる。

命題四　可視的空間全体は、そのどの部分に対しても有限比しか持たない。
命題五　継続して引かれた二直線は二点で交わり、互いに二等分する。
命題六　二つの線が平行なら、つまり互いに等距離にあるなら、両者ともに直線ということはない。
命題七　任意の直線に、そのどの部分からも等距離にある点がただひとつ見いだされる。
命題八　円は直線に平行である。すなわち直線のどの部分からも等距離である。
命題九　直線でかこまれた三角形が相似なら互いに等しい。
命題一〇　直線でかこまれたすべての三角形で、三つの角の和は二直角よりも大きい。
命題一一　直線でかこまれた三角形の角は、すべてが直角か、またはすべてが鈍角かである。
命題一二　不等円の面積の比はその直径の二乗の比に等しくなく、またその円周の比も直径の比と等しくない。

可視的なものの幾何学のこの見本が意図していることは、視覚によって心に提示される形態および延長について読者にはっきりと明瞭な概念をもたらし、以前にただ断定されたことの真実さを証明することである。すなわち、視覚の直接的対象である形態と延長は、普通の幾何学が用いられる形態と延長ではないこと、図形を見て命題を証明するさい、幾何学者の眼には何らかの形態が提示されるが、それは可触的形態の記号であり表示にすぎないこと、幾何学者は可視的形態には少しも注意を向けず、ただ可触的形態のみに注意を向けること、これら二つの形態は異なった属性を持っており、幾何学者が一方について証明することは他方についてはあてはまらないことである。

しかし、次のことは注意されてよい。すなわち、球面の小部分は感覚的には平面と区別されないので、可視的延長の小部分は、長さと幅の二次元においては触覚の対象である延長からほとんど区別されないことである。同様に観察されるのは、人間の眼の仕組みは、ひと目で明瞭に見られる対象が可視的空間の小部分を占めるようになっていることである。というのも、眼の視軸からかなりはずれたものは決して明瞭には見えず、したがって、もし大きな対象をひと目で見ようとするなら、対象が可視的空間の小部分を占めるよう、眼は対象からかなり離れていなければならないからである。これら二つの観察から、眼に対して斜めにではなく垂直におかれた様々な平面図形は、一度にひと目で見られたなら、それらが眼に提示する様々な可視的形態とほとんど異ならないことになる。可触的形態におけるいくつかの線は互いに、可視的形態におけるのとほぼ同じ比を持っている。可触的形態における角は、数学的に厳密ではないが、可視的形態における角にほぼ等しい。我々は、自然記号がそれによって意味表示される事物と何ら類似点を持たない例を多く見てきたが、可視的形態については事情が違っている。平面図または側面図とそれらによって表される事物とに類似点があるのと同様、あらゆる場合で可視的形態とそれが意味表示する事物とには類似点がある。またある場合には、記号と意味表示される事物はどの点から見ても形態が同じであり、比も同じである。そこで、外的感官としては視覚だけを持ち、見たものについて反省し推理できる存在者がいたなら、そのような存在者が抱く思念と哲学的思弁は、純粋に視覚で得られる知覚とほかの感官に由来する知覚を区別するという困難な作業を助けてくれるだろう。それでは、そのような存在者を想定し、可視的対象について彼がどんな思念を得、どんな帰結を導くかをできるだけよくみてみよう。まず、我々同様、この存在者も、本性上可視的見かけを何かそれとは別のものの記号と見なすと考えてはならない。可視的見かけは彼にとって記号ではない。何もそれによっては意味表示されないからである。したがって、我々が物体の可触的形態および延長に注意を向けるのと同様、彼は物体の可視的形態および延長に注意を向けると想定しなければならない。

様々な形態が彼の感官に提示されたなら、それらの形態に慣れるにつれ、きっと彼はそれらの形態を比較し、それらがどの点で一致し、どの点で異なるかを知覚するだろう。彼は可視的対象に長さと幅があることを知覚するが、我々に第四の次元の思念がないように、彼には第三の次元の思念がないだろう。すべての可視的対象が直線または曲線でかぎられているように見え、同じ可視的線でかぎられた諸々の可視的対象が、可視的空間の同じ場所を占めているように見えるだろう。ある対象は別の対象の背後にあるとか、ある対象はより近くに、別の対象はより遠くにあると考えるのは彼には無理だろう。

三次元の概念を持つ我々にとっては、とある線がどの次元においてもまっすぐの場合があるだろう。別の場合では、ひとつの次元において湾曲し、残りの次元においてまっすぐかもしれない。さらに、二つの次元において湾曲しているかもしれない。上下に引かれた線を想定すると、その長さは我々が「上下」と呼ぶ次元をなす。残る二つの次元においてこの線はまっすぐか、または、曲がっているかのいずれかである。左右に曲がっているかもしれない。そうでなければ、左右の次元においてこの線はまっすぐである。だが、左右の次元においてまっすぐだと想定しても、残るもうひとつの次元においてこの線は曲がっているかもしれない。すなわち、前後に曲がっているかもしれない。可触的直線を考えるとき、我々は左右、前後いずれかの次元における湾曲を無視する。しかし、無視されたものは、無視されなかったもの同様、ともかく考えられたのだから、直線についての我々の概念には、それら三次元のすべてが含まれることになる。線の長さはあくまでひとつの次元であり、直線の概念では、ほかの二つの次元においてまっすぐであることが考慮され、それらの次元で曲がっていることが無視される。

我々が想定した存在者には二次元についての概念しかなく、線の長がそのひとつであるため、残るもうひとつの次元でのみ線をまっすぐとか曲がっているとか考えるほかない。そこで、直線についての彼の概念では、左右における湾曲は無視される。しかし、前後における湾曲は無視されるのではない。というのも、彼にはそうした湾曲の概念がないからである。したがって、眼に対してまっすぐな線が元にもどる場合があることの理由がわかる。というのも、眼に対してまっすぐであるとは、ひとつの次元でまっすぐであることを意味し、ひとつの次元でまっすぐであっても、もうひとつの次元で湾曲する場合があり、それなら元にもどるだろうからである。

三次元の概念がある我々にとって、面には長さと幅があるが、厚さは無視される。面は、厚さというこの第三の次元で平面かまたは曲面である。したがって、第三の次元の思念が面についての我々の概念に含まれている。この第三の次元でのみ、我々は面を平面か曲面に区別できるからである。平面または曲面のいずれも、第三の次元なしには考えられない。我々が想定した存在者には第三の次元の概念がないため、その可視的形態には長さと幅があるが、厚さは含まれておらず、また無視されてもいない。厚さの概念が彼にはないからである。したがって、面同様、可視的形態には長さと幅があるが、平面でも曲面でもない。曲面は第三の次元での湾曲を意味し、平面はこの次元での湾曲がないことを意味するが、あの存在者には第三の次元の概念がないのだから、曲面、平面のいずれも理解できない。さらに、この存在者には角をなす二つの線の傾きについての明瞭な概念があるが、それが平面角か曲面角かはわからない。点についてこの存在者が抱く思念でさえ、我々のものほどはっきりはしていない。点についての思念で我々は長さ、幅、厚さを無視する。この存在者は長さと幅を無視するが、厚さについての概念がないので、それを無視することも無視しないこともできない。

我々が想定した存在者が数学上の点、線、角、形態について形成する思念を明らかにしたので、この存在者が点、線、角、形態を比較し、それらについて推理することで、それらのあいだの関係を発見し、自明な原理から幾何学的な帰結を導くことはすぐにわかるだろう。同様に彼は、数についても我々と同じ思念を持ち、算術の体系を構築するだろう。それらの発見がどんな順序で生じるか、それらの発見にどれほどの月日と労苦が費やされるか、これはさして重要な問題ではない。しかし、視覚以外に感覚の素材を与えられずに、この存在者がその独創的な推理で何を発見できるかは重要な問題である。

細かな可能性に注意を向けることの難しさにくらべたなら、出典が怪しくても事実の詳細に注意を向ける方がまだましなので、私はヨハネス・ルドルフス・アネピグラフス*が著した旅行記から引用させてもらおう。アネピグラフスは薔薇十字会の哲学者*で、神秘学を深く研究することで、この世の様々な領域へその身を移送し、様々な知性体と会話するわざを身につけた。彼は、その冒険の途中で、ちょうど私が想定したような存在者たちと知り会ったのである。

どのようにしてこの存在者たちは考えを伝え合うのか、どのようにしてアネピグラフスは彼らの言葉を学び、彼らの哲学を教わったのか、ほかの多くの詳細とともにそれらのことを知ることは、読者の好奇心を満足させ、おそらく彼の物語の真実味を増しただろうが、どうやらアネピグラフスはそう考えなかった。神秘学に精通した者だけがそれらを知ればよいというわけである。

さて彼は例の存在者たちの哲学を次のように説明している。

「イドメニアンたちの多くは創意に富んでおり、かなり思弁にふけりがちである。彼らには算術、幾何学、形而上学、物理学の各分野でとても精巧な体系がある。たしかに形而上学と物理学の分野では、彼らは微に入り細をうがつ論争を行い、様々な学派にわかれている。しかし、算術と幾何学では、人間の場合同様、彼らの意見は一致している。数と計算の原理は、表記法はともかく、我々のものと違わない。しかし、彼らの幾何学はかなり違っている」

イドメニアンの幾何学についてのアネピグラフスの説明は、我々がすでにその見本を示した可視的なものの幾何学とあらゆる点で一致するので、それは無視しよう。アネピグラフスはこう続ける。「色、延長、形態は物体の本質的属性と考えられている。しかし、とある重要な学派の人々が、色こそ物体の本質だと唱えている。彼らは言う。『もし色がなかったなら知覚も感覚もなかっただろう。色は物体に固有なもののうち、我々が知覚するなり思考するなりできることのすべてである。というのも、延長と形態は物体と真空に共通の存在様式だからである。かりに物体が消滅したとすると、物体とともに消滅するのは色だけである。というのも、物体が占めていた場所、したがってこの場所の形態と延長はそのまま残り、存在しなくなると想像できないからである』こう主張する哲学者たちは、空間はすべての物体を収容する場所であり、不動不滅で形態を持たず、そのすべての部分が相似し、少しの増減もないが、とはいえ計測可能である、と考えている。というのも、空間の最小部分のすべてが全体に対して有限比を持っているからである。そこで空間の全範囲が長さと幅を持つあらゆる事物の共通かつ自然な尺度になり、あらゆる物体とあらゆる形態の大きさは、宇宙で相応の部分を占めることで表される。同様に、長さの共通かつ自然な尺度は無限の直線であり、この無限の直線は、以前に観察されたように、元にもどり、どんな限界も持たず、ほかのあらゆる線に対して有限比を持っている」

「彼らの自然哲学については、それが長いあいだ低水準にあったことが賢者たちのあいだで認められている。ひとつの物体がほかの物体と異なるのは色、形態、大きさにおいてだけであることを観察した哲学者たちは、物体のすべての性質がそれら本質的属性の様々な組み合わせから生じることを当然視した。したがって、様々な物体において、それら三つの性質が様々に組み合わさることで、どのようにしてあらゆる自然現象がもたらされるかを示すことが、自然哲学の目標とみなされた。そのために発明された様々な体系と、長期にわたって行われた諸々の論争とを枚挙したのではきりがない。それぞれの体系の支持者たちはほかの体系の弱点を暴き出し、自分たちの欠点は巧みに取りつくろっている」

「しかし、ついに、絶えまない論争や、取りつくろったり、つっかい棒をしては貧弱な体系をごまかすことに飽きた自由闊達な人々が、自然の難解さ、すなわち物体が形態、色、大きさの点でこうむる無限の変化とその説明の難しさを嘆き、事物の原因の探求をむだかつ徒労として放棄する口実にした」

「機知にあふれた人々にとって、哲学者たちの諸々の体系は物笑いの種には事欠かず、体系を構築したり支持したりするより、体系を打ち壊す方が容易であり、あらゆる学派がほかの学派を破壊するための武器を彼らに提供することを知って、彼らは大いに普及し、大いに成功した。こうして哲学は懐疑主義と皮肉に道を譲り、古くからって学識ある人々の称賛の的だった諸々の体系は、俗人たちのあざけりの的になってしまった。というのも、哲学は論争や口論しかもたらさないために俗人たちにも以前から疑われていたのだが、その俗人たちでさえ哲学に対する戦いにたやすく参加できたからである。機知にあふれた人々は今や相当な名声を得、かえってこの成功に赤面するくらいだったが、見せかけだけの知識のすべてを取りのぞかないかぎり完勝はないと考え始めた。そこで彼らは算術、幾何学、そして無学なイドメニアンたちの共通思念までも攻撃し始めた」「ことほどさように」と例の著者はつけ加える。「たちどまる場所を見いだすのは、偉大な征服者たちにとっては難しいのである」

「やがて自然哲学は、並のイドメニアンではないと評判の偉人のもとで、その廃墟から復興し始めた。彼は、イドメニアンの能力はたしかに思弁に向いているが、それらの能力を適用する際に、体系構築の愚考や学者の過失の発見以上に高等な主題は自然の作品であると観察した。そして、彼は自然的事物の原因を発見することの難しさをよく知っていたので、諸々の自然現象が従ういくつかの規則を正確な観察によって見いだしはするが、それらの規則のさらなる原因は探求しないことを提案した。この点で彼の仕事はかなりはかどり、また、彼に追随しみずから

『帰納哲学者』と名乗る人たちのために多くの仕事を計画した。懐疑主義者たちはこの新たに登場した学派をうらやみ、自分たちの名声をしのいでその覇権を犯す恐れのあるものと考えた。しかし、彼らは、この学派をどう攻撃したらよいかわからなかった。俗人たちは、有益な発見をもたらすものとしてこの学派に敬意をはらい始めた」

「イドメニアンたちは、二つまたはそれ以上の物体は同じ場所に存在できると固く信じている。この点について彼らには感覚の証言があり、そもそも知覚があるかどうかが疑われないように、この証言も疑うことができない。彼らはしばしば、二つの物体が出会うとその場所で合致し、そののち、貫通によって可感的性質が少しも変化することなく分離するのを見る。二つの物体が出会い同じ場所を占有すると、たいていその場所に現れるのは一方だけで、他方は消えてしまう。このとき、現出し続ける方の物体は『勝つ』と言われ、消えてしまう方の物体は『負ける』と言われる」

物体のこの性質にイドメニアンたちは名称を与えた。しかし、この名称に対応する言葉が人間の言語にはないとアネピグラフスは言う。そこで彼は、ここでは省略する長い弁明ののち、それを「物体の勝つ性質」と呼ばせて欲しいと述べている。彼は続けてこう言う。「物体のこの特異な性質について提出された様々な思弁と、これを説明するために考案された諸々の仮説は多くの書物を満たすほどだった。いな、それを言うなら、大きさと形態の変化を説明するために哲学者たちによって発明された諸々の仮説とて、決して少なくなかった。大きさと形態がたいていの運動体でたえず変動するのを彼らは知覚するのである。帰納派の創始者は、これらの現象の真の原因を発見することはイドメニアンの能力にはおよばないと信じ、これらの現象がいったいどんな法則で結びついているのかを観察から見つけ出そうとし、物体の運動、大きさ、形態、および経験からいつも確かめられている勝つ性質について多くの数学的な比と関係を発見した。しかし、この派の反対者たちは、これらの現象の見せかけの原因で満足することを選び、これらの現象を支配する真の法則を認めなかった。そうすることは、説明できないことを公言することで彼らの高慢の鼻を折るからである」

以上がヨハネス・ルドルフス・アネピグラフスの物語である。このアネピグラフスが、ボリキウスやファブリチウス*そのほかによってはまだ公刊されていないギリシア錬金術著述家*たちの記録に出てくる人物と同じかどうか、私には何とも言えない。名称が同じであること、両者の研究に類似点があること、これらはかなりの論拠になるが絶対的な決め手にはならない。それを言うなら、この学識ある旅行者の物語が本物かどうかを外的な特徴*で判定する責任を私は引き受けるつもりはない。私は、批評家たちが「内的」と呼ぶ特徴*にのみかぎりたい。イドメニアンたちが実在するのか、それとも彼らは観念的存在なのかを探ることは、それほど重要ではないだろう。というのも、このことは、我々にとってもっと密接な事柄を巡って学者たちのあいだで論争されているからである。重要な問いは、右に述べられたことが、はたして彼らの幾何学と哲学の適正な説明かどうかである。我々には彼らが持っているのと同じ能力が備わっており、また彼らが持っていない能力もある。そこで我々は、視知覚およびそれからの推理をほかから切り離すことで、彼らの哲学と幾何学について何らかの判断を形成するだろう。そのようにして注意深く検討した結果、私に判定できるかぎりでは、彼らの幾何学はアネピグラフスが記述したようなものに違いない。彼らの哲学についての彼の説明でさえ、我々をだます様子はないように思われる。もちろん、旅行者たちがついおちいってしまう誤り同様、旅行者ならではの気ままさについてもしかるべき顧慮が必要なのだが。

第一〇節　両眼の平行運動について

可視的形態をできるかぎり明瞭に説明し、可視的形態とそれが意味表示する事物との結びつきを明らかにしたので、次に両眼視の現象をいくつか考察するべきだろう。たいていそれらは、習慣や解剖学的または機械的原因のせいにされてきた。しかし、それらは人間の心のオリジナルな能力と原理に帰せられなければならないだろう。したがってそれらは、この研究の主題に属する。

最初に取り上げられるのは、両眼の平行運動である。この平行運動では、一方の眼が左右、上下、正面へ向けられると他方の眼も同じ方向に向けられる。両眼が開いているとき、あたかも同じ動力が働くかのように、両眼が同じ方向を向くのがわかる。また、一方の閉じた眼に手をおくと、他方の眼が様々に向きを変えるさい、この眼が同時に、しかも勝手に向きを変えるのが感じられる。この現象で驚くのは、双方の眼を動かす筋肉とこの筋肉に付随する神経がまったく別個であり、つながっていないことが解剖学者たちに知られていることである。生来、片腕を動かすともう片腕もかならず同様に動き、両腕がいつも平行運動する人がいたなら、それは非常に驚きであって、説明できないと考えられるだろう。しかし、かりに両腕の平行運動の物理的原因を見いだすとしたなら、それはこれとよく似た両眼の平行運動の原因を見いだすこと以上に難しいわけではないだろう。

両眼の平行運動にはただひとつの原因が考えられてきたが、それは習慣である。その説明によると、対象に眼を向け始めると、我々は経験から、明瞭な視覚を得るため両眼を同じ方向に向ける必要があることを見いだす。したがって我々は、両眼をたえず同じ方向に向けることにすぐに慣れ、両眼をほかの仕方で動かす能力を徐々になくしてしまう。

この説明は不十分だと思われる。習慣は、すぐには身につかない。習慣が身につき確かなものになるには時間がかかる。両眼のこの運動が習慣で得られたなら、生まれたときに両眼を別々に動かし、両手足のように、片眼が動いてもう片眼が動かない子供たちが当然いるはずである。子供たちはそうしがちだと断言する人々がいるのを私は知っている。しかし、私はこの種の現象を観察しようと骨折り、十分機会にも恵まれたが、この断言が真実であることは自分の観察からは見いだせなかった。私はまた、経験をつんだ産婆、母親、養母たちに問い合わせてもみたが、彼女らの意見は、子供たちの両眼にかかわるこの種の逸脱は、発作または何らかの異常な原因による疑いがある場合をのぞいて、決して観察したことがないという点で一致していた。

したがって、人間本性には、習慣に先だって何か自然的な本能があり、これが両眼をいつも同じように動かしている、というのがかなり確からしいように思われる。

心がどのように身体に働きかけるのか我々にはわからない。それどころか、どんな力によって筋肉が収縮し弛緩するのかさえ我々にはわからないのである。しかし、この力の結果、一部の不随意運動同様、一部の随意運動でも、物質的につながっているなり結びついているなりしない多くの筋肉が協調し、正確な時と拍子でそれぞれの務めを果たしている。様々な筋肉が動物に必須な機能や随意行動の多くで協調する様子は、専門の役者たちが演劇で、あるいは卓越した腕前の音楽家たちが演奏会で、はたまたうまい踊り手たちがカントリー・ダンスで、それぞれ規則と秩序にかなって協調する様子におとるものではない。筋肉のこうした協調行動が子供たちではもちろん、筋肉のことなど知らない大人たちでも、巧みに規則正しく行われていることは、最も熟練した解剖学者や生理学者の場合におとらない。

吸飲、嚥下、呼吸、そのほか様々な排泄行為にかかわるすべての筋肉に、規則正しく正確なリズムで務めを果たすよう教えるのは誰だろうか。習慣でないのは確かである。それは、人間の身体を作り、身体部分それぞれへの心の働きを律する法則を定め、身体部分それぞれが意図された目的にかなうようにした、あの偉大にして賢明な存在である。互いに結びついていない筋肉が、いくつかの機能において、習慣の助けなしに不思議なほど協調しているのがほかの多くの事例でわかれば、両眼の筋肉が習慣の助けなしに協調し、両眼の目的にかなう方向を与えることをもはや奇妙と考える必要はない。

両眼それぞれの瞳孔を収縮させる筋肉にも同様な協調活動がある。また、対象までの距離に両眼が適合するときの筋肉にも同様な協調活動がある。

しかしながら、両眼がいつも同じ方向に向くのは自然的本能によるとはいえ、習慣にもいくらか余地があることが観察されるべきである。

我々が語ってきた両眼の平行運動は、自然がまるで両眼の視軸にいつも数学的に正確な平行関係を保たせているかのように厳密に理解されるべきではない。両眼の視軸はたしかにいつも平行に近いが、決して厳密に平行というのではない。ある対象を見つめると両眼の視軸がこの対象で交わる。したがって両眼の視軸は角をなす。この角はいつも小さいが、対象の遠近に応じて大小変化する。自然は賢明にも両眼の平行運動を若干変更する能力を我々に与えており、おかげで我々は、遠近の違いはあれ、両眼を同じ点に向けることができる。これは疑いもなく習慣による。したがって、子供たちがこれに完全に慣れるのに長い時間がかかることがわかる。

両眼の平行運動を変更するこの能力は本来意図された目的には十分だが、多くの訓練と努力によって増大する。したがって、身体を不自然に変えられる人がいるように、両眼の運動を不自然な方向へ向けることができる人もいることがわかる。

片眼の視力を失った人々はたいてい、両眼の方向について習慣で得たものも失うが、生得のものは保持する。すなわち、それらの人々の両眼はいつも一緒に動くが、対象に向けられると、見えない方の眼は実はしばしば対象からわずかにずれるだろう。これはおざなりな観察者によっては知覚されず、こうした事柄における厳密な観察に慣れた人によって知られるだろう。

第一一節　倒立像によって対象を正立に見ることについて

哲学者たちを悩ましてきたもうひとつの現象は、眼の網膜に描かれる対象の像または映像が倒立しているのに、我々は対象を正立で見ていることである。

明敏なケプラー*が、対象から来る光線によって網膜上に可視的対象の明瞭だが倒立した映像が描かれるという貴重な事実を最初に発見した。この偉大な哲学者は、どのようにしてこの映像が描かれるかを光学の原理から論証した。すなわち、対象上の各点から発して瞳孔に達する光線は、角膜および水晶体で屈折したのち網膜上で再び出会い、そこでそれぞれの光線が由来する対象上の各点の色を描く。対象上の各点から来る光線は網膜に達する前に交差するので、それらの光線が描く映像は倒立しているに違いない。対象の上部が網膜の下部に、対象の右側は網膜の左側に、そのほか同様、というわけである。

この哲学者は、右のような倒立映像によって対象が正立に見られると考えたが、その理由はこうだった。すなわち、対象上の様々な点から来る光線は網膜に達する前に互いに交差するので、我々は網膜下部で感じられた刺激は対象上部から、網膜上部で感じられた刺激は対象下部からやって来ると推理するからである。

のちにデカルト*はこの現象を同じ仕方で解明し、交差した腕、あるいは交差した二本のつえから伝わる感じをもとにして我々が対象の位置について下す判断を例に挙げた。

しかし、我々はこの説明を認めることはできない。第一に、事物を正立に見ることが理性による何らかの前提からの演繹だとされているからである。しかし、事物を正立に見ることは、直接的な知覚であるように思われる。第二に、万人の推理に想定された前提は、大部分の人々にとって思いもよらないものであり、まったく未知のものである。我々は網膜の様々な映像を少しも感じることがないし、知覚することもない。ましてそれらの位置となるとなおさらである。ケプラーやデカルトの原理によれば、対象を正立に見るためには、対象から眼まで光線が直進すること、対象上の各点から来る光線が網膜に映像を描く前に交差すること、それらの映像が実は倒立していることを我々は事前に知らなければならない。さて、これらはすべて真実であり哲学者たちには知られているが、人類の大部分にとってはまったく未知である。それどころか、それらについて無知な人々がそれらを前提として推理し、結論を下すのは不可能である。可視的対象は、学者たちにとってと同様、無学な人々にとっても正立して見えるのだから、これは無学な人々の思いもよらない前提からの推理であるはずがない。たしかにこれまで、オリジナルな原理によるのであれ習慣によるのであれ、前提から帰結が導かれる事例が観察されたさい、その多くが心をすばやく通過し、決して反省の対象にはならない前提からのものだった。しかし、まったく思いもよらなかった前提から帰結を導くことができるなどとは、誰も考えないだろう。

バークリー主教は正当にも例の説明を拒否し*、彼自身の原理から正立視の現象を違う仕方で解明した。思慮深いスミス博士は、『光学の体系』においてこの点でバークリー主教を見習っている。そこで我々は次にこの解明を説明し、検討を加えよう。

あの独創的な著述家は、視覚の観念と触覚の観念はまったく似ていないと考えた。そして、それら違った感官で我々が対象について得る思念には類似点がないので、片方の感官を何らかの仕方で触発する対象が、どのようにしてもう片方の感官をも触発するのかを我々が知るのは経験によるのでしかない。可触的対象の形態や位置、そして数でさえ触覚の観念である。それら触覚の観念と視覚の観念には何の類似点もないが、我々は経験によって三角形が視覚を一定の仕方で触発し、四角形が視覚をまた別の仕方で触発することを知る。そこで我々は、前者のように視覚を触発するのが三角形であり、後者のように視覚を触発するのが四角形であると判断する。同様に我々は、正立している対象が眼をある仕方で触発し、同じ対象が倒立のときに眼を別の仕方で触発することが経験からわかり、眼が触発される仕方で対象の正立か倒立かを判断するようになる。要するにこの著述家によれば、可視的観念は可触的なものの記号であり、心が記号から意味表示された事物へ移行するのは、両者のあいだの類似点によるのでも、またどんな自然原理によるのでもなく、ただ両者が恒常的に結合しているのを経験したことによる。それは、ある言語の様々な音声とそれらが意味表示する事物の関係と同様である。だから、かりに網膜の像がいつも正立だったとしても、現に倒立の対象を示すのと同じ仕方で正立の対象を示しただろう。いやそれどころか、実際に倒立した対象から我々が得る可視的観念は対象の倒立を意味表示するが、もし最初から同じ対象の正立と連合していたなら、容易に対象の正立を意味表示していただろう。二枚の一シリング硬貨という可視的見かけは現に対象を二重に表示するが、もし最初から一枚の一シリング硬貨の可触的観念と結合していたなら、この可視的見かけは、ごく自然かつ容易に対象がひとつであることを表示しただろう。

この見解は、疑いもなくたいへん独創的である。そして、もしそれが適正であれば、現在考察中の現象だけでなく、我々が次に考察する現象、すなわち、両眼単一視の現象を解明するのにも役だつだろう。明らかに右の説明では、我々はもともと習慣が身につくまでは事物を正立倒立のいずれとも見ておらず、あれこれの形態はおろか単一にも二重にも見ないので、そうした可触的位置、形態、数については、可視的記号によって経験から判断することを学ぶことが想定されている。

もちろん、我々は幼児期以来視覚の直接かつ自然な対象から様々な帰結を導くのに慣れており、それらの帰結と視覚の直接かつ自然な対象とを区別するのがとても難しいのは認められなければならない。バークリー主教は、両者を区別し、その境界線を描き出すことを試みた最初の人物だった。かりにこの試みで彼がいくらか脇道にそれたとしても、初めて難解な主題に取り組む場合、意外ではないだろう。視覚の本性がこの区別によって多いに啓発された。そしてこの区別によって、以前はまったく説明不可能と思われた光学上の現象の多くが明確明瞭に解明されたのである。哲学で重要な発見を行なった人が多少度を過ごし、本来その領分には属さない現象の解明にその発見を応用するのは自然なことであり、ほとんど不可避である。あの偉大なニュートンでさえ、重力の一般法則を発見し、どれほど多くの自然現象がこの法則や引力と斥力の法則にもとづくかを観察したさい、物質的世界の現象すべてが物質を構成する粒子間の様々な引力と斥力にもとづく*との推測を表明せずにはいられなかった。私は、独創的なクロイン主教は、実に多くの視覚現象が視覚の観念と触覚の観念の恒常的連合に還元されるのを見いだして、この原理の正当な限界を多少越えてしまったと思う。

本当にそうかをできるだけよく判定するために、ソーンダーソン博士のような盲人を想定し、彼が盲人に許されるあらゆる知識と能力を備えたのち、突然申し分なく物が見えるようになったとしよう。まず、彼がいくつか視覚の観念に多少慣れるまでは、それらと触覚の観念が連合する機会が彼に与えられなかったとしよう。さて、まったく新奇な対象による驚きが消えると、彼は少しずつ検討し始め、以前触覚で得た思念と密かに比較する。とりわけ彼は、眼が提示する可視的延長を以前から知っている長さや幅と比較する。

我々は前に、盲人が物体の可視的延長および可視的形態についての思念を可触的延長および可触的形態との関係から形成するだろうことを証明しようと努めた。この可視的延長および可視的形態が実際彼の眼に提示されたなら、彼はそれらを可触的延長および可触的形態ともっとよく比較できるようになり、両者に長さと幅があること、両者とも直線なり曲線なりの線によってかこまれていることを知覚するだろう。したがって彼は、可触的円、可触的三角形、可触的四角形、可触的多角形があるように、可視的円、可視的三角形、可視的四角形、可視的多角形があることを知覚するだろう。可視的形態は有色であるのに対して可触的形態は無色だが、両者は同じ形態だろう。それは、触覚の二つの対象は、一方が熱くて他方が冷たくても同じ形態であるのに似ている。

我々は、可視的形態の属性はそれが表示する平面図形の属性とは異なることを論証した。しかし、同時に、対象が一度にひと目で明瞭に見られるほど小さく、しかも眼に対して正面におかれたときは、可視的形態と可触的形態の違いはあまりに小さく、感官によっては知覚されないことも観察された。したがって、可視的三角形では三つの角の和が二直角よりも大きく、平面三角形では三つの角の和が二直角に等しいのは確かだが、可視的三角形が小さければ、その三つの角の和は二直角にほとんど等しく、感官は違いを識別できない。同様に、可視的不等円の円周は直径に比例せず、平面上の円の円周は直径に比例するが、可視的円が小さければその円周はほとんど直径の比に近くなり、直径と円周の比は平面上の円の場合とほとんど同じになる。

したがって小さな可視的形態（すなわち一度にひと目で明瞭に見られる形態）は、同じ名称で呼ばれる可触的平面図形と類似するだけでなく、両者は事実上同じということになるだろう。そこでもしソーンダーソン博士の眼が見えるようになり、ユークリッドの第一巻*に掲載されている諸々の図形に注意をこらしたなら、それらに触れずにただ熟考するだけで、それらが、彼が以前触覚を通じて熟知していた形態であることがわかったかも知れない。

平面図形を斜めに見ると、その可視的形態は可触的形態とかなり異なる。眼に提示される立体図形の表示はさらに不完全である。なぜなら可視的延長は三次元ではなく二次元だからである。しかし、ある人間の正確な描写がその人間に類似しないとは言えないように、またとある家屋の透視図がその家屋に類似しないとは言えないように、ある人間やある家屋の可視的形態が、それらが表示する対象に類似しないとは言えない。

したがってバークリー主教は、我々が見る延長、形態、位置と我々が触覚で知覚する延長、形態、位置とは少しも類似しないと想定する決定的な誤りを犯している。

さらに観察すると、バークリー主教は物質的事物にかんする自分の体系のせいで、なぜ対象は正立に見えるのかという問題を、彼の体系を採用しない人々の場合とは違った観点からとらえることになってしまった。その視覚理論でたしかに彼は、外的な物質的世界が存在すると考えているらしい。しかし、彼は、この外界はただ可触的なだけで可視的ではなく、むしろ可視的世界、すなわち視覚に固有な対象は、外的ではなく心の中にのみあると信じた。そう想定するなら、事物を倒立ではなく正立に見ると断言する人は、心の中に上下、左右があると断言するだろう。告白するが、私は心の地図に精通していないので、それに用いられた場合のこれらの言葉に意味があるとは思えない。

そこで我々は、もし可視的対象が外的ではなく心の中だけに存在するなら、それには形態も位置も延長もなく、したがってそれが正立なり倒立なりに見えるとか、それと触覚の対象は類似していると断言するのはばかげていると考えることにしよう。しかし、なぜ対象は倒立でなく正立に見えるのかと問うなら、我々は当然バークリー主教の観念世界でなく、常識の言明に従う人々が住むと信じている世界にいる。我々は、視覚および触覚の対象が外的であり、それぞれに形態があり、知覚するしないにかかわらず、相互に対して、また我々の身体に対して、何らかの位置を占めていると考える。

ステッキを垂直に握って眺めた場合、当然私は同じ個別の対象を眼で見、手で触れている。手で触れてステッキが正立だと言うとき、その意味は、その頭部が地平面*から向かって手元にあり、その先端が地平面に向かっているのを感じるということである。ステッキの正立を見ると私が言うとき、その意味は、その頭部が地平面から向かってこちらにあり、その先端が地平面に向かっているのを見るということである。私は、地平面は視覚と触覚双方の固定した対象だと考える。地平面との関係で対象は高かったり低かったり、正立だったり倒立だったりすると言われる。なぜ対象を倒立ではなく正立に見るのかと問われたなら、それはまるで、なぜ対象を真の位置で見るのかと問うのと、あるいは、なぜ眼は対象の真の位置を我々に示し、天体望遠鏡や摘出された眼の網膜にある映像のように対象を倒立した姿で示さないのかと問うのと同じである。

第一二節　続き

視覚について様々な自然法則を指摘する以外、満足できる仕方でこの問いに答えることはできない。というのも、諸々の視覚現象はそれらの法則によって維持されなければならないからである。

したがって私は次のように答える。第一に、光線は対象の各点から眼の瞳孔まで自然法則によって直進する。第二に、対象の各点から瞳孔の様々な点に達した光線は網膜上で再び出会うよう自然法則によって屈折するが、それらの光線は互いに交差してから網膜の様々な点に達し、そこに対象の倒立映像を描く。

ここまでは光学の原理が教えるところである。経験はさらに我々に、網膜に映像がなければ視覚は生じず、対象の見かけは色、形態、明瞭不明瞭、明暗の点で網膜の映像と同様であることを断言する。

したがって、網膜の映像が自然法則によって視覚の手段になっているのは明らかである。しかし、この映像がどのようにしてその目的を達成しているかについては、我々はまったく無知である。哲学者たちは、光線が網膜にもたらす刺激は視神経に伝えられ、そこから今度は視神経によって彼らが「感覚中枢」と呼ぶ脳のとある部分に刺激が伝えられたのち、そこに宿ると想定された心によって直接に知覚されると考える。しかし、我々は魂の座について何も知らない。それを言うなら、我々は脳で処理されることを直接に知覚するどころではない。脳は、人間の身体の中で我々があまりよく知らない部分である。網膜同様、視神経が視覚の欠かすことのできない道具であること、網膜の映像によって網膜に何らかの刺激がもたらされることは、もちろん非常に確からしい。だが、この刺激の種類については、我々は何も知らないのである。

視神経なり脳なりに対象の映像または像があるとは少しも思えない。網膜の映像は光線で描かれる。ある人々が想定したように、網膜に生じた刺激が視神経の繊維組織に振動を引き起こすにしろ、またほかの人々が想定したように、網膜に生じた刺激で視神経が含む微細な流動体が運動するにしろ、こうした振動や運動のいずれも心に提示される可視的対象には類似しない。それどころか、心は網膜の映像を知覚などしないだろう。脳や視神経同様、これらの映像も我々の知覚の対象ではない。自分の眼にある映像を見た人は誰もいない。頭から取り出してしかるべく処理されなければ、ほかの人の眼にある映像とて同じである。

実に奇妙なことに、あらゆる時代の哲学者たちが、外的対象の様々な像が感覚器官によって脳に伝えられ、そこで心によって知覚されるという思念に同意した。これ以上に哲学の精神に反したものはない。まず、この思念は事実と観察に少しも基礎を持たない。我々が発見できるかぎりでは、感覚器官の中で眼だけが対象の像を描くことができる。そして眼で描かれる様々な像は脳ではなく眼底にある。この像は心によって知覚されることも、感じられることもない。第二に、より遠隔の事物を知覚する場合同様、脳の中の様々な像を心が知覚する仕方を考えるのは難しい。心が脳の中の様々な像を知覚する仕方を明らかにしようとする人がいたとしても、私なら心が最も遠隔な対象を知覚する仕方を明らかにしようとするだろう。いったい、脳という暗室で処理されるものを知覚するために心に眼が与えられるのなら、少し遠目のきく眼にしてはいけない理由はない。それなら脳の中の様々な像という、哲学の精神に反する虚構など無用ではないか。要するに、心による知覚はその方法と仕組みが我々の理解を越えている。脳の中の様々な像でこれを説明するのは、心とその働きにかかわるかなり間違った思念にもとづいているようである。すなわち、まるで脳の中に想定された像がさらに対象に似た印象あるいは像をある種の接触によって心にもたらし、この印象あるいは像を心は意識するかのように考えられている。

我々はこの研究を通じて、五官が心に与える印象は感官の対象とは少しも類似しないことを明らかにしようと努めてきた。したがって、脳の中の様々な像という考えには少しも証拠らしきものがないのだから、それらの像の想定に対応する自然の意図など哲学には存在しない。網膜の映像そのものが心によって見られることはなく、またこの映像が脳または感覚中枢に対して、のちに心によって見られるような何らかの印象をもたらしたり、心そのものに対して対象に類似した印象をもたらすわけではないのだから、では、いったい網膜の映像はどのようにして視覚を引き起こすのだろうか。

この問いに答えるに先だち、以下のことが観察されるべきである。すなわち、物体の場合同様、心の働きでも我々は、何らかの事物が互いに結びついてそれらの継起に変化のないのを知ることで満足しなければならず、それらの事物をつなぐ鎖を発見できないことである。我々が「自然法則」と呼ぶのは、事物どうしのそうした結びつきである。ある事物が自然法則によって別の事物をもたらすと我々が言うのは、普通の言葉で「原因」と呼ばれる事物に「結果」と呼ばれる事物が恒常不変に継起することを意味してのことであり、それらがどのように結びついているかはわからないのである。例えば我々は、物体どうしが引きつけ合うことを事実と考える。そしてこの引きつけ合いの現象は、物体どうしの距離と物体それぞれの物質量に従った数学的な比によって維持されていることがわかる。引きつけ合うことの原因はわからないため、そのことをかりに自然の創造主の直接的な働きか、あるいはまた自然の創造主より下位にあるまだ発見されていない原因の直接的な働きとしたうえで、我々は引きつけ合うことを「自然法則」と呼ぶ。万一、哲学者たちがのちになって引きつけ合うことの原因を幸運にも発見するなら、それは物体が引きつけ合うことが必然的帰結となるような、より一般的な自然法則を発見することによるのでしかない。自然原因のどんな連鎖でも最初の鎖は自然の第一法則であり、適正な帰納によって我々がたどることのできるのはこの第一法則か、またはそれからの必然的帰結である。自然現象からの帰納によって自然法則をたどることが、真正な哲学が目指し、またそれが達しえるすべてである。

諸々の自然法則によって心の様々な働きが維持される。同様に諸々の自然法則が物質的世界を支配する。物体の哲学で人間の能力が到達できる究極の結論が物質的世界を支配する自然法則の発見であるのと同様、心の哲学で我々が到達できる究極の結論も心の様々な働きを維持する自然法則の発見である。

さて例の問いにもどると、たった今観察されたことから、問われているのは次のことであることがわかるだろう。すなわち、どんな自然法則によって網膜の映像は、形態と色はさておき位置だけは正反対な外的対象を、私が眼から何らかの方向に見る手段あるいは機会になるのかである。

容易に考えられるように、私は対象の全体をその任意の一点を見るのと同じ仕方、同じ法則によって見る。さて、正面視覚で私が対象のすべての点を眼の中心から対象の各点に引かれた直線の方向に見ることは事実である。また光学によれば、眼の中心に達する光線はそのまま網膜まで直進する。したがって、対象のすべての点が、網膜上でそれらに対応する各点から眼の中心を通って引かれる直線の方向に見られる、ということは事実のようである。* この事実は広く不変になりたつのだから、自然法則であるか、またはより一般的な自然法則の必然的帰結に違いない。そこで哲学することの適正な規則にしたがって、我々はこの事実を、より一般的な法則が発見されてその必然的帰結であることがわかるまでは、自然法則と見なしてもよいだろう。もっとも私はこのより一般的な法則の発見は不可能ではないか思っている。

このように、視覚の現象は我々を導いて、我々が倒立像によって対象を正立に見ることが必然的帰結となる自然法則または我々の本性の法則を教える。例の法則から、網膜の最低部に映像が描かれる対象は眼から見て最高部の方向に見られ、網膜の右側に映像が描かれる対象は眼から見て左側の方向に見られるということが必然的に帰結するからである。だから、かりに映像が網膜で正立していたなら、我々は対象を倒立に見ていたことになるだろう。ところで現在の問題を扱うにあたっての私の主眼は、例の自然法則を指摘することにあった。これは人間の心の本性をなすので、この研究の主題にかなっているからである。そこで私はこの法則についてさらにいくつか所見を述べたいと思うが、その前に独創的なポーターフィールド博士*を無視するわけにはいかないだろう。彼はかなり前に「エジンバラ医学評論」*誌上で、あるいはもっと最近では著書『眼にかんする論考』*で、可視的対象はその像が描かれる箇所で網膜に垂直な直線の方向に見えるということを我々の本性の第一法則として指摘した。眼の中心を通って網膜の各点まで引かれる直線は網膜に対してかなり垂直に近いが、かりにもし垂直だとすれば、この法則は我々が言及した法則と一致し、それぞれ違う言葉で同じことを述べたことになる。そこで、我々の本性のこの法則についてもっと明瞭な思念を得るよう、以下いくつかのことを観察してみよう。

一　全身体部分のうちただ網膜だけが光線によって作られる様々な映像で視覚をもたらすわけだが、我々にはなぜそうなのか理由を挙げることができない。したがって我々はそれを我々の本性の法則に帰するのでなければならない。様々な光学ガラスによって手などほかの身体部分に映像を作ることができる。しかし、それらの映像は感じられず、視覚に類するものをもたらすこともない。手の場合同様、網膜の映像も感じられないが、それでも視覚をもたらす。我々が知るかぎりその理由は、網膜の映像は自然の英知によって視覚をもたらすよう定められたからである。空気の振動は、眼、口蓋、嗅粘膜を耳の鼓膜の場合と同じ力で刺激する。しかし、鼓膜に対する刺激だけが音の感覚をもたらし、眼、口蓋、嗅粘膜に対する刺激はどんな感覚ももたらさない。こうしたことはすべての感官にあてはまるだろう。それぞれの感官には固有の法則があり、それぞれの感覚器官に対する刺激はそれらの法則にしたがって心に、ほかの感覚器官に対する刺激ではもたらすことのできない感覚あるいは知覚をもたらす。

二　感官ごとの知覚の法則は、当の感官によって知覚される対象の本性についてだけでなく、対象までの距離と対象の配置に我々がどう気づくかでも非常に異なっている。知覚の法則すべてで対象は外的であり、我々の知覚とは無関係に存在していると考えられている。しかし、ある法則では対象までの距離、形態、配置はすべて心に提示されているが、別の法則では形態と配置とが提示され、距離は提示されていない。さらに別の法則では形態も配置も距離も提示されていない。感官ごとに様式が異なる知覚のこの多様性を、解剖学や自然哲学の原理から説明しようとしてもむだである。それは、結局は我々の創造主の意志に帰せられなければならない。我々の創造主は我々の知覚能力にそれぞれ活動範囲を設け、知覚器官とその働きが従う自然法則をそれぞれよく考えられた知覚の目的に適合させたのである。

ただならぬ物音を聞くと、たしかに音の感覚が心に生じるが、何か外的なものがこの音を出していることが我々にはわかる。とは言え、音を聞いただけでは、音源物体の遠近なり音のする方向のいずれかなりはわからない。そこで我々はあたりを見回して探す。

新奇な現象が天空に現れたなら、我々にはその色、視位置、視等級、視形態が正確にわかるだろう。しかし、距離は見ただけではわからない。眼が何と言おうと、それは大気圏の現象かもしれないし、惑星間や恒星間の現象かも知れない。

触覚の証言はその器官で触れられる対象までしかおよばないが、この対象についてその証言はかなり正確ではっきりしている。手で物体に触れれば、それが粗いか滑らかか、固いか柔らかいか、熱いか冷たいかだけでなく、その形態、距離、位置までわかる。

触覚、視覚、聴覚の感覚はすべて心にあり、知覚されているとき以外は存在しない。では、どのようにしてこれらの感覚は、知覚されるされないにかかわらずいつも存在する外的対象の概念と信念を示唆するのか。どんな哲学者もこれには、それが我々の本性であると言う以外に答えることはできない。触覚の対象が指先以外のどこにもないことを我々はどのようにして知るのか。視覚の対象が、そこまでの距離はともかく、特定の方向以外にはないことを我々はどのようにして知るのか。聴覚の対象が任意の距離、任意の方向にあることを我々はどのようにして知るのか。習慣によるのではないことは確かである。しかし、推理によるのでもないし、観念どうしの比較によるのでもない。むしろ我々の本性によるのである。空気振動が刺激をもたらす箇所で鼓膜に対して垂直な直線の方向に聴覚の対象を知覚などしないのに、我々はどのようにして可視的対象を、光線が刺激をもたらす箇所で網膜に対して垂直な直線の方向に知覚するのか。なぜならそれが我々の本性の法則だからである。諸々の身体部分が様々な痛みによって触発されるのを我々はどのようにして知るのか。経験や推理によるのではなく、我々の本性によるのである。間違いなく痛みの感覚は心にあり、その本性からすれば、いずれかの身体部分と関連しているとは言えない。にもかかわらずこの感覚は、我々の本性によって、障害が不快感を引き起こしている特定の身体部分の知覚をもたらす。もしそうでなかったなら、以前に痛風なり歯痛なりを感じたことのない人は、つま先が初めて痛風に襲われると歯痛と間違えるかもしれない。

したがってあらゆる感官には、我々の本性上、それらに固有な法則と活動範囲がある。そして視覚の法則のひとつが、我々はいつも対象を網膜の像から眼の中心を通って引かれる直線の方向に見る、ということである。

三　たぶん読者の中には、網膜の像あるいは眼の光学的中心に頼ることなく、我々が対象をその真の場所と位置に見るという法則*を考えた方が容易であり目的にかなっていると想像する人がいるだろう。

これに対して私は、事実に反することは自然法則になることはできないと答える。自然法則は、我々が自然の作用において発見できる最も一般的な事実である。ほかの事実同様、自然法則は的を射た推測によって偶然に発見されるのではなく、観察から適正に導かれるべきである。またほかの一般的事実同様、自然法則は若干の個別事例からではなく、忍耐と警戒心をともなう豊富な帰納から引き出されるべきである。さて、我々が事物をその真の場所と位置に見るというのは事実ではない。したがって、これは自然法則になることはできない。ありきたりの鏡の場合でさえ、私は自分やほかの事物を実際にそれらが占めているのとは違った場所に見る。対象からやって来る光線が眼に達するまでに反射なり屈折なりするときはいつも、これと同様のことが生じる。光学を知っている人なら、これらの場合に眼の中心から光線の最後の反射屈折点に延びる直線上に対象が見られること、望遠鏡や顕微鏡の性能はこれにもとづいていることがわかる。

それでは、光線が眼に達するさいの方向なり、それとは逆の方向なりに対象が見えることが自然法則なのだろうか。違う。それは真実ではない。したがって自然法則ではない。対象の任意の点から発する光線は瞳孔のあらゆる部分に到達する。したがってそれぞれ違った方向を持っている。しかし、我々は、それら様々な光線の方向のうち、特定の方向、すなわち眼の中心を通る光線の方向に対象を見る。このことは、たとえ眼の中心を通る光線が遮断され、中心から離れたところを通る光線のおかげで対象が見られる場合でもなりたつ。

しかし、たぶん次のように想像されるかもしれない。我々は対象を真の場所に見るなり、光線がちょうど角膜に達するときの方向に見るなりするようになっていないが、それでも、眼に入って屈折してから網膜に達する光線の方向、つまり水晶体から網膜に達する光線の方向に対象を見る仕組みになっているかもしれない。しかし、これもまた真実ではない。したがって我々の本性の法則ではない。これが真実ではないとわかるには、水晶体から網膜の点に達する様々な光線が小さな円錐を作ることを考えなければならない。この円錐の底面は水晶体の背面にあり、頂点は網膜の点である。この点で映像を描く光線が、水晶体を通過してからもそれぞれ様々な方向を持っていることは明らかである。しかし、対象はそれらの方向のうち、ただひとつの方向、すなわち眼の中心を通る光線の方向にのみ見られる。これは、中心の光線や眼の中心そのものに特別な特性があるからではない。中心の光線は遮断されるかもしれないからである。中心の光線が遮断されても、中心を通らず、したがってまた中心の光線とは異なる方向を持つ別の光線によって網膜の同じ点に像が描かれるだろう。この場合にも対象は中心の光線と同じ方向に見られる。もっとも今やこの方向から光線は来ないわけだが。

以上の帰納から結論を下すなら、我々が対象を現に特定の方向に見るのは、自然の何らかの法則によって、眼における屈折の前後いずれかでの光線の方向に対象を見る仕組みになっているからではなく、我々の本性の法則によって、網膜の対象の映像から眼の中心を通って引かれる直線の方向に対象を見る仕組みになっているからである。

私がこの帰納を基礎づける諸々の事実は、シャイナー*の『光学の基礎』にある興味をそそられるいくつかの実験から採用されるが、それらはポーターフィールド博士によって引用され、彼自身によって確かめられている。私もそれらの実験を繰りかえし、役にたつことがわかった。それらの実験は容易で、しかも例の自然法則を例証し確証しもするから、以下にできるだけ手短に、かつ明瞭に述べてみよう。

実験その一

針の先端のような小さな対象が十分な照明をうけて、物が明瞭に見える最短距離と最長距離のあいだに固定されたとしよう。若者の眼なら、近視でなければ対象は一八インチの距離におかれればよいだろう。単眼が一箇所に固定され、対象が明瞭に見えるようにする。光学の原理より、この対象の任意の点から来る光線は眼の中心を通過するなり、瞳孔が許容する範囲で中心からそれたところを通過するなりするが、いずれにせよすべて網膜の一点にまとまることがわかる。また同様に、眼に達するまでと水晶体を通過してからで、光線に様々違った方向があることがわかる。

さて、一枚の紙片にあけたピンホールを覗くことで、ほかの光線を排除してごく小さな光線束で対象を見ることができる。瞳孔の様々な部分にこのピンホールを移動させて対象を見ることができるが、まず眼の中心より上部を通過する光線によって、次に中心の光線によって、その次に眼の中心より下部を通過する光線によって、さらには眼の中心を左右にそれた光線によってというぐあいにである。こうして我々は、中心を通過する光線と中心を通過しない光線によって交互に対象を見る。すなわち、角膜に達するまでと網膜に達するまでとで様々な方向に広がるなり、また互いに向かって傾くなりするが、それでもいつも網膜の同じ点に達する光線によって対象を見る。では対象はどう見えるか。これらの光線のすべてで見られようと、任意の光線束で見られようと、対象はいつも特定方向に見られる。

実験その二

例の対象が、物が明瞭に見える最短距離より手前にあるとしよう。近視でない眼の場合、だいたい四、五インチの距離である。この場合、対象の任意の点からの光線は網膜の一点にまとまらず、網膜上に小さな円をなして広がる。中心の光線はこの小さな円の中心を占め、眼の中心より上部を通過する光線はこの小さな円の上部を占め、ほかの光線はそれぞれしかるべき部分を占める。このような場合には、対象はぼやけて見え、対象の各点がひとつの方向にではなく、様々な方向に見える。このぼやけを取りのぞくために、ピンホールで対象を覗くと、ピンホールが瞳孔の様々な部分に移動するにつれ、対象は一定の場所には見えず、ピンホールの移動とは逆の方向に動くように見える。

ここで、ピンホールが瞳孔上部に移動すると対象の映像も網膜上部に移動し、すると対象は、その映像から眼の中心を通って引かれる直線の方向にあるように、下部に移動するように見えることが観察されるべきである。同様に、網膜の上部と下部にそれぞれ映像を描く光線は、通常の視覚とは異なって互いに交差しないが、それでも光線が互いに交差する場合同様、網膜上部の映像は対象を下部に見せ、網膜下部の映像は対象を上部に見せることが観察されるべきである。ちなみにこのことから、我々が対象を網膜の映像とは逆さまに見るという現象は、ケプラーやデカルトが考えたように、光線の交差によるのではないことが観察されるだろう。

実験その三

次に述べること以外は第二の実験のままである。すなわち一列に並んだ三つのピンホールを間近にあけ、対象から来る光線がそれぞれの穴を通過して同時に瞳孔に入るようにする。すると我々は実に興味深い現象を得る。対象は単眼に対し三重に見える。瞳孔の範囲内でさらにピンホールをあけたなら、増えた分に応じて多くの対象を見るだろう。ここではただ三つのピンホールだけを想定しよう。ひとつは右に、ひとつは中心に、ひとつは左にあけてあり、三つの対象が左右一列に見えることになる。

ここで観察されるべきなのは、網膜上に三つの映像が描かれることである。網膜の左側に描かれる映像は眼の中心を左側に通過する光線で、網膜の中心に描かれる映像は眼の中心を通過する光線で、網膜の右側に描かれる映像は眼の中心を右側に通過する光線で描かれる。さらに観察されるべきなのは、右方向に見える対象は右側のピンホールを覗いて見られる対象ではなく、左側のピンホールを覗いて見られる対象であり、同様に、左方向に見える対象は右側のピンホールを覗いて見られる対象だということである。これはそれぞれしかるべきピンホールを覆えば容易に証明される。したがって網膜上左右の映像を描く光線の方向がどんなものであっても、右側の映像は対象を左方向に、左側の映像は対象を右方向に見せる。

実験その四

容易にわかるように、第二、第三の実験の結果は、物が明瞭に見える最長距離を越えたところに対象をおくことで変更される。この実験のため、私は一本のロウソクを一〇フィートの距離で見つめることにし、三つのピンホールをあけた紙片の背後から眼鏡をかけた単眼で覗き、対象上の同一点から発する光線が網膜に達するまでに互いに交差するようにする。以前の場合と同様、今度も三つのピンホールによってロウソクは三重に見える。しかし、右方向のロウソクは右側のピンホールを覗いて見え、左方向のロウソクは左側のピンホールを覗いて見えるという違いがある。この実験では、光学の原理から、網膜上にいくつかの映像を描く光線が、網膜に達する少し手前で、互いに交差しているのは明らかである。したがって網膜上左側の映像は右側のピンホールを通過する光線によって描かれ、網膜の映像の位置は、映像を描く光線が通過するピンホールの位置と反対になり、先行する二つの実験のときに対象が見えたのとも反対になる。

これらの実験は、可視的対象の見かけの場所と視方向についていくつかの珍しい現象を示している。これらの現象は視覚に共通な規則にひどく反しているように思われる。互いにしかるべき距離で直線に並んだ三つのピンホールを同時に覗いて見たなら、対象が互いにしかるべき距離に並んで見えるはずだと期待されるだろう。しかし、最初の実験では、三つのピンホールを覗いて同じ対象を見、対象の同じ点を見るだろう。三つのピンホールのすべてにおいて、対象は同じ特定の場所と方向に見えるだろう。

対象からの光線が反射したり屈曲したり屈折することなくまっすぐ眼に達したなら、対象が実際しかるべき方向に見られると我々は期待する。たしかに大抵はそう見える。しかし、第二、第三、第四の実験では、対象からの光線は反射したり屈曲したり屈折したりすることなく眼に達するのに、我々は対象を実際しかるべき方向には見ない。対象と眼が少しも動かないよう固定され、しかも媒体も変化しないなら、対象は静止し、同じ場所を保って見られると期待される。しかし、第二、第四の実験では、眼と対象は静止し、媒体も不変なのに、対象は上下または任意の方向に動くように見える。

左右一列に並んだピンホールから同時に同じ単眼で見たなら、左側のピンホールから見た対象は左方向に、右側のピンホールから見た対象は右方向に見えると我々は期待する。しかし、第三の実験では、結果は正反対である。両眼でなら同じひとつの対象が二重に見える例は多いが、単眼でなら単一にしか見えないだろうと期待される。しかし、第二、第四の実験では、同じひとつの対象が、多面鏡を用いないのに単眼に対して二重、三重、あるいは四重に見える。

可視的対象の視方向にかかわるこれらの異常な現象はすべて、ごく普通の日常的な現象同様、我々を例の自然法則に導くのであり、この法則からの必然的帰結である。網膜の映像がなぜ我々に外的対象を見せるのか理由を挙げられないのは、手や頬に映像がかりに描かれた場合と事情が同じであり、また、網膜の対象の映像から眼の中心を通って引かれる直線の方向でだけ我々が対象を見るのはなぜか理由を挙げられないのだから、私はこの法則を我々の本性における第一法則のひとつとみなしたい。

誤解を防ぐために、私は読者に次のことを観察していただきたいと思う。すなわち、視神経など、ほかのより直接的な視覚の道具がその機能を十分に実行しないときにも、網膜の映像が我々に対象を例の方向、またはそのほかの方向に見せると断言するつもりは私にはない。我々は視神経の役割をよくわかっていないだけでなく、この役割が実行される仕方もよくわかっていない。しかし、視覚能力で視神経に何かの役目があることは確かだと思う。なぜなら、視神経の障害と思われている黒内障*では、網膜の映像はくっきり明瞭なのに視覚は生じないからである。

脈絡膜*についてもその用途と機能はよくわかっていない。しかし、これも視覚に必要だと思われる。というのも、脈絡膜で覆われていない箇所、つまり視神経の入り口だが、網膜のこの箇所に描かれる映像が、かりに手に映像が描かれた場合と同様、視覚をもたらさないことはよく知られているからである。したがって我々は、網膜が視覚において心が用いる最後の道具でも、最も直接的な道具でもないことを認める。ほかに物質的器官があり、それらの働きは網膜に映像が描かれたのちも視覚に必要である。もし脈絡膜、視神経、そして脳の構造と用途がわかり、網膜の映像によってそれらにどんな刺激がもたらされるかがわかれば、視覚という連鎖のさらなる鎖が明らかになり、視覚のより一般的な法則が発見されるだろう。しかし、視覚にとってより直接的なこれらの道具の本性と役割についてほとんど何もわからないうちは、視覚の法則を網膜の映像を越えてたどるのは不可能だと思われる。

さらに私は、眼の疾患または事故のせいで例の方向とはやや違った方向で対象を見ることになる場合を否定するつもりもない。そこで、私自身にかかわるとある事例に言及させていただきたい。

一七六一年の五月に私は、金星の子午線通過*を観測するために正確な子午線を得ようとしていたとき、右眼で見ていた小さな望遠鏡の十字線を軽率にも太陽に向けてしまった。若い頃しばしば同じことをしても無事にすんだのだが、今度ばかりはやられてしまった。ほかの人たちへの警告としておこう。

さて、私はすぐに右眼に著しいぼやけを観察した。何週間ものあいだ、暗闇にいたり眼を閉じたりすると右眼に輝点が見え、水面に反射した太陽の像のようにさかんに揺らめいた。この見かけはやがて輝度がおとろえ、繰りかえし現れることも徐々になくなったので、今ではその残像さえほとんどない。だが、このけががもたらしたほかの顕著な影響はまだ残っている。まず、右眼の視力は左眼の視力にくらべますますかすみ続けている。第二に、物が明瞭に見える最短距離は、右眼では左眼にくらべるとかなり遠い。右眼をけがする前は、何度も試してわかったが、この点で両眼に違いはなかった。第三に、これに言及したかったのだが、ある状況では直線が右眼には湾曲しているように見える。楽譜を見るとき、左眼を閉じて五線譜の第三線上の点に右眼を向けると、第三線は右眼が向けられた点でかすむが、それでもまっすぐなのに対し、上の二線と下の二線は、それぞれ外側にたわむように見え、右眼が向けられていない五線譜のところとくらべて、上下それぞれの二線は相互に、また第三線からもかなり離れているように見える。さて第四に、この一六箇月のあいだ、この実験を数え切れないほど繰りかえしたが、習慣や経験は直線の湾曲というこの見かけを取りのぞいてはいない。最後に、湾曲というこの見かけは右眼だけで知覚可能であって、両眼のときはそうでない。しかし、左眼だけより両眼での方が私には物がよく見える。

私はこの事実を、何の仮説もたてずに、ありのまま詳細に物語った。この珍しい事実は記録される価値があると思ったからである。この見かけの原因を推測する仕事はほかの人にまかせたいと思う。おそらく、網膜の中心部近くの小範囲が縮んでしまい、これに隣接した様々な箇所が以前より中心側に、また相互に引きよせられてしまったため、網膜のそれらの箇所に映像が作られる対象どうしは互いに、現在の不自然に収縮した網膜の状態に対応した距離にではなく、以前の自然で健全な網膜の状態に対応した距離で見られるのだろう。

第一三節　両眼で対象を単一視することについて

注目する価値のあるもうひとつの現象は、両眼で対象を単一視することである。対象の映像は二つある。すなわち左右の網膜にひとつずつの映像である。それぞれの映像は単独でも対象を一定の視方向に見せる。しかし、左右の映像が一緒のときはたいてい対象はひとつである。解剖学者たちや哲学者たちによるこの現象の説明または解明は、すべて不十分だと思われる。ガレノス、ガッサンディ、バティスタ・ポルタ、ロオーらの見解*は無視する。読者は、これらの見解がポーターフィールド博士によって検討され論駁されているのを読むことができるだろう。私はポーターフィールド博士自身の見解、バークリー主教の見解、およびそのほかの人々の見解を検討することにしよう。だが最初に事実の真偽を確かめることが肝要である。単一視および二重視の現象を間違えると、原因を突きとめるさいにもほとんどかならず間違ってしまうからである。同様に次のことも慎重に注意するべきである。すなわち、自然現象の解明において人間の能力がおよぶのは、個々の現象からの帰納によって一般的現象にたどりつき、そこからそれら個々の現象を必然的帰結として導くまでだということである。現在の研究について真の判断力または適正な判定能力を備えたすべての人々はこのことを理論的には承認するが、実地においてはしばしば見過ごしている。さて、可能なかぎり最も一般的な現象に達したなら、我々はそこでとまらなければならない。「なぜかくかくしかじかの物体は地球に引きよせられるのか」と問われたなら、「すべての物体は地球に引きよせられるからだ」と答えるのがせいぜいである。これは、個々の現象の理由を一般的な現象に帰することである。しかし、さらに「なぜすべての物体は地球に引きよせられるのか」と問われたなら、「なんであれすべての物体は互いに引きよせあう」と言う以外には、この現象を解明できない。これは、ある一般的な現象の理由をさらに一般的な現象に帰することである。だが万一「なぜすべての物体は互いに引きよせあうのか」と問われたなら、もう我々には理由を述べることができない。もしできるとすれば、それは、物体のこの普遍的引力という現象の理由をさらに一般的な現象に帰することによるのであり、あらゆる物体の引力がその特殊例になる場合である。可能なかぎり最も一般的な現象がいわゆる「自然法則」である。したがって、自然法則は自然の作用にかかわる最も一般的な事実であり、それらの事実のもとにはたいへん多くの個別的事実が含まれる。そこで、我々がある一般的な現象に「自然法則」という名称を与えた場合、のちになって人間の勤勉さがさらにもっと一般的な現象までたどったとしても、それは少しも障害にはならない。最も一般的なものが発見されれば、それが「自然法則」という名称を頂戴する。するとあまり一般的でないものは、それに包摂されて理解される。さて以上を前置きとして、我々は単一視および二重視の現象を考察し、それらの現象が我々を導き、それらの現象が必然的帰結となる一般的原理を発見することにしよう。そのような一般的原理が発見されたなら、それは自然法則であるか、またはほかの自然法則からの必然的帰結であるに違いない。最初の場合であれ、あとの場合であれ、一般的原理という重みは変わらないだろう。

一　両眼が健康で異常がなければ、それらの視軸が一点に向けられると、そこにある対象は単一視される。ここで我々は、対象を単一視させる二つの映像がそれぞれ網膜の中心にあることを観察する。とある小さな対象の二つの映像がそれぞれの網膜の点に描かれたとき、それらの映像が対象を単一視させるなら、左右の網膜の点を簡潔に「対応点*」と呼び、対象が二重視されるなら、映像が描かれるそれぞれの網膜の点を「非対応点」と呼ぶことにする。先の現象で左右網膜の二つの中心が対応点であるのは明らかである。

二　先の現象の場合と事情が同じだと想定すれば、両眼の視軸が向けられた対象と同じ距離にあるほかの対象もまた単一視される。そこで、一〇フィートの距離にあるロウソクに両眼を向けて見つめると、同じ距離にあるほかのロウソクも視野に入る。さて、最初のロウソクを見つめているあいだでも、二番目のロウソクの見かけに注意することができる。するとこの場合、二番目のロウソクがいつも単一視されることがわかる。ここで観察されるべきなのは、二番目のロウソクで二つの映像は左右の網膜の中心にはないが、それぞれ中心から左右いずれか同じ側にあり、しかも中心から同じだけずれていることである。このことは光学の原理から容易に論証できるだろう。この第二の単一視現象では左右の網膜の対応点は、それぞれ網膜の中心に対して同じ側、同じ距離にあって、それぞれ網膜の中心に対して類似した配置にある点である。この単一視現象から、片方の網膜のあらゆる点がもう片方の網膜で類似した配置にある点と対応することがわかる。

三　引き続き同じ事情だと想定するなら、両眼が向けられた距離より近くか遠くにある対象は二重視される。そこでまずロウソクを一〇フィートの距離におき、眼とロウソクのあいだに腕を伸ばした距離で指をたてる。ロウソクを見つめると指が二重視される。逆に指を見つめるとロウソクが二重視される。同じことは視野にあって同じ距離にあるすべての対象についても生じる。こうした現象の場合、光学の原理を理解する人々には、二重視される対象の映像は、左右の網膜で配置の類似した点にはないこと、単一視される対象の映像だけが類似した配置の点にあることは明らかである。そこで我々は、左右の網膜の点が網膜の中心に対して類似した配置にあれば対応するが、網膜の中心に対して類似しない配置にあれば対応しないと推理する。

四　ところで観察されるべきなのは、右の現象で言及されたような事例では、我々は単一とわかっている対象を二重視することに幼児期から慣れていることである。それでも、その後に身につく習慣や対象が単一であるとの経験は、対象が二つに見えるというこの見かけを決して取りのぞくことがない。

五　とは言え、可視的見かけに注意を向ける習慣にはかなりの影響力があり、二重視現象の観察や記憶に程度の違いが生じる。そこで、誠心誠意自分は事物を二重視したことがないと言う人がいたとしよう。しかし、そういう人でも、例の状況のもとで自分とロウソクのあいだで指をたて、指かロウソクのいずれか、今見つめてはいない方の対象の見かけに注意するよう要望されたなら、いきなり最初の観察で、指を見つめるとロウソクを二重視し、ロウソクを見つめると指を二重視するだろう。それなら今や彼は、以前とは違った仕方で見ているのだろうか。そうではない。今彼は、以前に注意しなかったものを注意しているのである。対象の二重の見かけは、以前にも彼の眼に何千回となくもたらされてきたのだが、彼はそれにまったく注意しなかった。だから、まるで一度も生じたことがなかったかのように、その見かけは少しも反省されず、記憶されていないのである。

我々がひとつの対象を見つめると、かなりぼんやりとして明瞭さを欠いてはいるが、周辺の対象も同時に見られるだろう。というのも、眼にはいくつかの事物を同時に見るよう、かなりの視野があるからである。しかし、我々は見つめている対象にしか注意しない。視野にあるほかの対象は注意されず、したがってそれらはまるで見られていないかのようである。もしそのどれかが我々の注意を引くなら、同時に我々の眼も引きつける。というのも、日常生活で眼はいつも注意の方向に従うからである。物思いにふけったときなど、眼と注意がばらばらになるときはいつでも、眼前のものを我々はほとんど見ていない。このことから、例の男性が以前に対象を二重視したことがないと考える理由がわかる。対象を見つめるとき彼はそれを単一視し、それらが単一視されようと二重視されようと、ほかの可視的対象に同時に注意することはない。可視的対象のいずれかが彼の注意を引くなら、それは同時に彼の両眼も引きつける。すると両眼はそれに向けられ、対象はすぐに単一視される。事物を二重視するには、あるいは少なくとも、二重視について反省し、以前の二重視を想起するには、ひとつの対象を見つめると同時に、視野にあるほかの対象のかすかな見かけに注意することが必要である。たぶん例の男性は、このことを今まで実行するなり試みるなりしたことがないのだろう。だから彼は以前に二重視したことを思い出せないのである。しかし、もし彼に注意させたなら、人生の大部分そうした注意に慣れている人々と同じ仕方、同じ状況のもとですぐに対象を二重視するのである。

心が注意を向けず、したがって感官を刺激する対象がある程度まで知覚されない点でこれと類似する現象は多い。

私は第二章でそうした事例のいくつかに言及する機会があった。私はまた、音楽にかなり詳しい人々の話から、とある楽曲が鍵盤楽器で奏でられるのを聞くとき、高音部に注意すれば低音部が聞かれず、低音部に注意すれば高音部の旋律が知覚されないことを納得した。ある人々はかなりの近視なため、読書するときに片眼が本にあてがわれ、もう片眼はほかの対象に向けられる。そういう人々は、片眼の対象に注意を向け、もう片眼の対象には注意を向けない習慣を身につけている。

六　対象が二重視されるすべての場合で、二つの見かけは互いに何らかの位置にあり、何らかの角距離にあることが観察できる。この角距離には様々な状況で大小差があるが、同じ状況のもとでは、同じひとにとってだけでなく、違った人々にとっても同じ角距離である。

こうして例の実験で、申し分なく両眼視する二〇人が一〇フィートの距離におかれたロウソクと眼のあいだにそれぞれの指をたて、頭を正面に固定して彼らの指を見つめると、左右に二本のロウソクを見るだろう。右側のロウソクは右眼で、左側のロウソクは左眼で見られる。彼らはそれらを同じ角距離に見る。次に彼らがロウソクを見つめると、左右に二本の指を見る。全員この二本の指を同じ角距離に見る。すなわち左側の指は右眼で、右側の指は左眼で見られる。彼らが頭を横にふると、ほかの事情が同じなら、二重視された対象の片方の見かけは、もう片方の見かけに直接重なるだろう。要するに、状況をどう変えても、二重の見かけはすべての観察者たちにとって同じ様に変化する。

七　二重視された対象が呈する二つの見かけの角距離を確かめるのに多くの実験を行ってみたが、すべての実験でこの角距離は、いずれか一方の網膜上、実際に映像が作られる点ともう片方の網膜で映像が作られた箇所と類似の配置にある点との距離に比例することがわかった。したがって、単眼で見られると二つの対象の角距離が網膜の二つの映像がつくる弧に比例するように、両眼でひとつの対象が二重視されるときは、二つの見かけの角距離は、いずれか一方の網膜上、実際の映像ともう片方の網膜の映像に対応する点とのあいだに作られる弧に比例する。

八　ある状況ではあるひとつの対象が我々にはいつも二重に見えるように、また別の状況では二つの対象がいつも単一に見えるので、見かけ上対象の二重性が失われている。このことは双眼鏡を覗いたときの見かけで明らかである。同じことは、両眼に二本の同型の筒を平行にあてがったときにも生じる。この場合、筒は一本にしか見えないからである。もし二枚の硬貨が二本の筒の先端で、一枚は片眼の視軸に、またもう一枚はもう片眼の視軸にそれぞれ交わるようにおかれたなら、硬貨は一枚にしか見えないだろう。そこでさらに、色と形態の異なる二枚の硬貨なりほかの物体なりが、両眼の視軸にしかるべく交わるよう、それぞれ二本の筒の先端におかれたなら、いずれの物体も同じ場所に、まるで互いに妨げあわずにただ覆いかぶさるかのように見え、二つの色は混交するだろう。

九　これらの現象や私が試みることのできたいくつかの例から、申し分のない両眼視では、二つの網膜の中心は互いに対応して一体となっていること、片方の網膜の各点は、もう片方の網膜で類似の配置にある各点と対応して一体となっていることは明らかだと思われる。このようにして、二つの網膜の対応点に描かれる映像は、実際には二つの対象があるときでさえひとつの対象を示し、二つの網膜の非対応点に描かれる二つの映像は、対象がひとつでも二つの可視的見かけを示す。二つの網膜の対応点に描かれる映像は、それらがひとつの網膜の同じ点に描かれた場合と同じ見かけを心に提示し、二つの網膜の非対応点に描かれる映像は、片方の網膜の映像が、もう片方の網膜の対応する点に移された場合と同じ角距離と位置で二つの対象を心に提示する。二つの網膜における対応点どうしのこうした関係なり共感なりを私は仮説としてではなく、視覚の一般的事実または一般的現象として提出する。単一視および二重視について言及された現象をたどるとこの事実にいたり、それらはこの事実の必然的帰結である。

この一般的事実は、私自身の眼で試みられた数えきれないほどの例や、私の要望でほかの人々の眼で試みられた多くの例など、無数の事例から判断できるかぎり、すべての申し分のない両眼視でいつもなりたつ。考案者たちには気づかれていないものの、単一視および二重視の現象の解明として案出された仮説のほとんどは、この一般的事実を想定している。大変に思慮深い哲学者であり周到な観察者でもあったアイザック・ニュートン卿は、観察された事実と一致しないことなど推測さえしなかったが、この一般的事実の原因については『光学』の「疑問一五」で問うている。思慮深いスミス博士は彼の『光学の体系』第一巻第一三七節で、この一般的現象を、左右の網膜の対応点に描かれる映像による二つの対象の単一な見かけについてだけでなく、ひとつの対象が二重視されたときの二つの見かけにかんする角距離についても彼自身の経験から確認した。

この一般的現象はしたがってかなり十分な帰納にもとづいているように思われるが、十分な帰納はこの種の事実で我々に得られる証拠のすべてである。しかし、両眼単一視の考察を締めくくる前に、まだ次のことを研究するべきである。すなわちまず、左右の眼が頭部の正反対の位置にあって互いに逆の方向を見る動物では、はたして左右の網膜に対応点などあるのだろうか。第二に、異常のある両眼視では左右の網膜の対応点はどうなっているのか。異常のある両眼視とは斜視のことである。そして最後に、左右の網膜の対応点が一体となるのは、自然かつオリジナルなものなのか、それとも習慣の結果なのか。オリジナルなものだとすれば、それはすでに発見された自然法則で説明されるのか、それともそれ自身が自然法則のひとつと見なされ、人間本性をなすものと見なされるのかどうか。

第一四節　動物における視覚の法則について

動物に両眼を与えた自然の意図は、可視的対象の配置と可視的対象が位置する方向を知覚させる点にある。したがって通常の場合、眼球の数や構造にかかわらず、あらゆる動物は対象を単一視し、真実しかるべき方向に見るだろう。様々な動物と昆虫で眼の構造、運動様式、眼球の数にはとほうもない多様性があるから、視覚が維持される法則も一様ではなく、自然が動物と昆虫に与えた様々な眼の種類に応じて多様だろう。

人間では、両眼は自然に同じ方向に向き、両眼の視軸はひとつの点で出会う。人間の両眼では、二つの視軸が出会うところにある対象にだけ注意が向けられ、この対象のみが見られる。対象までの距離に遠近があっても、人間の眼の構造は対象の距離に適応し、明瞭な映像を描く。

我々が両眼をこのようにごく自然に用いると、見つめられた対象の二つの映像が二つの網膜の中心に描かれる。この対象に隣接するならどんな対象でも、その二つの映像は、左右の網膜それぞれの中心に対して類似した配置にある点に描かれる。したがって両眼で対象を単一視してしかるべき方向に見るためには、我々の眼の仕組みが、二つの映像がそれぞれ左右の網膜の中心に描かれるか、または中心に対し類似した配置にある点に描かれる対象が同じ可視的場所に見られるようになっているなら、それで十分である。そして実際、自然が人間の両眼に与えたのはこのことだった。

我々が両眼の運動をゆがめ視軸が平行にならないようにするのは、たしかに自然に反した運動だが、訓練で習得される。また、両眼の視軸をひとつの点に向けながら、注意はこの点よりかなり近接の可視的対象なり、かなり遠隔の可視的対象なりに向けられるというのも、同じく自然に反しているが、やはり習得される。これらの場合にのみひとつの対象が二重視され、二つの対象がひとつにだぶる。すなわちこれらの場合、同じ対象の二つの映像が左右の網膜の類似した配置にない点に描かれると、対象は二重視され、二つの違った対象のそれぞれの映像が網膜の類似した配置にある点に描かれると、二つの対象はひとつの場所にだぶって見える。

こうして、視覚にかかわる人間本性の法則は人間の両眼の自然な用途に賢明にも適応し、自然に反した用途には適応していないように思われる。両眼を自然に用いると、我々は対象をあるがままに見る。しかし、自然に反して用いると、我々には様々な誤った見かけが提示される。この道理にそって考えるなら、事情はほかの動物でも同じだろう。しかし、だとすると、片眼をある対象に、もう片眼を別の対象に向けるのが自然な動物の場合は、我々では自然に反した場合と同様、誤った見かけが提示されることになるが、これは道理に合わないのではないだろうか。

多くの動物では生来両眼が正反対の位置に固定しているため、両眼の視軸はいつも互いに反対の点に向いている。これらの動物にとって二つの網膜の中心に描かれた対象は、人間の場合のようにまったく同じ可視的場所に見えるのだろうか。私は、たぶんそうではなく、それらは実際通り互いに正反対の場所に見えるのだと思う。

この場合、類比から判断すると、これらの動物でも二つの網膜における諸々の点には対応があるが、人間の両眼に見られたのとは違うと考えられるだろう。片方の網膜の中心ともう片方の網膜の中心は対応するが、それら対応点に映像が描かれる対象は、人間の両眼でのように同じ場所ではなく、むしろ正反対の場所に見えるだろう。同様に、片方の網膜の上部ともう片方の網膜の下部、片方の網膜の前部ともう片方の網膜の後部がそれぞれ対応して、正反対の位置にある対象を見せるだろう。

動物の中には、生来容易に両眼を同じ方向に、または人間の両腕や両足のように、違った方向に回転させるものがある。それらの動物では、人間の場合同様、二つの網膜に対応点と非対応点があるのだろうか。私はたぶんないと思う。なぜなら、そうだとするとそれらの動物の本性は、間違った見かけを提示する以外の目的を持たなくなるからである。

類比から判断すると、我々が両腕を動かすようにそれらの動物が両眼を動かすと、我々が両腕の方向を知覚するようにそれらの動物は両眼の方向を直接かつ自然に知覚すると考えられるだろう。我々が可触的対象の配置を両手で知覚するように、それらの動物は可視的対象の配置を両眼で知覚するだろう。

自然が教えた以外の仕方で両眼を用いるよう、動物に教えることは我々にはできない。それどころか、我々には、通常の場合なり異常の場合なりに可視的対象がもたらす様々な見かけを我々に伝達するよう、動物に教えることはできないのである。したがって我々には、動物の場合の視覚法則を人間の場合と同様に発見する手段がなく、せいぜい確からしい推測で満足しなければならない。ということで、この主題について我々が述べてきたことを整理するなら、眼球の数、それらの位置、自然な運動様式の点で様々な眼を自然によって授かった動物は、おそらく様々な視覚器官の特性に応じて様々に異なる視覚法則にしたがっているのだろう。

第一五節　斜視、いくつかの想定とともに考察する

不随意斜視の人々では左右の網膜に対応点があるのだろうか。もしあるなら、それらは斜視でない人々の左右の網膜におけるのと同じ配置にあるのだろうか。これらは単なる好奇心からの問いではない。これらは、斜視の治療を試みる医者と治療を受ける患者には実際に重要な問いである。医学と光学の著述家たちによって斜視についてこ

れまでに多くのことが語られてきたからには、これらの問いを解明するための豊富な事実が期待されるかもしれない。しかし、私は、自分でも観察に骨折り、ほかの人々の観察を集めるのに苦心した結果、この期待が裏切られた。

これらの問いを解明するのに必要な観察を行うには、まれにしか訪れない機会に光学の原理と視覚の法則の知識がともなわなければならないことを考慮するなら、私の失望はそれほど不思議ではないだろう。

斜視の人々の大部分は単眼では明瞭な視覚がない。もしこれが事実なら、対応点の配置がどうなっているかを決定するのは不可能であり、できたとしても重要なことではない。両眼が良好でも、それらは方向がかなり異なっているので、同じ対象が同時に両眼で見られることはない。その場合、対応点の配置を決定するのはとても難しくなるだろう。というのも、斜視の人々はおそらく片眼の対象のみ注意し、もう片眼の対象は、まるで見なかったかのように、少しも注意しないだろうからである。

以前我々が観察したことだが、近くにある対象を見つめ、それに注意を向けたとき、たとえ同じ方向にあって同時に眼に提示されたとしても、遠くにある対象の二重の見かけを我々は知覚しない。これと同様に、たぶん斜視の人は、片眼の対象に注意するともう片眼の対象から注意をそらすのだろう。自然な仕方で両眼を用いたときに対象の二重の見かけを我々が少しも知覚しないように、たぶん斜視の人はこのもう片眼の対象を少しも知覚しないのだろう。したがって、斜視の人は、彼自身哲学者となって、見つめている方の眼の対象だけでなく、見つめていない方の眼における対象の可視的見かけをかなり正確に注意するようになるのでなければ、現在考察されている問いに何の解明も与えられないだろう。

たぶん、野ウサギ、ウサギ、鳥、魚など両眼が正反対の位置に固定している動物では、互いに異なった、場合によっては正反対の方向にある可視的対象を同時に注意する自然の能力があるのだろう。なぜなら、こうした能力がなければ、これらの動物には、正反対の方向に両眼が向けられることに起因する、自然が意図したと思われる便益がなくなるだろうからである。しかし、たぶん斜視の人々にはこの自然の能力はないだろう。なぜなら、我々はこの能力を、斜視の人以外の人間に見いだすことがないからである。両眼の視軸が交わる点にある対象だけを注意するのが、我々では自然である。これとは違った方向にある対象を注意するのは、自然に反することであり、刻苦勉励なしには習得されない。

　これを納得させる有力な証拠が、今では哲学者たちによく知られている事実で得られるだろう。片眼を閉じると、まったく何も見えない空間が視野のなかに現れる。* 眼底は視神経の入り口部分の対面にこの空間はある。眼の一部でのこうした視覚の欠損はすべての人間の眼に共通で、今に始まったことではない。とは言え、これは前世紀に聡明なマリオット師* によって初めて発見された。こうして知られるようになった今でも、この視覚の欠損は、うまくいくのには細心の注意を要求する特殊な実験による以外知覚できない。

　これほど顕著で、しかもすべての人間に共通な視覚の欠損がこれほど長い間気づかれず、また今でも知覚するのがこれほど難しい理由は何だろうか。それはこうである。すなわち、欠損は眼の視軸からやや離れたところにあり、したがって視野の中でも我々が自然な状態では注意を向けず、かりに注意を向けるとしたなら、特殊な事情でなければ不可能なところにあるからである。

　我々がここまで述べてきたことから、斜視の人々の両眼における対応点の配置を決定することは、斜視の人々が両眼で対象を明瞭に見るのでなければ不可能であるように思われる。また、かりに可能であっても、両眼の方向の違いがわずかで、同じ対象が両眼で同時に見られるのでなければかなり難しいと思われる。しかし、そういう患者は、まれではないだろうか。少なくとも私が出会えた患者たちではごく少数である。そこで、今後よりいっそうの好機に恵まれ、それをしかるべく活用するだろう人々を支援するために、想定上の斜視を考察し、研究されるべき項目やそれらに必要な観察、そしてそれらの観察から得られるだろう帰結を指摘しよう。

一　斜視の人が両眼で等しくよく見えるかどうかが研究されるべきである。もし片眼の視覚に欠損があれば、その本性と程度が記録されるべきである。そのための実験は明らかなのでここで言及する必要はない。しかし、私は観察者が適切な実験を行うよう、患者の証言を信用しないことを助言しておきたい。なぜなら、斜視の人々と斜視でない人々の双方について私が見いだした事例の多くで、本人が以前には気づいていなかったにもかかわらず、調べてみると、片眼の視覚に重大な欠損が見つかったからである。以下の項目すべてで、患者は両眼で十分に物を見るものと想定し、片眼が覆われた場合には、もう片眼で物を判読できるものと想定する。

二　片眼が覆われたとき、もう片眼が直接対象に向けられるかどうか研究されるべきである。これは左右の眼で交互に試みられるべきである。我々は、この実験を試金石として、ラ・イール氏*によって案出され、ブールハーフェ*など医学部の人々によって採用された斜視にかかわる仮説を試すことになるだろう。

その仮説とはこうである。斜視の人の片眼では、最も感度がよく視覚が最も明瞭なのは、斜視でない人々のように網膜の中心ではなく網膜の中心の片側であり、そのため斜視の人は、対象の映像が網膜の最も感度のよい部分に描かれることで最も明瞭な視覚が得られるよう、その眼の視軸を対象の位置する方向からずらしてしまう。さて、これが斜視の原因なら、斜視の眼は、もう片眼が覆われていないとき同様、それが覆われているときにも、対象の位置する方向からずれることになるだろう。

この点を試すことはとても容易であるにもかかわらず、四〇年以上ものあいだそれはなされなかった。しかし、仮説は広く一般に受容された。人々はそれほど仮説を案出しやすく、事実で仮説を検討したがらない。ついにジュリン博士*がこれを試し、斜視の人々が、斜視ではない眼が覆われているときに斜視の眼の視軸を直接対象に向けることを見いだした。この事実は、ポーターフィールド博士によって確証されている。私も、観察できたすべての事例でこのことを検証した。

三　斜視の人が左右、上下、正面を見るとき、両眼の視軸が連動し、常に同じように傾くなり、同じ角度を持つなりするかが研究されるべきである。この観察によって我々は、ある人々が想定したように、斜視が眼球を動かす筋肉の欠陥によるものかどうか判定することになるだろう。以下の項目では、両眼の視軸の傾きはいつも同じだと想定する。

四　斜視の人は対象を単一視するのか、それとも二重視するのかが研究されるべきである。

もし斜視の人が対象を二重視し、二つの見かけの角距離が両眼の視軸で作られる角度に等しいなら、二つの網膜には対応点があり、斜視でない人の場合同様、これらは類似した配置にあると結論されるだろう。もし二つの見かけの角距離がいつも同じだが、視軸が作る角度と大なり小なり異なっているなら、このことは二つの網膜の対応点が、斜視でない人の場合と同じ配置ではないことを示している。しかし、視軸が作る角度を正確に判断するのは難しい。

知覚されないほどわずかな斜視は、対象の二重視を引き起こすかもしれない。というのも、厳密には、見つめている対象で視軸が正確に出会わない人々は、多かれ少なかれ斜視だからである。両眼の視軸を平行にすることはできるが、少しも輻輳*できない人は、近くの対象を見つめるときにわずかに斜視することになり、かなり遠くの対象なら単一視するのに、この近くの対象は二重視するだろう。もし視軸がいつも輻輳し、最も遠くても顔から八または一〇フィートのところで出会う人なら、近くの対象を単一視するだろう。しかし、この人がかなり遠くの対象を見つめたなら、わずかに斜視し二重視するだろう。

これに類したひとつの事例が、アギロン*によってその『光学』*のなかで物語られている。すなわち彼は、近くの対象は単一視し、遠くの対象は二重視するという若者を見たことがあると言う。

ブリッグズ博士*はその『視覚の新理論』*で二重視の様々な事例を光学の著述家たちから収集したが、この事例をアギロンから引用し、最も不思議かつ説明できない事例であると述べ、若者がだましたのではないかと疑っている。しかし、単一視と二重視が維持される法則を理解する人であれば、この事例はごくわずかな斜視からの自然な結果と思われるだろう。

二つの見かけの角距離がわずかなら、どんな斜視も観察されなかったとしても、二重視は、実際はいつもわずかな斜視によるだろう。光学の著述家たちによって記録された二重視の事例で、二つの見かけの角距離が説明されている例があったのを私は覚えていない。

こうして、二重視の事例のほとんどすべてで斜視を疑うのは理にかなっている。しかし、場合によっては、眼球のゆがみによるというのも理にかなっている。これは以下のような事情に由来する。すなわち、死期なり意識喪失なりが近いこと、過度の飲酒などの不摂生、激しい頭痛、頭部に水が溜まること、喫煙、頭部への打撲などの外傷である。これらの場合、両眼を動かしている筋肉のけいれんか、または麻痺のため、両眼にゆがみが起こると考えてもおかしくない。さて二重視があれば多かれ少なかれいつも斜視があるらしいが、斜視があるからといって二重視があるわけではない。私は、生涯にわたって続いた斜視なり、かなりの年数にわたって続いた斜視なりの例を知らない。そこで以下の項目では、斜視の人々は対象を単一視すると想定する。

五　そこで次に研究されるべきは、対象は同時に両眼で見られるのか、それとも対象にその視軸が向けられている方の眼だけで見られるのかである。ジュリン博士以前は、斜視について論じた著述家たちは、斜視の人々はたいてい対象を両眼で単一視するということを当然視した。しかし、私はこのことを証明する事実が、いずれの著述家によってもひとつたりとも提出されたのを知らない。ジュリン博士はまったく逆の意見である。そこで、この点を特殊な事例で解決するには、次のような疑う余地のない実験によるのがとても容易である。斜視の人がひとつの対象をじっと見つめているあいだ、観察者はその両眼の方向に注意し、両眼の動き方を観察する。さて不透明な物体を対象と左右の眼のあいだにかわるがわるおいてみよう。もし斜視の人が、不透明な物体の介在にもかかわらず、両眼の方向を変えずに対象をずっと見ているなら、もともと両眼で対象を見ていたことが帰結されるだろう。しかし、かりに左右いずれかの眼と対象のあいだに物体が介在することで対象が見えなくなれば、我々は対象が片眼だけで見られていたと確信できるだろう。以下の二項目では、光学者たちに共通の仮説にしたがって、最初の場合を想定する。

六　この想定のもとで研究されるべきは、はたして斜視の人が、斜視でない人々に対象が二重視される状況で、対象を二重視するかどうかである。そこで、一〇フィートの距離のところにロウソクをおき、斜視の人とロウソクのあいだに腕を伸ばした距離で指をたて、ロウソクを見つめると両眼で指が見えるかどうか、もしそうなら指を単一視するのかそれとも二重視するのか、また逆に、指を見つめると両眼でロウソクが見えるかどうか、もしそうなら単一視か二重視かを斜視の人に観察してもらおう。

この観察によって、斜視の人にとって、単一視だけでなく二重視の現象も斜視でない人々の場合と同様かが決定されるだろう。もし同様でないなら、すなわち斜視でない人々にとって対象がひとつに見える場合だけでなく、対象が二つに見える場合でも、斜視の人が両眼で対象を単一視するなら、この想定から導かれる結論は、斜視の人の単一視は両眼の網膜の対応点から生じるのではなく、その視覚の法則は斜視でない人々のとは異なっているということである。

七　他方、斜視でない人々にとって対象が二つに見える場合で、斜視の人が対象を二重視するなら、斜視の人における両眼の網膜には対応点があるが、それは自然に反した配置だと結論されるに違いない。この自然に反した配置は次のように決定されるだろう。

斜視の人がひとつの対象を見つめると、片眼の視軸はこの対象の方向に向くが、もう片眼の視軸はこの方向からずれている。我々は対象から引いてこの開散*する方の眼の中心を通る直線を想定しよう。わかりやすくするために、我々はこの直線をこの眼の「自然的視軸」と呼ぶことにしよう。この視軸は、斜視の程度に応じて、真の視軸と大小何らかの角度をなすことになる。我々はまた、自然的視軸が網膜で交わる点を「自然的中心」と呼ぶことにする。この中心は、やはり斜視の程度に応じて、真の中心から多かれ少なかれ離れているだろう。

以上の二つの定義から、光学の原理を理解する人々にとって、申し分のない両眼で二つの網膜それぞれの真の中心が対応するように、斜視の人では、片方の網膜の自然的中心はもう片方の網膜の真の中心と対応すること、申し分のない両眼の場合に、左右の網膜で真の中心に対してそれぞれ類似した配置にある点が対応するように、斜視の人の場合、片方の網膜ではその真の中心に対して、またもう片方の網膜ではその自然的中心に対してそれぞれ類似した配置にある点が対応することは明らかだろう。

もし、一般に是認されてきたように、斜視の人が両眼で同時に対象を見るとそれを単一視するのなら、斜視はたぶん我々がこの項目で記述した通りだろう。さらに、かりに我々の想定したような斜視をわずらっている人がまっすぐ物を見るようになったとしても、その人の視覚はこのことでひどく損なわれるだろう。というのも、その人は以前両眼で同時に見たものすべてを二重視するようになり、対象どうしが互いに離れていても、ひとつにだぶって見えるようになるからである。斜視でない人々の両眼がまっすぐ物を見るようにできているように、この人の両眼は斜視するようにできている。だから、斜視でない人々の視覚が斜視になって損なわれるように、この人の視覚もまっすぐ物を見ることで損なわれる。この人は、斜視しなくなっても、両眼の対応点が習慣によってその場所を変化させないかぎり、物を申し分なく見ることは決してできないだろう。このことがどれほどまれかは第一七節で明らかになるだろう。

斜視の治療を試みる医学部の人々は、右に記述された症候が斜視にともなうかどうか考察したらよいだろう。もしこれらの症候が斜視にともなうなら、治療は斜視という疾患そのものより悪い結果を招くだろう。というのも、治療したせいで申し分なく明瞭な視覚を失うより、斜視という不具合でがまんした方がよいとは誰もがすぐ認めるところだからである。

八　ではジュリン博士の仮説にもどるとして、斜視にもかかわらず対象を単一視したとき、斜視の人がいずれか片眼だけで見ていたことが試してみてわかったと想定しよう。

我々はこの人に、斜視の度合を減らして両眼の視軸を平行に近づけるよう、繰りかえし努力することを助言するだろう。両眼の視軸の傾きをわずかながら変更する能力が我々には自然に備わっており、この能力は訓練によってかなり強化されるだろう。

たいてい両眼を自然に用いることで、我々は二つの視軸を恒星に向けることができる。この場合、二つの視軸は平行であるに違いない。また我々は、眼から六インチの距離にある対象に二つの視軸を向けることもできる。この場合、二つの視軸は一五度から二〇度の角度をなすに違いない。さて、若い人々はふざけて斜視することを覚え、かなりの程度まで両眼を意のままに輻輳させたり開散させたりする。それなら、斜視の人が意のままにまっすぐ物を見ることを学ぶのはかなり難しいだろうか。もし、がんばって斜視の度合をわずかでも弱めることができるなら、斜視の人は訓練をつんで斜視を容易に弱めることができるようになり、この能力を日ごとに強化させるだろう。したがって斜視の人が若いときからこの訓練を始め、がまんして続ければ、やがて両眼を直接ひとつの対象に向けるようになるだろう。

斜視の人がこの能力を身につけたなら、斜視でない人々の場合同様、二つの網膜の中心やそのほかの類似した配置にある点が互いに対応するかをしかるべき観察で決定するのは難しくないだろう。

九　さて、斜視の人が右の通りになったとし、両眼の視軸がひとつの対象に向けられたときに、この対象を両眼で単一視すると想定しよう。斜視の人にとって、この能力を得たときに物をまっすぐに見るようになることが重要であろう。なぜなら、そのことで斜視の不具合が矯正されるだけでなく、視覚そのものが改善されるからである。私は、この習慣はほかの習慣同様、訓練をつむことで身につくと思う。斜視の人は、ひとりのときは鏡の前で訓練するとよい。また、仲間と一緒なら、かたわらで観察し、斜視のさいに注意してくれる人たちがいるとよいだろう。

一〇　第九項で想定されたことはまったくの想像ではない。斜視の人々で実際こういう場合があることが次節で明らかになるだろう。そこで次に研究されるべきは、両眼を開けているときに、斜視の人が単眼のみで対象を見つめるのはいったいどうしてなのかである。この問いに答えるには、まず、斜視の人がひとつの対象を見つめるとき、開散する方の眼は鼻側により過ぎ、そのため明瞭な像が得られないのかどうかが観察されるだろう。第二に、開散する方の眼の瞳孔全体またはその一部が上眼瞼で覆われていないかが観察されるだろう。ジュリン博士は斜視の人々でこれらの場合があることを観察し、この人々が単眼のみで対象を見ることの原因だとした。さて第三に、開散する方の眼の方向が、対象の映像が網膜は視神経の入り口に、したがってどんな視覚も生じない場所に描かれるようになっていないかが観察されるだろう。両眼の視軸が鼻から六インチほどのところに輻輳する斜視では、たぶんこのことが生じているだろう。

一一　最後に、斜視の人は、片眼でひとつの対象を見つめるとき、もう片方の開散する眼で明瞭な視覚を得るのかどうかが研究されなければならない。

斜視の人は、片眼を覆ったときはもう片方の開散する眼で字を読むことができるが、両眼を開けているときは開散する方の眼に明瞭な視覚がない、というのはとてもありそうにないと思われるかもしれない。しかし、以下のような考察がしかるべく注目されるなら、たぶんそうは思われないだろう。

そこで申し分ない視覚の人が、頭部への打撲そのほかの事故で恒常的な不随意斜視をわずらってしまったと想定しよう。視覚の法則によれば、この人はひとつの対象を二重視し、互いに離れている二つの対象をひとつにだぶらして見るだろう。だがこの視覚は不便であるだけでなく不愉快でもあるので、彼は極力これを矯正しようとするだろう。そうした窮状を緩和するために、自然はしばしば人に素晴らしい方策を教える。この方策たるや聡明な哲学者といえども発見できないものだろう。すなわち、この人の眼に偶然に生じたあらゆる運動、両眼のあらゆる方向、またはあらゆる順応で、例の害悪を減らすものは、当人にとり好ましいものであろう。したがって、それは何度も繰りかえされることで完全に学ばれることになり、あらかじめ思考したり意図したりせずに習慣となるだろう。さて、片眼の視覚を妨げているのは、もう片眼の視覚である。だから視覚における不愉快な見かけは、もう片眼に光が断たれるなら生じなくなるだろう。こうして、もう片眼の視覚がかすかになり不明瞭になるにつれて、片眼の視覚はますます明瞭になり、好ましいものとなる。したがって、片眼の明瞭な視覚を維持しながら、もう片眼の明瞭な視覚を損なうようなあらゆる習慣が徐々に身につくと期待されよう。もし、もともと片眼がもう片眼より良好だったなら、こうした習慣はかなり促進されるだろう。というのも、この場合、良好な方の眼は見つめることを意図した対象にいつも向けられることになり、この対象を良好でない方の眼でも同時に明瞭に見ることを妨げるようなあらゆる習慣が身につくだろうからである。

以上の場合に身につくだろうと思われる習慣を私は、ひとつふたつ挙げて見ようと思う。たぶんほかにもあるだろうが、我々はそれほど容易には思いつかない。さて第一に、斜視をわずかに増やすか、あるいは減らすかすることで、斜視の人は前項で述べられたいずれかの場合に合致するようになるだろう。第二に、開散する方の眼は順応してかなりの近視になり、その結果、遠くの対象については明瞭な視覚がなくなるだろう。私は、これがとある斜視の人にあてはまることがわかったが、その人の開散する方の眼の近視がオリジナルなものか、それとも習慣によって身についたものなのか、今のところ何とも言えない。

したがって、斜視のためもともと対象を二重視していた人が、ひとつの対象を見つめるとき片眼で見る習慣を身につけることが我々にはわかる。それどころか、この人は、良好な方の眼でひとつの対象を見つめるとき、もう片眼では明瞭な視覚をまったく得ないという習慣を身につけるだろう。とはいえ、私が観察したいくつかの事例ではこの点を決定できなかったので、実際にそうかどうかを私は将来の研究に委ねたい。

これまでの項目で私は、斜視の現象を観察するさいに適切だと思われる手続きを描いてきた。私は自分の経験から、この手続きは理論上の場合の方が実際の場合より容易に思われることをよく知っている。しかもこの手続きを成功裏に実行するには、斜視の人の側に何らかの心構えが必要だが、この条件はいつも満たされるわけではない。しかし、しかるべき機会に斜視の現象を観察しようと思う人々がこの手続きに注意するなら、彼らは、著名な光学の著述家たちが指摘している以上に明確で教訓的な事実を提供できるだろう。そうした事実によって空虚な理論は破壊され、感官中で最も高貴な視覚にかかわる自然法則についての知識は拡大するのである。

第一六節　斜視についての諸々の事実

想定上の斜視現象を左右の網膜の対応点との関連で考察したので、次に私がみずから観察したり、またほかの著述家の文献に見いだしたりした諸々の事実のうち、斜視を解明してくれそうなものについて述べることにしよう。

斜視の人々を二〇人以上調べたところ、全員片眼の視覚に欠損があった。四人では、視力の弱い方の眼は、もう片眼が覆われた場合に字が読める程度の見え具合だった。残りは、単眼では何も明瞭に見ることができなかった。

これは斜視の人々では一般的だとポーターフィールド博士は言う。私もこれは普通に想像される以上に一般的ではないかと思う。ジュリン博士が斜視について著した思慮にあふれた論考がスミス博士の『光学の体系』に収録されているが、この論考の中でジュリン博士は、斜視で両眼視する人々は同じ対象を決して同時には見ないと観察している。すなわち、片眼がまっすぐ対象に向けられるともう片眼は鼻側にかなりよってしまうため、その網膜に描かれる像は非常に変形して不明瞭になってしまい、対象がまったく見えなくなる。斜視のひとたちの何人かで彼は、片眼が対象に向けられているあいだ、開散する方の眼が上眼瞼に覆われてしまうのを観察した。これらの観察から彼は、「この眼には、物をもっとよく見ようというより、むしろ可能なかぎり物を見ることを避けようとする欠陥がある」と結論した。観察されたすべての事実から彼は、斜視の眼の構造には何もおかしいところはなく、障害はただ斜視の眼の誤った方向にだけあり、この方向は習慣によって獲得されたのだと確信した。したがって彼は、我々が前節第八項と第九項で記述した治療法を提案している。彼の語るところでは、とある若い紳士にこの治療法が試みられ、成功の見込みがあったが、この紳士が天然痘にかかって死んでしまったため治療は中断されてしまった。

治療中に若者は両眼の視軸を同じ対象に向けるようになったのか、またもしそうだとしたなら、若者は両眼で対象を単一視したのかどうか、ジュリン博士にはこれらを教えて欲しかった。同様に、斜視が減少したとき若者は対象を二重視したのかどうか、これもジュリン博士に教えて欲しかった。しかし、これらの事実についてジュリン博士は何も語らない。

かねてから私は、望みのかなわぬままジュリン博士の治療法を試みる機会を得たいと思ってきた。これまで、患者を診察すると片眼の視覚にいつも重大な欠損が発見され、治療の試みを断念しなければならなかったからである。しかし、最近私は三人の若い紳士たちを見いだした。彼らがこの治療法を忍耐強く用いるなら、成功の希望が持てそうである。二人は兄弟で、私が診察する以前に彼らの教官の指導でこの方法を実践しており、兄の方は注意を怠らなければまっすぐ物を見ることができるまでになっていた。弟の方も両眼をひとつの対象に向けることができるが、彼の両眼はすぐにもとの斜視にもどってしまう。

三番目の紳士は、この治療法は初めてだったが、数日の訓練で両眼をひとつの対象に向けることができるようになったものの、それを長く維持することはできなかった。これら三人に共通することは、両眼がひとつの対象に向けられるとその対象とそれに隣接する対象をそれぞれ単一視するが、斜視になると対象をときに単一視し、ときに二重視するという点である。彼ら三人で私が観察したのは、彼らの斜視が最たるとき、すなわち彼らが習慣としてきた具合に斜視した場合、両眼の視軸が鼻から五または六インチのところに輻輳することだった。おそらくこの場合、開散する眼の中で対象の映像は網膜上視神経の入り口のところにあたり、したがって対象はこの眼では見られないのだろう。

三人とも片眼の視覚に何らかの欠損があったが、私が彼らにこの点を試させるまでは、誰ひとりとしてそのことを知らなかった。彼らが斜視するとよい方の眼はいつも対象に向けられ、よくない方の眼はこの対象の方向から開散してしまう。しかし、よい方の眼が覆われると、よくない方の眼が対象に直接向けられる。片眼の視覚のこの欠損は、彼らが斜視だったときならそうだったに違いないように、この眼が長いあいだ使われなかったことの結果なのか、それともこの眼にもとからあった異常がそもそも斜視を引き起こしていたのか、これらはやがて解明されるだろう。兄弟二人は、よい方の眼を覆いながらよくない方の眼で物を読むことで、よくない方の眼が改善した。兄はよくない方の眼で普通の活字が読める。弟は、三番目の紳士同様、よくない方の眼で大きな活字だけが読める。斜視だがよくない方の眼で大きな活字なら読めるというのは、私は例の三人以外ではたったひとりしか出会ったことがない。それは若い男性で、その両眼の視力はいずれも虚弱だったが、左眼が右眼よりおとっていた。ひとつの対象を見つめると彼はいつも右眼をこれに向けるが、左眼が鼻側にかなりよるので、両眼で同時に同じ対象を見ることはできない。右眼が覆われると、彼は左眼を直接対象に向ける。しかし、この対象は彼には不明瞭にしか見えず、対象の周りにまるでかすみがかかったかのようである。

この若者の両眼それぞれの視軸方向にある二つの対象が、故意に斜視する人たちの場合同様、ひとつにだぶって見えるかどうかを発見するため、私はいくつもの実験を行ったが、そのいくつかでは創意にあふれたひとりの医者に協力してもらった。よくない方の眼の視軸方向にある対象として、八または一〇フィートの距離にあかりのともったロウソクがおかれた。もう片眼の前には例の若者が判読できる距離に活字の印刷された本がおかれた。彼は、本を読むあいだ、ロウソクはとてもかすかにしか見えないと言った。我々が学ぶことのできたかぎりでは、二つの対象はひとつの場所には見えず、実際の通りの角距離に見えた。

もしその通りだとしたなら、この若者の両眼の対応点はほかの人々の場合と同様の配置にはなく、もし彼が両眼をひとつの対象に向けたならこの対象を二重視しただろう、という結論が下されるだろう。しかし、この若者がこの種の観察にそれまで不慣れだったこと、また彼の片眼の視力にかなりの欠損があることを考慮すれば、私は右の一例だけから確実にこの結論が下されると言うつもりはない。

以上の事実から結論されるのは、四人の斜視する人々のうち三人では、彼らの両眼の構造に不自然さはないと思われる、ということである。左右の網膜それぞれの中心と中心に対して類似した配置にある点は、斜視でない人々の場合同様、たしかに対応している。したがってこの三人が両眼をひとつの対象に向ける習慣を身につけるようになったなら、斜視の不具合を除去するだけでなく視力も改善するだろう。四番目の人の場合事情はよくなく、彼の両眼の対応点には自然の通例から逸脱した配置が見られなくもない。

第一七節　両眼単一視における習慣の効果について

第一三節で語られた単一視および二重視の現象から、両眼による対象の単一視は次の二つにもとづくと思われる。すなわち第一に、我々がしばしば記述してきたように左右の網膜における諸々の点が互いに対応すること、第二に、両眼が正確に対象に向けられることで、対象の二つの像がそれぞれ左右の網膜の対応点に描かれることである。両眼で対象を単一視するには、この二つがともに生じなければならない。そこでこの二つがさらに習慣にもとづくならば、そのかぎり単一視もまた習慣にもとづくことになる。

まず対象に向けられた両眼の正確な方向だが、私はそれが習慣によってのみ学ばれることが認められなければならないと思う。賢明にも自然は、左右の視軸がいつもほぼ平行になるよう両眼が動くようにした。しかし、我々が見つめる対象までの距離に応じて視軸の傾きを若干変更することは、我々にまかされている。この能力がなければ特定の距離でしか対象は単一視されず、多かれ少なかれ距離が異なれば対象はいつも二重視されてしまうだろう。我々にこの能力を与えた自然の英知は明らかであり、能力の有効範囲が合目的な点でも自然の英知は明らかである。

したがって一般に両眼の平行運動は自然の所産である。しかし、対象までの距離に応じて変更される必要のある、両眼の的確で正確な方向は習慣の結果である。つまり視軸の傾きを若干変更するのに自然が我々にゆだねた能力が、対象までの距離に応じた傾きを両眼の視軸に与える習慣に転じるのである。

しかし、なぜこの習慣が生じるのかと問われるだろう。この問いに対するただひとつの答えは、この習慣は申し分なく明瞭な視覚に必要だということである。片眼の視力を失った人はしばしば、その眼を彼が見つめている対象に正確に向ける習慣を失う。この習慣が彼にはもはや役にたたないからである。その眼の視力を回復したなら、役だつことがわかってこの習慣を取りもどすだろう。有益な習慣をどんな目的も意図もなしに獲得することほど見事なことは、ほかの人間本性にはない。子供たちは最初不十分なまま物を見るに違いない。しかし、両眼を用いるうちに最善な仕方で見る方法を学び、意図せずそれに必要な習慣を獲得する。各人が特定の職業や生活様式に最も有益な視覚に熟達するようになる。細密画家や彫刻師は、かなり近くの対象を水夫より巧みに見る。しかし、水夫は、かなり遠くの対象を彼らより巧みに見る。近視の人は遠くの対象を見るとき、眼瞼がほとんど閉じるまで両眼の瞳孔をせばめる習慣を身につける。なぜか。それはほかでもない、このことで彼には対象がもっと明瞭に見えるからである。同様に各人が両眼を正確に対象に向ける習慣を獲得するのは、このことで対象がより申し分なく明瞭に見えるからであるに違いない。

さて、もうひとつ単一視に必要なのは左右の網膜における諸々の点どうしの対応だったが、ではこれは習慣の結果だろうか、それとも人間の両眼のオリジナルな属性だろうか。

これをオリジナルな属性とするひとつの強力な論拠は、たった今言及された、両眼を対象に正確に向けるという習慣だろう。この習慣が身につくのは、それが申し分なく明瞭な視覚に必要だとわかるからである。しかし、なぜこの習慣が必要なのだろうか。ほかでもない、これによって対象の二つの像が対応点に描かれることになるので、両眼が互いに補佐する結果、対象は単眼のときより両眼のときの方がよりよく見られるからである。しかし、両眼が正確な方向に向けられなければ、対象の二つの像は対応しない点に描かれることになり、その結果片眼の視覚がもう片眼の視覚を妨げ、対象は両眼では単眼の場合より不明瞭になってしまう。そこで、左右の網膜における諸々の点のこうした対応は、我々が視覚で身につける習慣に先だっており、したがって自然かつオリジナルであると結論しておかしくない。我々は、単一視をもたらす特定の様式でいつも両眼を対象に向ける習慣を身につけた。さてもし自然が、両眼が特定の様式で対象に向けられたときにだけ単一視が生じるよう決めたのなら、この様式で両眼を対象に向ける習慣の点で人類が一致する理由は明らかだろう。しかし、単一視がかりに習慣の結果だったなら、何であれこれとは別の様式で両眼を対象に向ける習慣でも役だっただろう。しかし、その場合、なぜ現在のこの特定の習慣がこれほど広まっているのか説明できなくなり、両眼で対象を単一視する習慣を、これとは別の様式で両眼が対象に向けられることで身につけた人の例がこれまで見つからなかったというのは、実に奇妙なことと思われるに違いない。

思慮深いスミス博士は彼の卓抜な『光学の体系』の中で我々のとは反対の意見を主張し、その証明にいくつかの推理と事実を提示している。彼は、倒立像で対象を正立視するだけでなく、両眼で対象を単一視することも習慣のせいにする点でバークリー主教に同意している。バークリー主教の議論については第一一節で考察したので、スミス博士がこの主題について述べたことに対していくつか所見を述べることにしたい。なお以下の所見で私は、我々が博士自身の貴重な発見だけでなく、博士の労苦によって忘却のふちから救い出された、今世紀を代表する天才数学者の発見に多くを負っていることに対する敬意の念を表したく思う。

スミス博士は、我々がなぜ両眼で対象を単一視するかという問いは、我々がなぜ両方の耳で音を単一音として聞くかという問いと同種であり、したがって同じ答えが双方に与えられるに違いないと観察している。そこから彼は、後者が習慣の結果であるのと同様、前者も習慣の結果であると推理する。

さて私の考えるところでは、二つの問いは同種ではない。したがって同じ答えが双方に役だつわけではない。さらに、我々が両方の耳で音を単一に聞くことさえ習慣の結果ではない。

二つまたはそれ以上の可視的対象は、申し分なく似ていたり同時に見えたりしても、それらの可視的場所で互いに区別されるだろう。しかし、申し分なく似ていたり同時に聞かれたりしたなら、二つの音は区別できない。音の本性上、それらがもたらす感覚はひとつに溶け合い違いがなくなるからである。したがって、なぜ我々は二つの耳で音を単一に聞くのか問われたなら、私は、それは習慣からではなく、申し分なく似ていて同調している二つの音の場合、互いを区別するものがなくなるからであると答える。しかし、こう答えることは別の問いにもあてはまるだろうか。私は、そうは思わない。

音がそれぞれの耳に刺激をもたらすように、対象はそれぞれの眼に見かけをもたらす。二つの感官はここまでは一致している。しかし、可視的見かけは、互いにほかの点で申し分なく似ていても、場所の違いで区別される。ところが音はこのように区別されない。この点で二つの感官は異なっている。実際もし二つの見かけが同じ可視的場所を占めたなら、それらは音の場合同様、区別できなくなり、我々は対象を単一視する。しかし、同じ可視的場所を占めなければ、二つの見かけは完全に区別でき、我々は対象を二重視する。我々が対象を単一視するのは、両眼が特定の様式で対象に向けられるときだけである。他方両眼の向け方は我々の能力の範囲内で様々あり、そのすべてで我々は対象を二重視する。

スミス博士は、二本の隣接する指を交差させて一個のボタンをはさむと二個に感じられるというよく知られた触覚の錯誤を、正当にも習慣のせいにしている。この現象の原因は二本の指の向かい合った側が通常ひとつの対象に触れるためではなく、同時に二つの異なった対象に触れるために使われるからだとする点で私は彼に同意する。しかし、私はさらに次のことをつけ加えたい。すなわち、習慣のせいでこの現象が生じるのだから、逆の習慣でこの現象は消えることである。なぜなら、私自身経験してわかったように、何度も繰りかえすことで、交差した指でボタンをはさむことに慣れたなら、やがてボタンは一個に感じられるようになるからである。

そこで、習慣で生じたことは不使用なり正反対の習慣なりで解消し、あるいは変化するということを一般的規則と見なしてよいだろう。他方正反対の習慣が長く続いても、ある結果に変化が起こらず、また弱まりもしないなら、そのことはこの結果が習慣によるのではなく、むしろ自然本性によることの有力な論拠になる。私はこれが現在考察中の問いを解決する最善の規則だと考える。したがって私は、スミス博士が左右の網膜の対応点が習慣によって変化したことを証明するために引き合いに出した二つの事実に言及し、そののち両眼の網膜の対応点がオリジナルであり、習慣は少しの変化ももたらさないことを証明すると思われるいくつかの事実を指摘しよう。

スミス博士の事実のひとつはマーティン・フォークス氏を典拠としている。氏は「リン*在住のヘップバーン博士からこう教わった。すなわち、リン近郊クリンチワートン*在住のフォスター師は黒内障で長年盲目だったが、唾液分泌*で視力を回復した。初めて物を見たときすべての対象が二重に見えたが、やがて二つの見かけは徐々にせばまり、やがて単一視するようになり、しかも盲目になる前と同様、明瞭に物が見えるようになった」。

スミス博士が引用するこの事例について、私は第一に、ここで断定されていないこと、すなわちフォスター氏が当初二重視したとき、のちに単一視するようになったときと同じ正確さ、同じ様式で両眼を対象に向けていたことが想定されないかぎり、これは両眼の対応点の変化を証明するものではないと述べておきたい。第二に、もし右のことを想定したなら、二つの見かけが最初なぜ特定の角距離でだけ見えたのか、なぜこの角距離が二つの見かけが一致するまで徐々に減少したのか説明できなくなる。それらの結果はどのようにして習慣によって生じたのだろうか。しかし、第三に、この事例について考えられるあらゆる状況が、フォスター氏が物を見始めたときから両眼の網膜に対応点があり、習慣はこれを少しも変化させなかったと想定することで説明されるだろう。我々はただ、同じ事例でよくあることを想定すればよい。すなわち、何年間か盲目だったため、フォスター氏は両眼をひとつの対象に正確に向ける習慣を失ったが、再び物を見るようになってから徐々にこの習慣を回復したという想定である。

スミス博士が言及している第二の事実は、チェゼルデン氏の『解剖学』*から引用されている。「ある紳士は頭部への打撲で片眼がゆがんでしまったが、そのためにあらゆる対象が二重に見えた。しかし、最も身近なものが徐々に単一に見えるようになり、やがてあらゆる対象が、例のゆがみの回復なしに単一に見えるようになった」

これについて私はまず、例のゆがみの回復なしに二つの見かけが徐々に近づき、最後に一致したとは語られていないことを観察として述べておく。もしそうだったなら、これは左右の網膜の対応点に変化が生じたことの確証になるが、それでもこの変化は習慣で説明できるたぐいのものではない。いずれにせよ、そうした事情は語られておらず、もし観察されていたなら、注目するべき事情なだけに先のヘップバーン博士の場合同様、チェゼルデン氏によって語られていただろう。したがって我々は、二つの見かけの片方は、もう片方に近づくことなく、徐々に消失したのだと見なすことにしよう。私は、これは様々な仕方で生じると思う。第一に、ゆがみをこうむった眼の視力が損傷のために徐々におとろえ、その結果この眼によってもたらされた見かけは徐々に消失するだろう。第二に、第一五節第一〇項から明らかなように、両眼を対象に向ける様式が知覚されずにごくわずか変化しただけで、ゆがみをこうむった眼では対象が見られなくなるかも知れない。第三に、いつも片眼だけを対象に向ける習慣が身につくことで、もう片眼がもたらすかすかで変形した見かけは、それが身近なものとなればほとんど注意されず、その結果知覚されなくなるかも知れない。これらの原因のひとつが生じるか、またはそのいくつかが併発するなら、チェゼルデン氏が言及した結果が生じ、両眼の対応点は変化しないだろう。

以上の理由で、いずれも興味深いものではあるが、スミス博士が言及した二つの事実は決定的なものとは思われない。

次に、スミス博士のとは反対のことを示す事実を挙げる。第一に、一三歳まで両眼に白内障をわずらったのち、チェゼルデン氏によってガラス体転位をほどこされた若い紳士についての有名な事例では、両眼で物を見始めたときから対象を単一視したようである。チェゼルデン氏はこう述べている。「さて、最近もう片眼にもガラス体転位がほどこされたところ、彼は、最初この眼で対象が大きく見えたが、それでも片眼に最初見えたほどの大きさではないと言う。そして、両眼で同じ対象を見たところ、彼が思うのには、対象は最初にガラス体転位がほどこされた眼だけで見たときの約二倍の大きさに見えたが、それでも二重に見えたのではなかった。いずれにせよ我々が発見できるのはこういうことである」

第二に、前節で言及された三人の若い紳士たちであるが、私が知るかぎり、彼らは幼児期以来斜視だったが、両眼をひとつの対象に向けることを学ぶとすぐに対象を単一視した。この四つの事例では、左右の網膜の中心はオリジナルに対応しており、この対応が習慣以前に生じていたのは明らかだと思われる。というのも、チェゼルデン氏の場合での若い紳士は、ガラス体転位をほどこされるまではそもそも物を見ることに慣れていなかったし、例の三人の若い紳士は、両眼の視軸を対象に向けることに慣れていなかったからである。

第三に、第一三節で語られた事実から、我々が単一視および二重視の現象をみずから観察できるようになって以降、習慣がこれらの現象に少しの変化ももたらしていないことは明らかである。

私は三〇年来そうした観察を楽しんできた。最初に対象を二重視したすべての場合で、実際対象はひとつであることをたえず経験したにもかかわらず、今にいたるまで二重視している。また対象が二つであるとわかっている別の場合では、何千回もの実験をへても単一にしか見えない。

生涯ずっと多面鏡を通して身近な対象を見つめても、可視的見かけの数は最初に見たときと同じままだろう。それどころか、何度実験しても、あるいはどれほど時間をかけても、可視的見かけは少しも変化しない。

習慣で生じた結果は、習慣が身についた行為の頻度に応じて変化するに違いない。しかし、単一視および二重視の現象はあらゆる人々で変化がなく一様であり、また数学的規則によって正確に維持されているので、これらの現象は習慣の結果ではなく、自然の確固不動な法則の結果であると結論するのは、私には当然のことだと思う。

第一八節　単一視および二重視にかんするポーターフィールド博士の説明について

バークリー主教とスミス博士は視覚においてあまりに多くを習慣のせいにしたが、ポーターフィールド博士が習慣に帰するのはあまりに少ない。

この独創的な著述家は、本性上オリジナルな法則によって我々は、習慣と経験に先だち、可視的対象をその方向だけでなく、そこまでの距離の点でも真の場所に知覚すると考える。したがって彼は、我々が両眼で対象を単一視することも次のように説明する。すなわち、対象を真の場所に知覚する能力が片眼ずつにあるので、両眼でも対象を同じ場所に知覚するに違いない。つまり我々は対象を単一視するに違いない。

彼は、この原理は両眼による対象の単一視を説明するが、対象の二重視をまったく説明しないことに気づいている。ほかの光学の著述家たちが我々に両眼があることを二重視の十分な原因とし、むしろ単一視の原因を決定するのは難しいと考えるのに対し、ポーターフィールド博士の原理では、難しさはこれとは逆になっている。

そこで彼は、二重視の現象を説明するためほかの原理を提出するが、この原理が我々の本性上オリジナルな法則なのか、それとも習慣の結果なのかを明らかにしていない。その原理は、単眼から対象までの距離の自然的知覚は視野にあるすべての対象ではなく、ただ我々が正面に見つめる対象のみにかぎられる、というものである。そこで我々が正面に見つめる対象のまわりにある諸々の対象は、実際はどうであれ、我々が正面に見つめる対象と同じ距離に見られる。それはこれらの対象が単眼を中心にした球の表面にあるかのようである。

こうして単一視は、正面に見つめる対象までの真の距離を我々が現に見るということで説明され、二重視は我々が正面に見つめていない対象までの距離の誤った見かけによって説明される。

自然かつオリジナルな原理によって可視的対象が特定の視方向に見られる、という点で我々はこの学識があり独創的な著述家に同意し、このことの発見者として敬意をはらう。だが、彼が単一視および二重視を説明する原理のいずれにも我々は同意することができない。それは以下の理由からである。

一　対象までの距離を我々が自然かつオリジナルに知覚するというのは、十分に確かめられた事実に反するように思われる。チェゼルデン氏によってガラス体転位をほどこされた若い紳士は、物を見始めた当初、まるで彼が触るものが手に触れるように、見たものが眼に触れるのだと想像した。

二　対象までの距離の知覚は、自然的であれ習慣によるのであれ、単一視が生じるのに必要なほど正確でも明確でもない。針のようなごく小さな対象までの距離の場合で、この距離の二〇または三〇分の一という誤差なら、ポーターフィールド博士の仮説では、針は二重に見えるだろう。このような正確さで可視的対象までの距離を判定できる者はほとんどいない。しかし、対象までの距離を間違えた結果二重視が生じる例を、我々は決して見いだすことがない。裸眼でさえ、対象までの距離を実際のおよそ半分と間違ってしまう場合が多くある。なのになぜ我々はこの対象を単一視するのだろうか。眼鏡を両眼の位置から二、三フィートの距離にある小さな対象の方へ動かすと、この対象は実際のおよそ半分の距離にあるかのように見える。しかし、この見かけの距離でも、裸眼で真の距離に見るとき同様、対象は単一視される。また両眼にきちんとあった双眼鏡で見るなら、対象は一五倍または二〇倍も近くに見えるのに、我々は対象を単一視する。したがって例の仮説では、対象までの距離は単一視のために正確に見えなければならないが、そうした事例は少しも存在しない。このことは単一視について与えられた説明に反する決定的な論拠になると思われる。同様に、対象までの距離が誤って判断されたり、この距離の誤った見かけがもたらされても、二重視は生じないことがわかる。このことは二重視について与えられた説明に反する決定的な論拠になるように思われる。

三　対象までの直線距離の知覚はまったく経験の結果であるように思われる。このことはバークリー主教とスミス博士によって証明されたと私は考える。あとで視覚による距離判断の諸々の手段を指摘することになったとき、*それらがすべて経験によって与えられることがわかるだろう。

四　我々の本性の法則によって対象の方向だけでなく、対象までの距離もきわめて正確に知覚されると想定しよう。しかし、この想定からは、我々が対象を単一視することは帰結しないだろう。両眼の対象は同じ場所にあって二つでなくひとつであるかどうか、という問題を解決するのにこの自然法則がどんな手段を提供するかを考察しよう。

そこで二本の直線を想定しよう。一本は片眼の中心からその対象に向かって、もう一本はもう片眼の中心からその対象に向かってそれぞれ延びている。例の自然法則によってこれらの直線の方向あるいは位置と長さが決まる。あの自然法則が与えるのはこれだけである。さてこれらは幾何学的与件であり、そこで我々はこれらの与件で何が決定されるかを幾何学から学べるかも知れない。それでは、これらの与件で二本の直線が同じ点で終わるかどうか決定されるだろうか。否である。これを決定するには、我々はさらに三つの与件を必要とする。まず我々は、二本の直線が同じ平面上にあることを知らなければならない。次に、二本の直線が互いにどんな角度をなすかを知らなければならない。最後に、両眼それぞれの中心のあいだの距離を知らなければならない。これら三つの与件が知られたなら、三角法の規則を用いて、両眼の対象が同じ場所にあるのかどうか、つまり対象が二つなのかひとつなのか決定しなければならない。

五　対象までの距離の誤った見かけが二重視を説明するというが、そのような見かけは習慣の結果ではありえない。経験はいつもそれに反しているからである。またそれには自然法則の特徴がない。なぜならそれは視覚の目的にかなっておらず、せいぜい我々をだますことにしか役だっていないからである。そもそもしかし、見かけがどうなっているかを問うのになぜ我々は論拠を求めるのだろうか。問いは、対象は今私の眼に対しどの距離に見えるか、対象はまるで眼を中心とした球の表面にあるかのようにすべて同じ距離に見えるか、である。各人きっと答えを知っているだろう。各人自分の両眼の証言に注意をはらいさえすれば、可視的対象が自分にどう見えるかを哲学者に尋ねる必要などない。私が天空にあるとある星を見上げると、同時に見えるほかの星々はちょうど今述べたように見えるではないか。だがこの現象はポーターフィールド博士の仮説を支持するわけではない。なぜなら星や天体は、斜めに見たとき同様、正面に見たときも真の距離には見えないからである。かりにこの現象がポーターフィールド博士の第二の原理にとってひとつの論拠になっても、第一の原理にとっては致命的に違いない。

右の現象にかんする真の原因*はあとで述べられるだろう。そこでこの現象をひとまずおき、別の事例を持ち出してみよう。自分の部屋にいて私は両眼をドアに向ける。ドアは約一六フィートの距離に見える。私には同時に床、じゅうたん、書き物机、紙、インク壷、ロウソクなどほかの対象がかすかに変形して見えている。さて、これらほかの対象はすべて一六フィートの距離に見えるだろうか。じっくり注意してみるに、否である。

第一九節　同じ問題を巡るブリッグズ博士の理論とアイザック・ニュートン卿の推測について

筆者同様、読者も単一視および二重視にうんざりしているのではないだろうか。名だたる著述家たちによって提出された多くの理論、光学上十分な手腕を欠いたまま観察され、最も肝心な決定的状況に気を配ることなく物語られた多くの事実、これらが等しくこの主題を複雑にしてきた。

この主題に決着をつけるため、私は第一三節で、視覚が申し分ない人々の場合で、単一視および二重視の現象をこれまで以上に十分かつ整然と演繹した。私はこれらの現象をひとつの一般的原理にまでたどったが、それは申し分なく自然な状態にある人間の両眼における視覚法則だと思われた。

第一四節で私は、人間の両眼の構造に見事に適応しているこの視覚法則が、ほかの何種類かの動物では視覚という目的に役だっていないことを明らかにした。したがって、この視覚法則はおそらくすべての動物に共通ではないだろう。第一五節および第一六節の意図は、斜視の人々で果たしてこの視覚法則からの逸脱があるかを研究することだった。これは視覚の哲学だけでなく医学においても実際に重要な問いである。しかし、斜視について多くのことが観察され書かれてきたにもかかわらず、しかるべき観察が不足しているため、この問いはまだ解決の機が熟していないと思われる。しかるべき観察に必要な手腕の持ち主たちには観察する機会が不足し、観察する機会のあった人たちは手腕なり配慮なりを欠いた。そこで私は、この問いの解決に必要な観察を明瞭に説明し、観察される事実からどんな帰結が引き出されるかを指摘するのは価値あることだと考えた。同様に私は、光学の著述家たちによる文献の中で出会ったり、私自身が観察したりした事実から最も決定的なものを集め、それらを一望できるようにした。

しかし、それらの事実は、当面の問いに応用するにはまだかなり貧弱であることが認められなければならない。そこで医学部の紳士諸君には、医学の名誉ならびに人類への恩恵からも、是非ともさらなる事実を蓄積することが望まれる。

私が出会ったかぎりでは、ジュリン博士をのぞいて、医学および光学の著述家たちはすべて、斜視の人々は両眼で対象を見るが、しかし、この対象を単一視すると断言するか当然視している。他方ジュリン博士は、斜視の人々は決して両眼で対象を見ず、かりに見たとすれば対象を二重視するだろうと断言している。かりに普通の見解が本当だとすると、斜視の治療は、もともと斜視でない人に恒常的な斜視をもたらす場合同様、患者の視力にとって有害だろう。したがってこの場合どんな医者も治療を試みるべきではないし、どんな患者も治療に服するべきではない。しかし、ジュリン博士の見解がかりに本当だとすると、斜視の若者たちは努力しだいでみずから治療でき、斜視の不具合を取りのぞくだけでなく視力も改善するだろう。かりに普通の見解が本当だとすると、斜視の人々では左右の網膜における中心およびそのほかの点が、斜視でない人々の場合のように対応していず、自然は斜視の人々の場合で普通の規則から逸脱することになる。しかし、ジュリン博士の見解が本当なら、申し分のない両眼に見られたのと同じ視覚の一般的法則が斜視の人々にもおよんでいることになる。

この二つの見解のどちらが本当なのかを決定すること、ある患者たちには一方の見解が、ほかの患者たちには他方の見解があてはまるのかどうかを決定すること、これは推理によるのでは不可能である。ここでは経験と観察だけが我々の導き手である。事例の真偽をただすことだけが合理的論拠である。相反する見解の擁護者たちは、彼らの見解を支持するため明瞭で疑いようのない事例を提出するべきだったろう。しかし、私は、この問いに対するいずれの見解にも、私の出会ったすべての著述家たちでそうした事例を見いださなかった。私は、ジュリン博士の見解を確証するため、みずからの観察から疑問の余地のない三つの事例を提出した。しかし、私の提出したもうひとつの事例はむしろ他方の見解を支持しがちである。だが疑問は残る。そこで私はこの問いをさらなる観察に委ねなければならない。

第一七節で私は、単一視および二重視の現象を解明した左右の網膜における諸々の点の対応と共感が、スミス博士が考えたように、習慣の結果ではないこと、まして習慣によって変化するものではないこと、むしろ人間の両眼の自然かつオリジナルな属性であることを示そうと努めた。そして前節では、左右の網膜における諸々の点の対応と共感が、ポーターフィールド博士の考えたように、対象の真の距離についてのオリジナルかつ自然な知覚のせいではないことを示そうと努めた。以上、読者の集中力の緩和を意図して要約したが、さてもう少し単一視および二重視の問題を巡る理論につき合ってもらえるだろうか。

ブリッグズ博士の理論、それは最初英語で「王立協会紀要」*に発表され、のちにアイザック・ニュートン卿の手紙を序文としてラテン語の『視覚の新理論』で公表されたが、それによれば、左右の網膜の対応点から視床まで伸びる視神経繊維は、同じ長さ同じ強度があって配置も似ているので同じ音調が生じる。したがって光線の刺激によって視神経に生じた振動は、音楽の斉奏に似ており、心に同じひとつの像を提示するだろう。左右の網膜の非対応点から延びている視神経繊維には異なる強度と音調があるので、不調和な振動が生じ心に異なる像が提示される。

私はこの理論をとくに検討しようとは思わない。我々がまったく与り知らない事物にかかわる推測の体系であると述べれば十分である。そのような理論は哲学においては、まともに反論されるよりむしろあざけりの的に似つかわしい。

哲学の黎明から今日にいたるまで、視神経の役割は可視的対象の像を眼底から心まで運ぶことであり、ほかの感覚器官に属する神経もまた同様であると信じられてきた。しかし、我々はどのようにしてこのことを知るのだろうか。推測によるのである。そして我々はこの推測を真のことだと見なし、神経がどのようにしてこの目的にかなうかを考察する。長いあいだ、神経系は水力機関であり、「動物精気」と呼ばれる液体を縦横に送るパイプからなると考えられてきた。しかし、ブリッグズ博士の頃になると、神経はむしろ弦楽器であり、しかるべき強度と音調をもって振動する様々な弦からなるとされた。しかし、なかには、かなり確からしいとして、神経は管楽器であり、神経繊維の弾性的なエーテル*の振動でそれぞれのパートを演奏していると考えたものもいる。

これらが、可感的事物を感覚器官から脳の感覚中枢へ運ぶために、哲学者たちによって神経系についてこしらえられた機関のすべてである。おそらくそれぞれの人が目的に最もよくかなっていると考えられるものを選ぶだろう。というのも、事実と実験からでは、いずれがほかよりすぐれているのかわからないからである。実際これらはすべて像を送るのに手頃とは思えないので、人は自分で新しい機関を発明したくなるだろう。

暗闇であれこれ憶測するのは盲人とて眼の見える人と同様なので、視神経についてもうひとつ別の推測を提起させてもらおう。この推測は我々がすでに言及したもの同様、目的によくかなうし、きわめて単純であることからもうってつけである。例えば視神経は、空洞の管からなっていたならおかしいだろうか。この管には網膜に像を描く光線を取り入れるのに十分広い入り口があり、像をそっと安全にしかるべき順序で魂の座まで運び、魂の面前で像がぱっとたち現れるのだとしよう。空洞の管の口径を光の粒子にうまく調節し、それより粗大な物質が入らないようにするのは、創意にあふれた哲学者には容易である。かりに光線が管の途中で迷うようなら、何か急ごしらえの方策が採られるだろう。というのも、例えば神経系の管に消化管の場合のような蠕動運動を与えればよいからである。

この仮説がとくにすぐれているのは次の点である。あらゆる哲学者たちが事物の形象あるいは像が神経によって魂に送られると信じたが、彼らの仮説のどれひとつとして、どのようにしてこの伝送が行われるかを明らかにしたものはなかった。音、味、匂い、色、形態、そのほかすべての可感的性質の像は、どのようにして楽器の弦の振動、動物精気またはエーテルの波動からなりたつのだろうか。我々は目的にかなわない手段を想定するべきではない。胃が食物を摂取するように、魂も神経によるある種の嚥下で像を摂取すると考えた方が、哲学的でありもっとわかりやすいのではないか。筋肉の運動を説明するなら、脳の感覚中枢から筋肉に役だつ神経の末端にまで伸びる神経管に蠕動運動を与えればよいことを、私はつけ加えておく。

こうして自然は自分自身と一致するだろう。感覚は心にとって理想的な滋養分の伝送であり、筋肉運動は老廃物の排出である。というのも、感覚が伝送した事物の像がしかるべく調理されたのち、筋肉運動によって投棄するほかなくなることをいったい誰が否定しよう。やがてこの仮説が動物精気や神経繊維の振動同様、真に哲学的な体系にまで練り上げられることを望みつつ、私は以上を創意にあふれた人々にただ提案するだけにしておこう。

さてまじめな話にもどることにする。自然界の作用を説明するのに事実によって支持されない哲学者の理論など、眠れる人の夢または狂人のたわ言と同じだと私は考える。大地が支えられていることの説明に巨大な象の仮説を案出し、この象の説明に巨大な亀を案出したインドの哲人*を我々はあざ笑う。率直に真実を語るなら、我々は大地の支持だけでなく神経の作用についてさえほとんど何も知らない。動物精気についての仮説や神経の強度と振動についての仮説は、大地にかんするインドの哲人の仮説と同様である。インドの哲人の象は仮説であり、われらが哲学者の仮説は象である。ただ推測のみによる哲学のあらゆる理論は象である。事実と推測によってそれぞれ部分的に支持された理論はすべて、一方は鉄の、片方は粘土の脚を持つネブカドネザル*の偶像と同様である。

かの偉大なニュートンは事実からの帰結と推測とを区別し、後者だけを提出するときは「疑問」という穏当な形式で述べることで哲学者たちに範をたれた。彼らはこの範に従うべきなのに、それはまれにしか実行されなかった。ニュートンの処置は正当かつ合法である。しかし、哲学者たちによる推測の売買行為は、密輸であり非合法であると見なされるべきである。ニュートンの推測は実際にはかなり事実にもとづいており、ほかの哲学者たちの独断的な理論より真実らしさを備えている。そこで我々は、『光学』「第一五疑問」で両眼単一視の原因についてニュートンが提出した推測を無視してはならないだろう。

「両眼で見られた対象の形象は、脳に入る前に、左右の視神経が出会うところでひとつになるのではないか。すなわち、左右の視神経におけるそれぞれ右側の繊維がここでひとつになり、頭部は右側の神経を通って脳に入り、左右の視神経におけるそれぞれ左側の繊維がここでひとつになり、頭部は左側の神経を通って脳に入るのではないか。要するに、これら二本の神経は、それらの繊維でただひとつの完全な形象または映像が作られるよう脳で出会うのであり、映像の半分は感覚中枢の右側にあるが、これは両眼の視神経の各右側が、視神経が出会った場所から頭部は右側を通って脳に入ったものに由来し、映像のもう半分は感覚中枢の左側にあり、これは両眼の視神経の各左側が、視神経が出会った場所から頭部は左側を通って脳に入ったものに由来するのではないか。というのも、両眼で同じ方向を見る動物（例えば、人間、犬、羊、牛など）の視神経は、脳に入る前に出会うが、両眼で同じ方向を見ない動物（例えば、魚やカメレオン）の視神経は、もし私の得た情報が正しければ、脳に入る前に出会わないからである」

さて、この疑問をかなり異質な二つの部分に分けさせてもらいたい。すなわちひとつは、純粋に解剖学的な部分であり、もうひとつは可視的対象の形象あるいは映像が感覚中枢に伝送されることにかかわる部分である。

第一の問いは、*左右の網膜の対応点に由来する神経繊維は視神経が出会うところで結合し、そののち結合したまま脳に達するのではないか、つまり右側の視神経は二つの視神経が出会ったのちでは両網膜の右側の繊維からなり、左側の視神経は二つの視神経が出会ったのちでは両網膜の左側の繊維からなるのではないか、である。

これは疑いもなく興味をそそり、かつまた合理的でもある問いである。というのも、解剖学上の根拠からこの問いに肯定的に答えることができたなら、左右の網膜における諸々の点の対応と共感の原因を発見する第一歩となるからである。というのも、我々は視神経に固有の機能が何であるかを知らないが、視神経に生じ、その繊維にそって伝達される何らかの刺激がおそらく視覚に必要だからである。そしてこの刺激の本性が何であれ、二つの視神経繊維がひとつにまとまるなら、いずれかまたは両方の視神経繊維に生じた刺激はおそらく同じ結果をもたらすだろう。解剖学者たちは、身体の二つの部分が同じ神経の分枝によって動かされているなら、それがこの二つの部分に共感があることの十分な理由だと考える。したがって、もし同じ視神経が左右の網膜の対応点にその分枝を送っていることがわかったなら、当然我々はこのことを解剖学における重要な発見と見なすだろう。

だがこの発見はこれまでになされただろうか。私が学ぶことのできたかぎりでは、否であり、たったひとつの人体解剖でもまだ発見されていない。逆にいくつかの人体で正反対のことが発見されたようである。ポーターフィールド博士は我々にヴェサリウス*から詳細な二例を、チェザルピーノ*から一例を引用しているが、それらでは、視神経は通常通り互いに接触したのち、互いの繊維が混合することなく、もと来た側に跳ねかえっている。これらの人体の主はそれぞれ死ぬ前に片眼を失っており、その眼に付随する視神経がかなり縮んでいたので、二つの視神経が接する場所でもう片眼の視神経から容易に区別できた。同じ著者がヴェサリウスから引用しているもうひとつ別の事例は、さらに注目する価値がある。というのも、二つの視神経はまったく触れ合うことがなかったからである。しかし、調べてみると、生前にこの人体の主と最も親しかった人々は、本人が決して視力の欠損を訴えたり、対象を二重視することはなかったという。ディーマーブロック*によれば、アクアペンデンテのファブリキウス*とヴァルヴェルダ*が同じく二つの視神経がまったく触れ合っていない人体に出会ったことがあるという。

これらの観察はアイザック・ニュートン卿があの疑問を述べる以前になされたのだが、果たして彼はこれらの観察を知らなかったのか、それともこれらの観察に何らかの不正確さを疑い、事柄がもっと慎重に検討されることを望んだのか、それははっきりしない。もっとも非常に正確なウィンスロー*の次の文章によれば、のちの観察が彼の推測に有利だったとも思われない。「それぞれ角状の部分が湾曲することで形成される視神経の合体は、人体の場合には分離するのが難しい。この合体はたいていたいへん密であるが、ただ強く固着しているだけの場合もあり、また繊維の交叉または横断による場合もある。後者の場合、二つの視神経繊維は別々だった。また中には、片方の視神経繊維はその全経路で規模と色が変化しているのに、もう片方の視神経繊維は自然な状態のままだったという例もある」

アイザック・ニュートン卿の推測そのものを考察するなら、この主題について提出されたどんな推測よりも独創的であり、真実らしさを持っているように思われる。この推測を研究課題としてのみ提出した著者の慎重さと控え目な態度を我々は賞賛する。しかし、この推測を解剖学者たちによる相反する観察と比較するなら、我々はおのずと次の反省に導かれる。すなわち、自然の作用を説明するさいに偉大な天才の推測を信頼したなら、我々は何か独創的な仕方で道を誤るほかなくなるのではないかという反省である。

「疑問」の第二の部分は、両眼で見られた対象の二つの形象は、視神経が出会うところで合体してひとつの形象または映像になり、その半分がそののち右側の視神経によって、また残りの半分が左側の視神経によって、それぞれ感覚中枢に送られ、そこで再びひとつの形象または映像になるのではないか、というものである。

以前のようにここでも、視神経によるのであれほかのどんな神経によるのであれ、対象の映像が感覚中枢に送られると信じる理由があるかと問われるように思われる。ひょっとするとこの偉大な哲学者は、いささか才能のおとる多くの哲学者たちと同様、もともと教育によってこの見解に導かれ、これを疑問視することなど思いもよらなかったために、そののちもこの見解を抱き続けたのではないだろうか。私自身人生の大部分そうだったことをここに告白する。* しかし、この見解を信じるのにどのような理由があるかをたまたま真剣に考えるようになってから、私にはその理由がまったく見つからなくなった。この見解は、インドの哲人の象同様、単なる仮説であるように思われる。私は自分の胃同様、感覚中枢などで外的対象のどのような映像も意識していない。私が感官によって知覚する事物は外的であるように思われ、脳にあるとは思われない。私の感覚は本来外的対象とは少しも類似していない。

さて七節にも渡って両眼単一視について述べられてきたことから、以下のように結論される。すなわち人間の両眼のオリジナルな属性によって、左右の網膜の中心、あるいは中心に対して類似した配置にある点にその映像が描かれる対象は同じ可視的場所に見える。両眼のこの属性を説明するための非常にもっともらしい試みはすべて成功していない。したがってこの属性は我々の本性の第一法則であるか、またはまだ発見されていない何らかのより一般的な法則からの帰結であることになる。

眼に対する事物の可視的見かけ、そして、この見かけを提示する我々の本性の法則、この双方について語ろうと意図したことを今や我々は語り終えた。しかし、この章の最初で、対象の可視的見かけは、その距離、大きさ、形態、およびほかの可触的性質の記号だと観察されたのだった。可視的見かけとは、これまでに説明されてきた我々の本性の法則にしたがって自然が心に提示するもののことである。記号であるこの見かけが意味表示する事物とは、習慣が心に提示するもののことである。

慣れ親しんだ言語で語りかけられたとき、我々は何かしらの音を聞いている。それが、話し手の談話が自然によって我々にもたらす結果のすべてである。しかし、我々は習慣によってそれらの音の意味を理解する。したがって、我々は注意を音ではなく、音が意味表示する事物に向ける。同様に、我々は自然によって対象の可視的見かけのみを見る。しかし、習慣によってその見かけを解釈しその意味を理解する。この視覚言語が学ばれ慣れ親しまれたなら、我々は意味表示された事物にしか注意を向けなくなり、事物が提示される記号に注意を向けることは非常に難しくなる。心は一方から他方へすばやくかつ無理なく経過するので、記号は記憶に足跡を残さない。そこで我々はどのような記号の媒介もなく直接、意味表示された事物を知覚するように思う。

窓の外にたっているリンゴの木を見ると、私は一度にひと目でそこまでの距離とその大きさ、その幹の粗さ、その枝の様子、その葉や果実の形態を知覚する。まるでそれらの事物を直接知覚するようである。しかし、それらを心に提示する可視的見かけは、私の注意を完全にまぬがれた。たとえその見かけが私の眼前にあったとしても、それに注意を向けることは、多大な困難と骨の折れる抽象力なくしては私には不可能である。にもかかわらず、たしかに自然によってこの可視的見かけだけが私の眼に提示され、それから残りのすべてを推測することを、私は習慣によって学んだのである。以前に見たことがなかったなら、今私はこの木までの距離なりほかの可触的形態なりのいずれも知覚することはないだろう。そして自然が私の両眼を通じて与えたオリジナルな知覚を今や習慣から得る知覚に変えるには、見ることの訓練が何箇月も必要となっただろう。

以前に観察されたように、我々が自然かつオリジナルに見る対象には長さと幅しかなく、これには厚みも対象までの距離もない。習慣がまるである種の手品によって、視覚のこのオリジナルでしかるべき対象を徐々にたち去らせ、そのかわりに長さ、幅、厚み、距離のある触覚の対象を登場させる。ではどのようにしてこの変化が生じるのか、そのさい人間の心のどのような原理が働いているのか。我々はこれらを次に考察しよう。

第二〇節　知覚一般について

感覚と感官による外的対象の知覚とは、本性上非常に異なっているにもかかわらず、たいてい同じことだと考えられている。日常生活ではそれらを区別する必要は生じない。さらに哲学者たちに受容された見解はむしろそれらを混同しがちである。しかし、この区別に慎重な注意を向けなければ、感官の様々な働きについて適正な概念を持つことは不可能である。心の最も単純な働きは論理的定義を許容しない。我々にできることは、この働きを意識している人々が注意し反省できるように、それを記述することだけである。しかし、この意図にかなうようこの働きを記述することは、しばしば非常に難しい。

同じ表現様式が感覚と知覚を意味するのに用いられる。したがって我々は、それらが同じ本性のものであると見なしがちである。「私は痛みを感じる」「私は木を見る」前者は感覚を意味し、後者は知覚を意味する。二つの表現における文法上の分析は同じである。二つとも動作動詞と目的語を含むからである。しかし、これらの表現が意味表示することに注意を向けるなら、前者では活動とその対象の区別が本物ではなく文法上のものであるのに対し、後者ではこの区別が文法上のものだけでなく本物でもあることがわかるだろう。

「私は痛みを感じる」という表現形式は、感じることが感じられた痛みとは何か別であることを含意すると思われるかもしれない。しかし、実際にはまったく区別はないのである。「思案を巡らす」ということがたかだか「考える」ことを意味する表現であるのと同様、「痛みを感じる」というのは「痛い」ことを表示している。痛みについて我々が述べたことはそのほかの感覚にも適用できる。しかし、我々の感覚のほとんどが名称を持たないので、ほかの例を挙げるのは難しい。また名称を持っていても、それは感覚および感覚と連合する何かほかの事物とに共通だったりする。しかし、この感覚そのものに注意を向け、想像がそれと結合するほかの事物から分離すれば、この感覚は感覚する心以外に存在できない何か、つまりそれを感じる心の活動から区別できない何かだと思われるだろう。

我々が理解する意味での知覚では、対象はそれを知覚する心の活動とはいつも異なっている。すなわち対象は知覚されるされないに関係なく存在する。私は窓の向こうにたっている一本の木を知覚する。この場合知覚される対象とそれを知覚する心の活動があるが、それら二つは区別できるだけでなく、本性上あまりにも違っている。対象は幹、枝、葉からなる。しかし、対象を知覚する心の活動には幹も枝も葉もない。私は自分の心の活動を意識し、これを反省することもできる。しかし、この活動は分析するにはあまりに単純であり、私にはこの活動を記述するのに適当な言葉が見つからない。私は木の記憶や木の想像以外、この活動に類似するものを見いださない。しかし、それらも本質的に知覚から区別される。記憶と想像も同様に互いに違っている。哲学者たちが、木の想像、木の記憶、木の知覚はひとつであり、活気の程度の違いしかないと請け合ってもむだである。私はそうではないことを知っている。というのも、私はこれら三つについて、自宅の間取り同様、よく熟知しているからである。私はまた、とある対象の知覚がその形態の概念とその現時点での存在についての信念を含意することを知っている。さらにこの信念が何らかの論証や推理の結果でないことも知っている。すなわちこれは私の本性がもたらす直接の結果である。

私は、知覚の信念が懐疑主義の最強砲火にさらされているのを知っている。しかし、この砲火はこの信念にどんな影響も与えない。懐疑主義者は私に「なぜ知覚された外的対象の存在を信じるのか」と尋ねる。私は答える。

「この信念は自分が製造したものではない。その製造元は自然である。これには自然の像と銘が刻まれている。純正でなくても、責任は私にはない。私は疑念なしにこれを信用したのだ」。これに対し懐疑主義者は「理性だけが真理の審判であり、理性にもとづかないあらゆる見解と信念を捨てるべきだ」と言う。私は問いかえす。「なぜ私は知覚の能力より理性の能力を信じなければならないのか。これらは同じ工房に由来し、同じ職人によって作られたものだ。もし彼がまがい物を私に押しつけたなら、別のまがい物を押しつけない理由があるだろうか」

おそらく懐疑主義者は、知覚を信じるよりむしろ理性を怪しむのに同意するだろう。懐疑主義者は私に言う。「君が認めるように、知覚された対象とそれを知覚する心の活動はまったく異なっているのだから、片方はもう片方なしに存在することになるだろう。なら対象が知覚されることなく存在するように、知覚も対象なしに存在するだろう。あざむかれ惑わされることほど哲学者にして恥じるべきことはない。したがって君は知覚に同意するのを控え、すべてがまやかしかもしれない外的対象の信念をいさぎよくふり捨てるべきだ」。しかし、私は信念を絶対捨てたりしないだろう。冷静な人々なら私の理由を知りたがらないだろうが、私の理由が懐疑主義者に役だつなら、それは次の通りである。

第一に、信念を捨てることなど私にはできないからである。ならなぜ、私はむだな試みをなすべきなのか。月に飛んだり木星や土星を訪れることができれば、それは楽しいことだろう。しかし、自然が重力の法則で今住んでいるこの惑星に私を縛りつけたことがわかれば、私は満足してここに留まり、この惑星の軌道にそって自分が運ばれるのを甘受する。身体があらがいがたく地球によって運ばれるのと同様、私の信念もあらがいがたく知覚によって運ばれる。そして最も偉大な懐疑主義者も同じ状態にあるだろう。激流に逆らって泳ぐ者同様、彼は感官の情報を信じようとしないだろう。ああ！　だがしかし、むだである。あらゆる神経を緊張させ、感官に襲いかかるあらゆる対象や自然と格闘するのはむだである。というのも、結局彼の体力が無益な試みで使い果たされると、彼は俗人たちの信念とともに激流にさらわれて行くからである。

第二に、かりに私にできたとしても、信念を捨てるのは分別あることとは思えない。自然が私をあざむき、まがい物の見かけで私をだますことを意図し、また私がとてつもない巧緻と深遠な論理でこのあざむきを見破ったとしても、分別は私に、できるだけ平静にこの侮辱を甘受し、何か別のことで仕返しが降りかかってこないよう、自然を面と向かって詐欺師と呼んではならないと命ずるだろう。毀損されたことに憤慨して、いったい私は何を得るというのか。「少なくも君は自然が語ることを信じるべきではない」と懐疑主義者は言う。私につけ込む意図が自然にあるなら、この忠告は理にかなっていると思われよう。しかし、その帰結は何か。私は感官を信じないことに決める。私は正面の柱に鼻をぶつけてくじく。汚い犬小屋に足を踏み入れる。そうした賢明かつ理性的な行為を何十となく繰りかえしたあげく、私は捕縛され瘋狂院に送られる。さて私は白状するが、こうした犠牲をはらってまで感官への同意を控えると決意する賢明かつ理性的な哲学者の仲間になるより、自然につけ込まれるばか正直な人々の仲間でいたい。ある人が感官の情報について懐疑主義者であるふりをしながら、ほかの人々同様、危害に会うことを分別から避けているのなら、私としては、彼は偽善者か思い違いをしていると勘ぐらないわけにはいかない。というのも、彼の信念の秤がどちらにも傾かないほど平衡を保っているなら、彼の行動は普通の分別という規則によって導びかれないからである。

第三に、すでに挙げた二つの理由でたぶん十分過ぎるはずだが、私はもうひとつつけ加える。私は、論理学を学んで疑問を抱き始めるまで、人生の大部分、感官を通して自然が教える情報を潜在的に信じてきた。さて過去を振り返ってみて、この信念にだまされていたとは思われない。もしこの信念がなかったなら、私は無数の事故で身を滅ぼしていたに違いない。この信念がなかったなら、今現在、生まれたときより賢明でなかったはずである。しかもこの信念がなかったなら、感官に対する懐疑を示唆する論理学を身につけられなかったはずである。したがって私は、この本能的な信念を自然の最良の贈物だと考える。理性が目覚めないうちにこの信念を私に与え、今でも理性が頼りにならないときにこの信念で私を導いてくれる創造主に私は感謝する。今や私はただ本能からではなく、いわば、その父親的な配慮と好意を経験すれば、誠実で善意な監督者に対して抱くであろうような信用と信頼から自分の感官の指示に従うのである。

この点で私は、創造主に対し、両親や教師に対するのに理にかなうと思われたのと同じ態度で接する。偽りの観念を得るなり自分があざむかれていると考えるなりするはるか以前に、私は両親や教師が語ることを本能的に信じた。あとで振り返ると、彼らは公正かつ誠実な人々であり、私の前途を祝福してくれたことが私にはわかった。信じる理由を知るまで彼らが語ったことを信じなかったなら、私は今日にいたるまでひよこ同然だっただろう。たしかにこの自然的信頼は私が詐欺師にだまされる機会を与えたが、全体としては私にかぎりない便宜をもたらした。したがって私はこの信頼もまた自然のよき贈物のひとつだと考える。そして私は、かつて本能からのみ信頼していた人々に、実際彼らの清廉さと誠実さを目のあたりにしたことを省みて、これからも同様の信頼を抱き続けるのである。

感官による自然の証言と言語による人の証言とは、想像以上に酷似している。両者とも最初は本能から信頼される。やがて成長して理性を使い始めると、だまされた経験によって人の証言への信頼は揺らぎ弱まる。しかし、感官の証言への信頼は、自然の法則の斉一性と恒常性によってむしろ醸成され固められる。

我々には二種類の知覚がある。すなわち自然かつオリジナルな知覚と獲得された知覚であり、後者は経験の産物である。これはリンゴ酒で、あれはブランデーだ、この匂いはリンゴで、あの匂いはオレンジだ、これは雷鳴で、あれは鐘の音だ、馬車が通過し、友の声がする。これらとこれらに類したものは、オリジナル知覚ではなく獲得知覚である。しかし、物体の固さと柔らかさ、延長および形態、そして運動にかかわる触覚の知覚は、獲得知覚ではなくオリジナル知覚である。

すべての感官で、とくに視覚では多くがオリジナル知覚でなく獲得知覚である。視覚によって我々は物体の可視的な形態と色と場所しかオリジナルに知覚しない。そのほか、触覚によって知覚できるほとんどすべてのものを視覚は学習して知覚する。視覚のオリジナル知覚は、そのような獲得知覚の記号としてのみ役だっている。

知覚において対象を提示する記号は、自然が人間に語りかける言語である。それは多くの点で人間が人間に語りかける言語と密接に関係するが、いずれも自然かつオリジナルな部分と習慣によって獲得された部分からなる点はとくにそうである。オリジナルで自然な知覚は、我々が第四章で取り上げた、人間が人間に語りかける自然言語に類似する。獲得知覚は母国語である人為言語に類似する。のちに詳しく説明するように、人為言語は獲得知覚と同じ仕方で習得される。

大人だけでなく子供、阿呆、動物もオリジナルにはなかった多くの知覚を習慣によって得る。ほとんどすべての生業にこの種の知覚の点で独特なものがある。羊飼いは、我々が知人を知るように、彼の群れのあらゆる羊を知っており、一頭一頭ほかの群れから区別できる。肉屋は、屠殺前に見ただけで、牛肉や羊肉の重さと品質がわかる。農夫は積み藁や穀物の山の量をあらかた眼で察する。水夫は洋上遠くにある船の載貨、形態、距離が見てわかる。筆跡通は、当人を眼の前にしたとき同様、知人をその手書き文字で識別する。最後に画家は絵画の中に偉大な先人の様式を識別する。要するに獲得知覚は、仕事に関連した対象の多様性と対象の観察に必要な適性に応じて、人ごとに実に様々である。

知覚は感覚から区別されなければならないだけでなく、推理によって感官対象について得られた知識からも区別されなければならない。すでに観察されたように、知覚にはどんな推理もない。知覚が含意する信念は本能の結果である。しかし、可感的対象については知覚から推理できるものが数多くあり、理性によるそうした帰結はただ知覚されたものから区別されるべきである。月を眺めれば、円形、鎌状、凸性が知覚される。これらは単純知覚で哲学者の場合でも田舎者の場合でも同じである。しかし、月の明るい部分の様々な見かけから、月が実際には球状であることを私は推理する。この結論は単純知覚ではなく、推理によって得られる。単純知覚と知覚から推理された結論との関係は、数学の公理と命題との関係と同じである。同じ量に等しい二つの量は互いに等しいという公理を私は論証できない。同様に、知覚された木が存在することを私は論証できない。しかし、私の本性から、公理の理解にあらがいがたく信念がともなう。私の本性から、木の知覚にあらがいがたく信念がともなう。推理はすべて原理から始まる。数学的推理の第一原理は、数学的公理と定義である。存在にかかわる我々の推理の第一原理は、我々の知覚である。あらゆる種類の推理の第一原理は自然によって我々に与えられており、同じく自然の贈物である理性の能力と同等の権威がある。理性の結論はすべて第一原理にもとづいており、ほかの基礎はない。したがってまったく正当にも、そのような第一原理は理性による審理を軽視し、第一原理に向けられた論理学者の攻撃をあざ笑う。

数学的命題の論証に一連の長い推理が必要なら、これは容易に公理と区別され、両者はとても異なった本性のものと思われるだろう。しかし、中にはきわめて公理に近い数学的命題があり、そのため公理と見なされるのか、それとも命題として論証されるのか区別するのが難しいものがある。同じことが知覚と知覚から引き出される結論にも言える。これらの結論のあるものは知覚から容易に生じ、知覚とたいへん密接に結びついているので、両者の境界を定めるのは難しい。

オリジナルであれ獲得であれ、知覚は推理をまったく含まず、大人、子供、阿呆、動物に共通である。知覚から理性によって導かれたかなり自明な結論はいわゆる「普通の知性」であり、大人は日常これによって阿呆から区別される。知覚から理性によって導かれたかなりかけ離れた結論は自然の様々な領分にかかわるいわゆる「学」であり、農業、医学、機械学、そのほかの自然哲学などがある。手入れが行き届き、多様な最良品種が最もよく繁茂している庭を見たなら、これらの記号から私は庭師の力量と勤勉さをただちに結論する。朝起きしなに隣接する小川の水が畑にあふれているのを知覚した農夫は、前の晩にかなりの量の雨が降ったと結論する。畑の柵が壊され、穀物が踏み倒されているのを知覚したなら、この農夫は自分のかまたは隣人の畜牛の縄が解き放たれたと結論する。馬小屋の戸が壊され、馬が何頭かいなくなっているのを知覚したなら、彼は盗っ人が連れて行ったと結論する。彼はぬかるみに馬の足跡をたどり、盗っ人が逃げた道を発見する。これらは普通の知性の事例であり、知覚とあまりに密接なため両者を区別する境界線をたどるのは難しい。同様に、自然の学は普通の知性とあまりに密接なため、我々には後者がどこで終わり前者がどこから始まるかを識別できない。私は水より軽い物体が水に漂い、水より重い物体が沈むのを知覚する。このことから私は、ある物体が、上の方であれ下の方であれ、水中のその場所にあり続けるなら、その重さは水と同じであると結論する。物体部分が水面より上にあるときだけ静止するなら、物体は水よりも軽い。全体的により多くの部分が水面より上になれば、それだけこの物体は軽いことになる。もし重力がまったくなかったなら、物体は水を押し下げなくなり、完全に水面上にあることになるだろう。こうして人は普通の知性によって、水に浮く物体にかかる特定の重力を判定する規則が得られ、もう少しで流体静力学に導かれる。

自然なり存在なりにかかわる知識のすべては、根、幹、枝からなる一本の木にたとえられる。この知識の木では知覚が根であり、普通の知性が幹、そして様々な学が枝である。

第二一節　知覚における自然の過程について

知覚にはどんな推理もないが、しかし、何らかの方法と手段があり、それらは自然の配剤によって対象とその知覚に介在しなければならない。そしてそれらによって我々の知覚は範囲が決められ、維持されるのである。第一に、対象が感覚器官と接しなければ、それらのあいだに何らかの媒体がなければならない。視覚では光線、聴覚では弾性空気の振動、嗅覚では匂う物体の微細物質がそれぞれ対象から感覚器官まで来なければならない。そうでなければ何も知覚されない。第二に、対象によって直接的にか、または介在する媒体によって感覚器官に何らかの作用または刺激がなければならない。第三に、脳から感覚器官に走る神経が感覚器官へのこの作用によって刺激されなければならない。そして、おそらくこの神経によって脳に何らかの刺激がもたらされるだろう。第四に、感覚器官、神経、脳に対する刺激に感覚が続く。そして最後に、対象の知覚が感覚に続くのである。

こうして対象の知覚は一連の作用の結果である。これらの作用のあるものは身体だけを触発し、ほかのものは心だけを触発する。これらの作用のあるものについて、我々はその本性をほとんど知らない。それらが相互にどう結びついているのか、あるいは、作用全体の結果である知覚にそれらがどのように寄与しているのかについて、我々はまったく知らない。それでも本性上の法則によって我々は、対象を以上の手段によってのみ知覚するのである。

光線、空気の振動、微細物質なしに、あるいは身体器官への刺激なしに、さらには感覚さえともなうことなく外的対象が知覚できる存在者がいるかもしれない。しかし、自然の創造主によって我々は、たとえ外的対象でかこまれていても、それらをまったく知覚しない場合があるように作られている。対象を知覚する能力は何らかの感覚で呼び起こされ、刺激されるのでなければ無活動のままである。それどころか、感覚はいつも待機しているわけではない。というのも、感覚は、対象による感覚器官の何らかの刺激の帰結としてのみ心に生じるからである。

順序からすれば最初に来る身体器官への刺激から始めて、刺激、感覚、知覚の関係を可能なかぎりたどってみよう。だが何としたことか！　この刺激がどんな本性なのか、またこれが心にどのようにして感覚を引き起こすのか我々にはわかっていないのである。

我々は物体どうしが圧力、衝撃、引力、斥力、そのほか未知または無名の手段で作用するのを知っている。だが我々によって知覚されるとき、それらの手段のいずれで対象が感覚器官に、感覚器官が神経に、神経が脳に働きかけるかは我々にはわからないのである。視覚において光線が網膜に、網膜が視神経に、視神経が脳にそれぞれどのように働きかけるかを説明できる人がいるだろうか。誰にもできない。つま先に痛風を感じたなら、身体のその部分に何か異常な刺激があるのが私にはわかる。だがこの刺激はいったいどんな種類のものか。体内の細い管が弾性または非弾性のよぶんな液体で膨張したのだろうか。神経繊維が異常に張りつめたのだろうか。この神経繊維が何らかの力で裂けたのだろうか。何らかの刺激性の体液で腐食したのだろうか。私はこのいずれにも答えることができない。私が感じるのは痛みだけであり、これは身体への刺激ではなく心への刺激である。そしてこの感覚で私が知覚するのは、つま先の何らかの不調がこの痛みを引き起こしていることだけである。しかし、痛みのないときのつま先の自然な状態と組織がわからないのだから、その部分のどんな変化あるいは障害がこの不愉快な感覚を引き起こしているのかは私には少しもわからない。同様に、ほかのあらゆる感覚でも、疑いもなく感覚器官に対する何らかの刺激がある。しかし、それは、我々には本性がわからない刺激である。それはあまりに微細なため、我々の感官では発見できない。我々は少しも真理に近づくことなく無数に推測するだろう。しかし、感覚器官の構造が詳細に理解され、外的対象でどんな結果が引き起こされるのか発見したとしても、この知識は対象の知覚に何も寄与しないだろう。というのも、知覚の様式を知らない人でも、この点に精通した人同様、明瞭に知覚するからである。感覚器官は刺激される必要があるが、そのことが知られる必要はない。自然は知覚の過程のこの部分を、我々の意識あるいは同意を求めずに実行する。

しかし、この過程の次の段階、すなわちいつも身体への刺激に直接ともなう感覚を我々は意識しないではいられない。感じられることは感覚にとっては本質的であり、感覚は我々が感じる通りのものである。感覚に注意する習慣を身につけさえすれば、我々は感覚をくまなく知るだろう。だが、どのようにして心の感覚は身体への刺激によって生じるのか。これについて我々はまったく無知であり、身体が心に、あるいは心が身体にそれぞれどのように働きかけるのかを知る手段はない。両者の本性と属性を考慮するなら、両者は、片方からもう片方を把握する手がかりが見つからないほど違っており、似ていないように思われる。両者のあいだに横たわる深いみぞは我々の知性では越えることができず、相互の対応なり関わりの様式は絶対に未知である。

経験は、身体への何らかの刺激にたえず心の何らかの感覚が生じ、心の何らかの決意にたえず身体の何らかの運動が生じることを教える。しかし、それらをつなげる鎖は我々には見えない。たぶんそれらの結びつきは恣意的であり、創造主の意志のおかげだろう。現在の感覚は、ほかの刺激なりほかの身体器官なりと結びついていたかもしれない。たぶん我々は指で味わい、耳で匂いを嗅ぎ、鼻で音を聞いたかもしれない。たぶん我々は現在のこの感覚と知覚を身体器官への刺激なしに得たかもしれない。

ともあれ、自然が身体への刺激とこれに対応した心の感覚だけを与えたなら、我々は単に感受するだけの存在であり、知覚する存在ではなかったはずである。我々は外的対象についての概念を形成できなかったはずで、ましてその存在についての信念など無理だったはずである。我々の感覚は外的対象に少しも類似しない。それどころか、我々は感覚の存在と外的対象の存在との必然的結びつきを理性によって発見することはできない。

現在の我々の知覚は、もしかするとほかの感覚と結びついていたかもしれない。感覚器官への刺激なり感覚なりなしに外的対象を知覚したかもしれない。最後に指摘すれば、現在のこの知覚は、どんな感覚の介入もなしに感覚器官への刺激と直接結びついていたかもしれない。実は、ひとつの事例では実際そうであるように思われる。すなわち本章第八節で観察されたように、物体の可視的形態の知覚である。

感官による知覚における自然の過程は、したがってある種のドラマであると考えられる。ある事柄は舞台裏で生じ、別の事柄は相つぐ情景において心に対して演じられる。神経と脳への刺激だけでなく、直接接触するなり媒体が介在するなりして対象によって感覚器官にもたらされる刺激もまた舞台裏に属し、心はこれらを目のあたりにすることはない。しかし、ドラマの法則によって、あらゆる刺激には感覚が継起し、感覚は心に提示される最初の情景になる。そしてこれにすぐさま別の情景が続く。すなわち対象の知覚である。

このドラマでは、役者は自然であり、我々は観客である。我々は、感覚器官、神経、脳への様々な刺激がそれぞれ対応する感覚を心に提示するからくりや、それぞれの感覚が対応する知覚を心に提示するからくりについては何も知らない。我々は未知の方法で感覚を吹き込まれ、それに対応する知覚を吹き込まれる。記号から記号が意味表示する事物に移るように、心は感覚から直接に知覚における対象の概念と信念に移るので、我々は感覚を「外的対象の記号」と呼んだ。自然が知覚において感覚に割りあてた機能や感覚と対象の関係を表す適切な言葉がないからである。

記号と記号が意味表示する事物は類似する必要はない。事実どんな感覚も外的対象に類似しない。しかし、我々が記号という手段で事物を知るには二つのことが必要である。第一に、記号と記号が意味表示する事物には真の結びつきが、自然の行程なり人間の意志および取り決めなりであらかじめ確立されていることである。この結びつきが自然の行程で確立されていれば、それは自然記号である。人間の取り決めで確立されていれば、それは人為記号である。こうして煙は火の自然記号であり、とある人の表情は怒りの自然記号である。言葉は、分節音であれ活字であれ、我々の思考と意図の人為記号である。

記号によって事物を知るためのもうひとつの要件は、心に対する記号の出現に、記号が意味表示する事物の概念と信念がともなうことである。そうでなければ記号は理解または解釈されず、したがって本性上どれほど目的にかなっていようと、我々には、記号は存在しないも同然である。

さて、自然記号の出現から意味表示された事物の概念と信念に心が移行するのに三つの方法がある。すなわち、我々の本性のオリジナルな原理、習慣、推理の三つである。

これらのうち第一の方法によってオリジナル知覚が、第二の方法によって獲得知覚が、第三の方法によって自然の行程について理性が発見するすべてがそれぞれ得られる。この研究の第五章ですでに説明されたように、第一の方法によって自然は、触感を手段として、物体の固さと柔らかさ、延長、形態、運動、運動し静止する物体が占める空間を我々に知らせる。そして第二の方法によって自然は、両眼を手段として、オリジナルには触覚のみで知覚される事物のほとんどすべてを我々に知らせる。

オリジナルには触覚のみで知覚される事物の多くを眼で知覚することを我々はどのように学ぶかをもっとよく理

解するには、まず、これらの事物を眼に提示する記号およびこの記号と意味表示された事物との結びつきが指摘され、次に、どのようにしてこの結びつきについての経験が推理も反省もともなわずに習慣を引き起こし、それによって心が記号から意味表示された事物の概念と信念に移行するかが考察されるべきだろう。

視覚で得られる獲得知覚のうち、最も注目するべきは対象までの距離の知覚である。そこで次章では、この知覚が提示される記号をとくに考察し、ほかの獲得知覚で用いられる記号については一般的なことのみ述べることにしよう。

第二二節　我々が対象までの距離の知覚を学ぶ記号について

視覚のオリジナル知覚は獲得知覚を導入する記号であることが前に観察された。しかし、その観察は、まるで同じ目的で用いられる記号がほかにないかのように理解されてはならない。眼には、明瞭な視覚を得るため、対象の遠近に応じて変化しなければならないいくつかの運動がある。対象の距離に対応することが習慣になると、そうした運動はこの距離の記号となる。最初これらの運動は随意で任意なものだった。しかし、自然の意図はこれらの運動で申し分なく明瞭な視覚をもたらすことだから、我々は少しも反省することなく、これらの運動をこの意図にそって調節することを経験から学ぶ。

帆船では風の様々な方向と強さに応じた帆の調整が必要である。この言葉を借りれば、両眼は様々な度合の光と対象までの様々な距離に対する調整をある限度まで必要としている。綱を手繰ったり緩めたりすることで帆船が特定の風に調整されるように、筋肉を収縮したり弛緩したりすることで両眼は特定の対象に調整される。我々が経験によって眼の調整を学ぶように、水夫も経験によって帆船の調整を学ぶ。帆船は人間の技術が自慢できる最も高等な機械であるとはいえ、それを操縦するのに技術と工夫が必要な点で眼におとる。水夫は、帆船を特定の風に合わせるのにどの綱を引き、どの綱を緩めるかがわかっていなければならない。しかし、眼の構造とその運動の原理にはよりすぐれた英知があるので、物を見るのにとくに技術や工夫はいらない。経験で得られる視覚でさえ阿呆でも得られる。眼を対象の距離に合わせるのに、我々はどの筋肉を収縮し、どの筋肉を弛緩させればよいかわかっている必要はない。

しかし、眼を対象の距離に合わせるために実行される運動が意識されることはないが、我々はこの運動に必要な努力を意識している。そしておそらくこの運動に感覚がともなうが、これについて我々は、ほかの感覚同様、あまり注意を向けない。こうして意識してなされた努力なりこの努力に続く感覚なりが、これら努力と感覚を引き起こした対象の距離と結合するようになり、この結合によって努力や感覚は例の距離の記号となる。これについては、以下対象までの距離を我々が学ぶ手段または記号を考察する中でそのいくつかの例に出会うだろう。ポーターフィールド博士の見解では対象までの距離はオリジナルに知覚され、我々の見解では、それは経験のみによるという違いがあるものの、この距離にかかわる例の手段または記号については、以下博士による枚挙に従う*。

一般に、近接の対象がある仕方で眼を触発し、より遠隔の対象がこれとは別の仕方で眼を触発すれば、眼に対するそれら様々な触発が距離の記号となる。したがって眼による距離知覚の手段は、対象が近接、遠隔に応じてどれほど様々な仕方で眼を触発するかを示すことで説明されるだろう。

一　よく知られているように、対象を様々な距離で明瞭に見るには眼の形態が変化しなければならない。自然は我々に、それぞれ別の筋肉を収縮することで、眼を近くの対象なり遠くの対象なりに合わせる能力を与えた。このことが実行される様式と該当する筋肉については、解剖学者たちの見解は一致していない。独創的なジュリン博士が明瞭視覚と不明瞭視覚についての卓越した試論*の中でこの件について最も見込みのある説明を与えているので、読者はこれを参考にされたい。

しかし、眼の形態の変化はどうであれ、若者たちにはたいてい、六、七インチから一五、一六フィートまでの様々な距離にある対象に眼を合わせる能力がある。彼らはこの範囲内ならどんな距離でも申し分なく明瞭な視覚を得る。そこで、この範囲内の特定の距離に眼を合わせるのに意識して用いられる努力がこの距離と結びつくなり連合するなりして、この距離の記号になるのだろう。明瞭視覚の最長距離を越えれば、対象は明瞭に見えないだろう。最もこれは距離の程度による。対象の不明瞭さの程度が、明瞭視覚の最長距離をかなり越えた場合の記号になるかもしれない。

これ以外に可視的対象の距離知覚の手段がなかったなら、識別される最も遠い距離は眼から二〇または三〇フィートを越えず、これを越えると家屋や樹木の頂は雲に接して見えただろう。というのも、この場合区別がないためより遠くの距離の記号には同じ意義しかなく、知覚される距離も同じになるからである。

しかし、より重要な観察は、明瞭視覚の最短距離は、若い頃、つまり我々が眼による距離知覚を学ぶ頃はおよそ六、七インチなので、明瞭に見えるどんな対象も眼から六、七インチ以内には見えないことである。眼から実際は半インチ以上離れていない小さな対象でさえ、我々は人為的に明瞭に見えるようにすることができる。例えば単純顕微鏡を用いたり、紙片に開けたピンホールを通して見た場合である。もしある対象が実際はとても近いのに、いずれかの方法で明瞭になれば、この対象は少なくとも六、七インチは、つまり明瞭視覚の限界内までは離れているように思われる。

この観察は重要である。なぜならそれだけが、単純顕微鏡なりピンホールを覗いた場合なりで対象が拡大視される理由を与えるからである。それはまた、いずれかの方法で対象が拡大視される度合を突きとめるただひとつの手段をも与える。例えば、実際は眼から半インチしか離れていない対象が七インチの距離に見えたなら、倍率は距離に比例して拡大されたことになるだろう。すなわち一四倍になるだろう。

二　両眼をひとつの対象に向けるには、対象の遠近に応じて視軸が大なり小なり傾く必要がある。この傾きは意識されないが、そのための努力は意識される。これによって我々は、単眼だけの順応の場合よりいっそう正確に至近距離を知覚する。このことから、片眼の視力を失った人々が対象の距離について、手の届く範囲でさえ、両眼で見る人々なら容易に避ける間違いを犯しがちなのがわかる。こうした間違いはロウソクを吹き消すとき、糸に針を通すとき、紅茶を注ぐときにしばしば発見される。

あまり遠くない距離で両眼によって絵画が眺められると、その描写は単眼でのみ眺められたときほど自然には見えない。眼をあざむき、実際は同じキャンバス上の断片にすぎない事物を様々な距離に見せることが絵画の意図だが、このまやかしは両眼には単眼ほど容易に効かない。なぜなら、我々は、可視的対象の距離を両眼によって単眼より正確かつ明確に知覚するからである。陰影と浮彫が見事にほどこされていれば、単眼にとって絵画は対象そのものと同様に見えるだろう。しかし、両眼にとっては、そうはいかない。これは画家の欠点ではなく、絵画では避けられない不完全さである。そしてこれは今観察されたように、単眼での対象の距離知覚が両眼の場合より不確かであざむかれやすいからである。

眼に対して画家が狙う心地よいまやかしにとって最大の、ただひとつ除去しがたい障害は、我々が可視的対象までの距離をときに単眼を順応させることで、しかし、大部分は両眼の視軸を傾斜させることで知覚することである。

この知覚が取りのぞかれたなら、絵画は実際完全に眼をあざむき、本物と見間違えられるだろう。そこで、絵画のよさを判定するには、その各部分の距離知覚に必要なこれら二つの手段をできるかぎり排除しなければならない。

この距離知覚を取りのぞくために、絵画の鑑定家たちは実に適切な方法を用いる。彼らは余計な対象が目に留まらないよう、一本の管を覗いて単眼で絵画を眺める。この方法で対象の距離知覚の主要な手段、すなわち両眼視軸の傾斜が完全に排除される。絵画を眺めるこの方法の改善として私は、眼に接する管の口径は非常に小さくあるべきことを推奨したい。絵画をはっきり見るのに十分な明かりがあれば、ピンホールほどならいっそうよい。この提案の理由は、小さな穴を通して対象を見ると、単眼が距離に順応するしないにかかわらず、対象が明瞭に見られるからであり、距離判断の手段としてはもはや光と色しかなく、これらは画家が得意とするところだからである。したがってもし画家がしかるべく仕事をなしとげれば、この方法で絵画はそれが描写した対象と同様に眼を触発するだろう。絵画という芸術の完成である。

可視的対象の距離知覚にかんする二番目の手段は一番目の手段よりも明確で正確だが、それでも限界があり、それを越えては何の役にもたたない。対象に向けられた両眼視軸がほとんど平行なとき、さらに遠くの対象に両眼視軸を向けても新たな努力は少しも意識されず、何ら違った感覚もないために距離知覚がやみ、もっと遠くの対象すべてが眼を同じ仕方で触発して、それらは同距離に知覚されてしまうからである。このため太陽、月、惑星、恒星は、地平線近くにないとき、それぞれ大きな球の凹面にはりついたかのように同じ距離に見られる。天球の表面は、それを越えるとすべての対象が眼を同じ仕方で触発する距離にある。なぜこの天空が、天頂よりも地平線の方でより遠くに見えるかはあとで説明される。

三　遠くになるほど対象の色はかすかになって生彩を欠き、大気のあわい青色を帯びるようになる。さらに対象の細部はより不明瞭になり、輪郭がより不正確になる。画家たちは主にこれらの手段によって、異なる距離にある対象をキャンバス上に描く。対象の大きさの縮小だけでは、褪色や輪郭と細部の不明瞭なしには、対象がかなり遠くに見えるという効果は生じないだろう。もし画家がある人物を同じ作品に描かれた人物たちの一〇分の一に描き、明るい色彩と正確な輪郭と細部を与えたなら、この人物はかなり隔たっては見えず、むしろピグミー族かリリパット人に見えるだろう。

対象の色彩が事前にわかっていれば、その漸進的変化によって対象の距離が、色彩に変化がない場合よりはっきり示される。眼前の尖塔は、至近距離なら石の接合部分がはっきり知覚され、石材の灰色とセメントの白がはっきり区別されるが、遠く離れて眺めると、石の接合部分は不明瞭になり、石材とセメントの色が互いに溶け合い、さらに遠くからだと、石の接合部分はまったく消失せ、色の違いもなくなる。

およそ一二フィート離れたところに花を咲かせてたたずむリンゴの木で、私はその形態、葉と花びらの色、陽光を浴びては影なす葉むらごしに見え隠れする大小の枝を知覚し、木だちのあちこちから空が見え隠れしている。木から徐々に遠ざかると、その形態の見かけが、その色さえも、たえず変化する。まず小さな部分が、やがて大きな部分が徐々に混ざり合う。葉の色、花びらの色、枝の色、そして空の色が徐々に溶け合って、全体の色彩がますます一様になる。様々な色彩のこうした変化はいくつか違った距離に対応しており、全体がもともと一様な色だった場合より正確に距離を示す。

スミス博士はその『光学の体系』で、バークリー主教がイタリアとシチリアで行なった非常に興味深い観察を報告している。主教は、これらの土地では、かなり遠くにある都市や宮殿が実際より数マイル近くに見えたと観察し、賢明にもその原因を、イタリアとシチリアの澄んだ大気がかなり遠くの対象に、彼の故郷であるアイルランドのどんよりした大気のもとでなら、近くの対象にしか見られない明るさと明瞭さをもたらすからだと考えた。イタリアの大気の純粋さは、イタリアの画家たちがオランダの画家たちより空を生き生きと描く理由とされてきた。同じ理由で、遠くの対象を描くとき、彼らは絵に褪色や細部の不明瞭をあまりほどこさないのではないだろうか。

我々は、非常に澄んだ大気のもとでは可視的対象を実際より近くにあり、規模も小さいと考えがちだが、逆に非常に霧の多い大気のもとでは可視的対象を実際より遠くにあり、規模は大きいと考えがちである。濃霧の浜辺を歩きながら、私は約半マイル先に馬上の人のような対象を見る。私の連れは眼がよく、そういう状況で物を見るのにかなり慣れているので、あれはカモメであって馬上の人ではないと断言する。あらためて見てみると、私はすぐに彼の意見に同意し、今やカモメにしか見えず、距離も七、八〇ヤードとしか思われない。見間違いとその訂正はともに突然だったため、我々はこれらを「判断」という名称で呼んだらよいのか、それとも「単なる知覚」という名称で呼んだらよいのか途方にくれる。

名称について争うつもりはないが、最初に見間違ったときとあとで訂正したときとで、私の信念が論拠によるのではなく記号によってもたらされたこと、心が推理によるのでなく習慣によって結論にたどりついたことは明らかである。この心の過程は次のようだったと思われる。まず、対象の可視的見かけに対する霧深い大気の影響を知らないか、または気にとめないと、対象には半マイル離れたときの褪色と輪郭の不明瞭があるように思われ、この可視的見かけが記号となって、私はすぐに対象は半マイル離れていると信じることになる。さて、この距離は可視的大きさをともなうと真の大きさを意味表示し、これは、距離が実際半マイルだと想定すれば、馬上の人の大きさに相違なく、また形態も、輪郭の不明瞭を考慮すると、やはり馬上の人に一致する。こうして錯誤が生まれる。しかし、あれがカモメであることを確信すると、カモメの真の大きさが眼に対する可視的大きさをともなって、すぐに

七、八〇ヤードの距離を示唆し、形態の不明瞭もその原因である大気の霧の多さを示唆するので、記号と意味表示された事物との全連鎖が今や以前よりも強固かつ適切と思われ、半マイルは八〇ヤードまで減り、馬上の人はカモメへと縮む。こうして私は新たに知覚するが、以前はどのように知覚したのか、またその知覚が今はどうなってしまったのかと思う。というのも、この知覚は今や完全に消え失せ、私には取りもどせないからである。

大気の澄み具合や霧の状態から以上のような錯誤をもたらすには、大気は非常に澄んでいるか、非常に霧が多くなければならないことが観察されるべきである。というのも、経験上我々は、大気の様々な状態の中でも、観察することに慣れてふだんから意識しているものだけを考慮するからである。したがって、バークリー主教は、地平線近くで月が大きく見えるのを、大気のかなりの部分を通過するために月の光がかすかになるためだとする誤りを犯した。というのも、我々は極端にかすかな場合と極端に明るい場合のあいだのあらゆる度合で月を見ることに慣れているので、それら明るさの度合いを考慮し、したがって月の見かけがかすかなために月の大きさが増したとは想像しないからである。ちなみに、地平線の月が、隣接する地面や地上の対象の眺めを排除する管で見られると、異常に大きな見かけは失われるのである。

四　我々は対象の距離を、あらかじめその距離と大きさがわかっている別の対象の介在または隣接という手段でしばしば知覚する。私と対象のあいだに野原か土地区画があるのを知覚すれば、それらが対象の距離の記号になるのは明らかである。そうした野原や区画の規模について特定の情報があるわけではないが、それらと既知の野原や区画とに類似点があることがそれらの規模を示唆する。

移動した地面を目測し、視覚による距離判断を過去の経験や情報と比較するのに慣れているので、我々は、地上の対象の距離については、この方法によって、前に言及されたどんな手段よりも正確に判断することを学ぶようになる。高い建物の上におかれた対象は、同じ距離で地面におかれた場合より小さく見える。対象が地面におかれると途中の土地区画がその距離の記号になり、可視的大きさをともなって対象の真の大きさの記号になる。しかし、対象が高いところにおかれるとその距離の記号が取りのぞかれ、我々は、距離以外の事物を記号として、この対象はあまり遠くないと考える。そしてこのあまり遠くない距離ということが、可視的大きさをともなって対象を小さく見せる記号になる。

我々が最初に言及した二つの手段だけを用いたなら、可視的対象は一五〇あるいは二〇〇フィート以上には見えないだろう。というのも、それ以上では、両眼それぞれの順応にせよ両眼視軸の傾斜にせよ、変化が感じられないからである。三番目の手段では、二〇〇あるいは三〇〇フィートを越えると、対象の真の色と形態がわかっていなければ、あいまいで不明確な記号にすぎず、のちに述べる五番目の手段は身近なものか、真の大きさがわかっている対象にのみ有効である。したがって未知の対象が数マイルの距離で地面か地面近くに知覚されるなら、この結論に我々が導かれるのはいつもこの四番目の手段だということになる。

スミス博士は適切にも、地上にあって我々の視野をさえぎる対象までの距離がわかっているため、天空では頂点に近い方より地平線に近い方がより遠くに見えることを観察した。したがって天空の見かけの形態は半球のそれではなく、半球より小さな弧を描いていることになる。同様に太陽や月の直径、あるいは二つの恒星間の距離は、それらが丘陵など地上の対象に近いと、これらの対象が視野に入らない場合より大きく見える。

これらの観察はスミス博士によって十分に説明され確証された。私としては次のことをつけ加えておく。すなわち、可視的地平線がかなり遠くのところで対象によってさえぎられていれば、天空はどの方向にも拡大して見えるということである。もし私が周囲をかこまれた街路か路地から天空を眺めたなら、その大きさは私の周りの建物に比例する。しかし、四方が二〇マイル先で一連の丘陵によってさえぎられた広大な平野から眺めたなら、おそらく新たな天空が現れ、その大きさは創造主の偉大さを示し、あらゆる人間的構築物の面目を失わせる。というのも、崇高な尖塔や贅沢な宮殿はこの天空を前に畏縮し、それらの建造者たちが我々の創造主に匹敵しないように、天空には匹敵しないからである。

五　可視的対象の距離を知覚するもうひとつの手段、すなわち対象の可視的大きさ、または見かけの大きさの縮小が残っている。人間など既知の対象が一〇フィートの距離で自分の眼にどのような形に見えるかを、私は経験から知っている。私はこの可視的形態が、二〇、四〇、一〇〇フィートと遠ざかるのに比例し徐々に縮み、さらにもっと遠ざかるとついには消えてしまうのを知覚する。したがって既知の対象の可視的大きさは特定の距離の記号になり、この距離について概念と信念をもたらすのである。

心のこの過程では、記号は感覚ではない。記号はオリジナル知覚である。我々は、対象の可視的形態と可視的大きさを視覚のオリジナルな能力によって知覚する。しかし、可視的形態は真の形態の記号としてのみ用いられ、可視的大きさは対象までの距離または真の大きさの記号としてのみ用いられる。したがってこれらのオリジナル知覚は、ほかの記号同様、少しの注意も反省もともなわず心を通過する。

既知の対象の距離を知覚するこの最後の手段は、ほかの手段では非常な神秘でしかない、光学におけるかなり奇妙な現象を説明するのに役だつ。大きさのわかっている対象を我々が光学ガラスを通して眺める場合、その距離を決定する手段はこの最後のものしか残されていない。したがって光学ガラスで見られた既知の対象は拡大率に比例して近くに見えたり、縮小率に比例して遠くに見えるに違いない。

これまでに一度も望遠鏡で対象を見たことのない人が、これから使おうとしている望遠鏡が対象を一〇倍に拡大すると聞かされたとしよう。この望遠鏡で六フィートの身長の人間を見たなら、いったい彼は何を期待するだろうか。彼はきっと六〇フィートの巨人を期待しよう。しかし、実際には、そのような巨人は見えない。人間の身長は六フィートにしか、つまり真の大きさにしか見えない。たしかに望遠鏡は、網膜に映じたこの人間の像を一〇倍の倍率で拡大し、その可視的形態を同じ比率で拡大する。そして、ちょうどこの可視的大きさの人間を我々は一〇倍近い場所に見るのに慣れているので、この可視的大きさは、これといつも結びついている距離にある対象についての概念と信念を示唆する。我々は、既知の対象の可視的形態がこのように増大するのを、この対象が近づいたことの結果あるいは記号と考えるのに慣れてきた。我々は、対象のあらゆる可視的大きさに何らか特定の距離を関連づけてきた。したがってどのような可視的大きさも、裸眼によるのであれ光学ガラスによるのであれ、この大きさに対応した距離の概念と信念をもたらす。このために望遠鏡では、既知の対象は拡大して見えず、むしろ眼に近づいて見えるのである。

半インチのところにある対象をピンホールあるいは単純顕微鏡を通して見ると、網膜の対象の映像は拡大せず、ただ明瞭になるだけであり、可視的形態も拡大しない。しかし、対象は眼に対して一二あるいは一四倍遠くに見え、実際よりも何倍も大きく見える。我々が前に言及した望遠鏡は網膜の像と対象の可視的形態を一〇倍拡大するが、それでも対象を大きく見せるわけではなく、むしろ一〇倍近くに見せる。これらの見かけは光学の著述家たちによって長いあいだ観察され、彼らは何とかこれらの原因を光学の原理に見いだそうとしたがむだだった。これらの見かけは、習慣によるが、オリジナルと間違えられやすい知覚によって解明されなければならない。クロイン主教がこの不思議な現象を解き明かすのに適切な鍵を世に提供したが、その応用にさいして、無視できない間違いを犯してしまった。スミス博士がその周到で思慮にあふれた著作『光学の体系』で、光学ガラスで見られた対象の見かけの距離や天空の見かけの大きさにこの鍵を応用し、幸運にも成功をおさめたので、これらの現象の原因についてはもはや少しの疑いもない。

第二三節　そのほかの獲得知覚における記号について

対象までの距離は視覚における最も重要な学習である。これが学習されると、ほかの学習は容易になる。対象までの距離は可視的大きさをともなうと真の大きさの記号になり、対象の各部分までの距離は可視的形態をともなうと真の形態の記号になる。こうして眼の前の球状体を眺めると、様々に彩られた円状のものを私は視覚のオリジナルな能力によって知覚する。可視的形態には対象までの距離、凸性、三次元は含まれず、その長さや広さはインチ、フィート、そのほかの尺度単位では測れない。しかし、対象の各部分までの距離知覚が学ばれたなら、この知覚は可視的形態に凸性と球形をもたらし、以前は二次元だったものに三番目の次元を与える。対象全体までの距離は私にその真の大きさを知覚させる。というのも、一インチや一フィートの長さが特定の距離で眼をどう触発するかの観察に慣れているので、私は眼によって球状体の長さ寸法を知覚し、その直径が一フィート三インチであると確実に断言できるからである。

この章の第七節で、物体の可視的形態は数学的推理によってその物体の真の形態、その物体までの距離、眼に対するその物体の位置から導かれることが明らかにされた。同様に物体の各部分までの距離がわかれば、数学的推理によって可視的形態から真の形態と位置を導くだろう。しかし、後者における導出は、普通の場合には数学的推理によってなされるのではない。そもそもどんな推理にもよらず、ただ習慣によるからである。

対象の色が眼にもたらすオリジナルな見かけは、名称のない感覚である。この感覚は記号としてしか使われず、日常生活では注意の対象にならないからである。しかし、この見かけは状況に応じて様々な事柄を意味表示する。均一な色の布切れで、ある部分には日があたり、別の部分は陰っていたとすると、色の見かけはこれらの部分でかなり違ってくる。それでも我々は、色は同じだと知覚する。つまり我々は、見かけの多様性を明暗の記号と解釈し、実際に色が違うとは解釈しない。しかし、もし眼がだまされ、布切れの二つの部分で明るさの違いを知覚できなかったなら、我々は見かけの多様性を布切れのそれぞれの部分における色の多様性と解釈するだろう。

前と同じ布切れで、陰になった部分の色が日に照らされた部分と同じに見えるほど鮮やかなら、見かけが同じであることは、色の多様性を意味表示すると解釈される。我々は明暗の効果を考慮するからである。

対象の真の色が知られているなら、その見かけは、ある場合には明暗の程度を示し、別の場合には周囲の物体の色が、その光線がこの対象によって反射されることで示される。さらに別の場合には、例の見かけは、前節で観察されたように、対象までの距離または近接を示し、ほかの多くの事柄がこの手段によって心に示唆される。こうして身近な対象が異常な色の見かけで見えるということから、観察者の側の疾患が診断される。私の部屋にある事物の見かけは、空が晴れているか曇っているか、戸外は降雪か黒雨かを示すだろう。イタリアの空の色はオランダの空の色と本当に違っているため、一枚の絵で空の色が画家の母国を示すことが前に観察された。

我々が感官によって得るオリジナル知覚と獲得知覚が人間に対する自然の言語であり、多くの点で人間の言語にたいへん密接に関係していることはすでに観察された。獲得知覚について我々が述べてきたいくつかの例がこの関係を示唆するのであり、人間の言語にしばしばあいまいさがあるのと同様、獲得知覚での自然の言語もあいまいさをまぬがれていない。我々はとくに視覚について、眼に対する同じ見かけが異なった状況のもとでは様々な事柄を示すことを見た。したがって記号の解釈が依存する状況が知られなければ、それらの意味はあいまいなものになるに違いない。そして状況を間違えると、記号の意味も間違えるに違いない。

これはいわゆる「感官の錯誤」の現象すべてにあてはまり、とりわけ「視覚における錯誤」と呼ばれる現象ではそうである。眼に対する事物の見かけは自然の確固とした法則にしたがっている。したがって、正しくは感官の錯誤などない。自然はいつも同じ言語を語り、同じ状況で同じ記号を用いる。しかし、我々は、自然法則なり記号を取り巻く状況なりを無視することで記号の意味を間違えるのである。

光学の原理を知らない人には、プリズム、幻灯機、望遠鏡、顕微鏡を用いた実験は、ほとんどどれも視覚における錯誤をもたらすと思われるだろう。ありきたりの鏡の見かけでさえ、その効果をまったく知らない人にはこのうえなく著しいまやかしと思われるだろう。というのも、本当は後ろにある事物を目前に見たり、数ヤード離れたところに自分自身を見たりすることほど人をかつぐことがほかにあるだろうか。それでも子供でさえ、母国語をまだ話せなくても、これらの見かけによってだまされないことを学ぶ。光学ガラスによってもたらされるほかの驚くべき見かけ同様、これらは視覚の言語の一部であり、光と色にまつわる自然法則がわかる人々には何らまやかしではなく、むしろ明瞭かつ真実な意味を持っている。

第二四節　知覚と人の証言に我々が与える信用との類比について

人間の知識の対象は数かぎりないが、この知識が心に伝わる経路はごくわずかである。中でも感官による外的事物の知覚と人の証言にもとづいて得られる情報は少なからず重要であり、それら二つのあいだ、とくにそれぞれにかかわる心の原理のあいだには目を見張るような類比があるので、さっそくこの二つを考察することにしよう。言語による人の証言同様、感官による自然の証言でも事物は記号によって我々に意味表示され、いずれの場合でも心は、オリジナルな原理なり習慣なりによって、記号から意味表示された事物の概念と信念にいたる。我々は知覚をオリジナルなものと獲得されたものに、言語を自然なものと人為なものにそれぞれ区別した。獲得知覚と人為言語とにはかなりの類比があるが、オリジナル知覚と自然言語とにはさらなる類比がある。

オリジナル知覚の記号は感覚であり、自然は意味表示される事物の多様性に応じて様々な感覚を我々に与えた。自然は、記号と意味表示された事物のあいだに真の結びつきを確立した。自然は我々に記号の解釈を教え、記号は経験以前に意味表示された事物を示唆し、この事物についての信念をもたらす。

自然言語の記号は顔の表情、身体の動作、声の抑揚であり、それらの多様性は意味表示される事物の多様性に対応する。自然は、これらの記号と意味表示された思考および気質のあいだに真の結びつきを確立した。自然は我々にこれらの記号の解釈を教え、記号は意味表示された事物を経験に先だって示唆し、それについての信念をもたらす。

衆目の集まるところでとある人が、とくに善事も悪事も働かず一言も口を利かなくても、優雅に礼儀正しく、またはその反対に、粗野で礼儀に反してふるまうことがあろう。我々は、物体の形態とそのほかの性質を自然がそれらと関連づけた感覚によって知覚するように、彼の気質を表情や行動の自然記号でうかがい知るのである。

人間の表情や行動からなる自然言語の記号は、オリジナル知覚の記号同様、あらゆる気候風土や国々でその意味表示は同じである。そしてそれらを解釈する技能は獲得されるのではなく生得的である。

獲得知覚では、記号は感覚かまたは感覚によって知覚された事物である。記号と意味表示された事物とのあいだの結びつきは自然によって確立されているが、我々はこの結びつきを経験によって発見する。もっともその発見は、オリジナル知覚なり既得の獲得知覚なりの助けなしでは不可能であるが。この結びつきが発見されたなら、オリジナル知覚の場合同様、記号はいつも意味表示された事物を示唆し、それについての信念をもたらす。

人為言語では、記号は分節音であり、意味表示された事物との結びつきは人間の意志によって確立されている。母国語を学習するさいに我々はこの結びつきを経験によって発見する。もっともその発見は、自然言語なり既得の人為言語なりの助けなしでは不可能であるが。この結びつきが発見されたなら、自然言語の場合同様、記号はいつも意味表示された事物を示唆し、それについての信念をもたらす。

獲得知覚とくらべると、我々のオリジナル知覚はわずかである。しかし、後者がなければ前者は得られないだろう。同様に自然言語は人為言語とくらべると希少である。しかし、前者がなければ後者は得られないだろう。

人間の表情や動作の自然言語同様、オリジナル知覚は人間本性の特殊な原理で説明されなければならない。ある表情が怒りを表すのは、我々の本性のある特殊な原理によるのであり、ある表情が慈悲を表すのは、我々の本性における別の特殊な原理によるのである。同様に、私が触れた物体の固さをある感覚が意味表示するのは、我々の本性のある特殊な原理によるのであり、ある感覚が同じ物体の運動を意味表示するのは、我々の本性における別の特殊な原理によるのである。

しかし、獲得知覚と人為言語で得られた情報は、人間本性の一般的原理で説明されなければならない。画家が「この絵はラファエロ*の、あの絵はティツィアーノ*の作品だ」と知覚するとき、宝石職人が「これは本物のダイヤモンドで、あれはにせ物だ」と知覚するとき、水夫が「これは五〇〇トンの船で、あれは四〇〇トンの船だ」と知覚するとき、それら様々な獲得知覚は人間の心の同じ一般的原理によってもたらされるが、その原理は同じ人の場合なら用いかたしだいで、また人が違えばそれぞれの教育や生活様式に応じて様々に働く。同様にとある分節音がファルサロスの戦い*の知識を、別の分節音がポルタヴァの戦い*の知識をそれぞれ伝えるとき、フランス人とイングランド人が異なる分節音で同じ情報を得るとき、それら様々な場合で用いられる記号は、人間本性の同じ一般的原理によって意味表示された事物の知識と信念をもたらす。

言語によって相手から情報を得るための一般的原理を感覚によって事物の知覚を獲得するための一般的原理と比較すれば、それぞれの働きの本性と様式の点で非常に似ていることがわかるだろう。

母国語を学び始めるや、話しかけてくる人たちがある音を用いてある事物を表現することが自然言語のおかげで知覚される。そこで、同じ事物を表現したいときにその音をまねると、自分が理解されるのがわかる。

しかし、ここで難問が生じ我々の注意を引く。なぜならその解決は人間の心のオリジナルな原理のいくつかに通じ、それらの原理はとても重要で、それらの影響がかなり広範囲におよぶからである。我々は経験によって人々がかくかくの言葉をかくかくの事物を表現するために用いたことがわかる。しかし、経験はすべて過去のことであり、未来についてはどんな思念も信念ももたらさない。ではどうして我々は、人々は同じ事物を考えるとき、そうしなくてもよいのに同じ言葉を用い続けると信じ、安心してそれをあてにするのだろうか。この知識と信念、いやむしろ未来の出来事と相手の自発行為の「予知」と呼ぶべきものは何に由来するのだろうか。彼らは、あいまいさあるいは虚偽によって我々をだましたりしないとあらかじめ約束しただろうか。いや彼らは約束しなかった。かりに約束したとしても、そのことは難問を解決しない。というのも、そうした約束は言葉なりほかの記号なりによって表現されなければならず、約束をあてにする以前に、それを表現する記号で彼らが通常のことを意味したのかが確認されなければならないからである。常識ある人は、相手が誠実かどうかをその人の言葉で判断するなど思いもよらない。人の言葉や約束に重きをおくとき、明らかに我々はその人の真実さをすでに当然視しているのである。人々の宣言や証言に対するこの信頼は、約束が何であるかをまだ知らない子供たちにも見られることを私はつけ加えておこう。

したがって、同じことを考えているなら相手も言語における同じ記号を用いる、というある種の予想が人間の心にはかなり早くからあって、この予想は経験からも理性からも、あるいはどんな契約や約束からも導かれないのである。

実際これは人間の行為についての先行知識である。そしてこれは人間の本性のオリジナルな原理のひとつと思われ、その原理がなければ、我々には言語がないだろうし、その結果、教育することもできないだろう。

賢明で慈悲深い自然の創造主は、我々が社会的な被造物であり、我々の知識のおおかたと言えるほど重要な部分がほかの人の情報から得られることを意図し、この目的のために我々の本性に互いに符合する二つの原理を植えつけた。

そのうち最初のものは、真実を語り、我々の本当の考えを伝達するために言語の記号を用いるという傾向性である。この原理は大嘘つきにも強力に働く。というのも、ひとつの嘘は百の真実を語るからである。真理はいつも優先し、自然に心から出てくる。それには技術も訓練もいらず、どんな勧誘も誘惑もいらない。我々はただ自然の衝動に従えばよい。ところが、偽ることは我々の自然本性への暴力であり、極悪人でさえ何かの誘惑がなければ実行されない。真実を語ることは、あたかも、特別な目的からではなく、ひたすら食欲から自然の食餌を摂取するかのようである。しかし、偽ることは薬を飲むことであり、それは口に苦く、ほかでは達せられない目的がなければ誰も飲んだりはしない。

倫理的なり政治的なりの考察の影響で人々は真実を語るのであり、したがって、人々が真実を語るのはオリジナルな原理の証拠にならないと反論するなら、私はこう答えよう。第一に、倫理的なり政治的なりの考察は、知性と反省の年齢に達するまで我々に影響することはない。そして経験から確かなように、子供たちは、そうした考察の影響以前に、いつも真実を語る。第二に、倫理的なり政治的なりの考察で影響を受けるのなら、我々はその影響を意識し、反省することで知覚できるのでなければならない。さて自分の行為をじっくりと注意してみるに、通常の場合、真実を語るさいに倫理的または政治的考察の影響を受けた覚えはない。真実がいつも口元にあり、自制しなければ自発的に発せられてしまう。真実を語るのに善意も悪意もいらず、ただありのままに正直でありさえすればよい。もちろん虚偽への誘惑があるかもしれず、それは名誉なり徳なりの原理に助けられなければ、真実さの自然原理にとってあまりにも強すぎるだろう。しかし、そうした虚偽への誘惑がなければ我々は本能によって真実を語る。この本能こそ私が説明してきた原理である。

この本能によって言語と思考のあいだに真の結びつきが形成され、そうしてのみ前者は後者の記号として役だつことになる。あらゆる虚偽やあいまいさによってこの結びつきは損なわれるが、そうした事例は比較的少なく、人の証言の権威はそれらによって弱められこそすれ、決して失墜しない。

至高の存在によって我々に植えつけられたもうひとつの原理は、ほかの人々の真実さを信頼し、彼らが我々に語ることを信じるという性質である。これは前の原理に符合するもので、前の原理が「真実さの原理」と呼ばれるなら、この原理は、適当な名前がないことから「信じやすさの原理」と呼ばれるだろう。これは詐欺や虚偽に遭遇するまで幼児では際限がなく、そののちも人生を通じてかなりの強さを維持する。

話し手の心という秤がもとから釣り合ったままで、虚偽は無論真実の方にさえ傾くことがなかったなら、子供たちは真実を語るほどに嘘をつき、やがて理性が熟して虚偽の軽率さを、あるいは良心が熟して虚偽の不道徳さをそれぞれ示唆するだろう。また聞き手の心という秤がもとから釣り合ったままで、不信感は無論信じることさえしなくなれば、真実が語られたという積極的な証拠が見つかるまでは、ある人の言葉を信用しないだろう。この場合、彼の証言には、彼の夢同様、何の権威もない。彼の夢は真偽いずれかだろうが、誰も夢だという理由で信じはしまい。しかし、証言の場合、人間の判断は明らかにもとから信念の側に傾いており、反対の方向に向かう理由がなければおのずとこちらの側に落ちつくのである。もしそうでなかったなら、談話中に発せられた命題は、理性によって検討され審判されるまで、ひとつたりとも信じられないだろう。そしてたいていの人々にとっては、彼らに語られた無数の内容を信じる理由は見つからないだろう。そのような不信と疑惑は我々から社会の提供する多大な利益を奪いさり、野蛮よりもっとひどい状態に我々をおとしいれるだろう。

右のように想定するなら、子供たちはとことん疑惑を深め、彼らを教育することは絶対できないだろう。人間の生活や人々の風習と性格について何も知らない連中も疑惑を抱くだろう。そして最も信じやすい人々とは、経験が豊富で洞察の深い人々だろう。なぜなら多くの場合彼らは、未熟だったり無知だったりする者には発見できない十分な理由を見いだして、人の証言を信じるからである。

要するに、もし信じこみやすさが推理と経験の結果なら、それは推理と経験とともに成長し力を増すに違いない。しかし、もしそれが自然の贈物なら、子供のときに最も強く、経験によって制限され弱められる。人間の生活をざっと見渡しただけで、真相は後者であって前者ではないことがわかる。

自分で歩けるようになるまでは、幼児は母親に抱かれていなければならない、というのが自然の意図であるように、自分の理性に導かれるようになるまでは、我々の信念はほかの人々の権威と理性によって導かれなければならない、というのが自然の意図である。幼児の心の未熟さと母親の自然な愛情が、前者をはっきりと示している。若者の信じやすさと年長者の権威が、同じく後者をはっきりと示している。幼児は、適切な養育と世話のおかげで援助なしに歩く力を得る。理性にも同様の幼年時代があり、両の腕で抱かれなければならなかった。そのさい理性は自然的本能から、あたかも自分の未熟さを意識しているかのように権威に依存し、この援助がなければ理性はめまいを感じる。やがて適切な育成によって成熟すると理性は自分の力を感じ始め、ほかの人々の理性にあまり依存しなくなる。理性は、ある場合には証言を疑うことを覚え、ほかの場合にはそれを信じないことを覚える。そうして理性は、初めは完全に服従していた権威に限界を設定するようになる。しかし、それでも人生の最後にいたるまで、自分のうちに光明が見いだせないとき理性は、それをほかの人々の証言から借りる。また自分の愚かさを意識するとき理性は、ほかの人々の理性にある程度は依存するのである。

多くの場合理性は、成熟した状態においてさえ証言から援助を得るように、場合によっては、理性は互いに援助し合いその権威を強める。というのも、ある場合では、我々には証言を拒否する十分な理由があるように、ほかの場合では、とくに最も重要な案件では、まったく安心して証言に依存する十分な理由が見いだされるからである。証人たちの性格、数、彼らの公平さ、口裏を合わせた可能性のないこと、それでも彼らの証言が一致するのはまるで口裏を合わせたかのようであること、これらは証言に、その生得かつ本来の権威が取るにたらなくなるほどの抗しがたい強さを与えるだろう。

これまで、言葉によって相手から情報を得るのに役だつ人間の心の一般的原理を考察してきた。そこで今度は、獲得知覚によって自然の情報を得るのに役だつ一般的原理を考察しよう。

すべての人々によって否定しがたい事実と認められているように、自然の行程において二つの事物が恒常的に結合していたことが発見されたなら、一方の事物の出現に他方の事物の概念と信念がすぐにともなう。前者は後者の自然記号となり、過去においてそれらが恒常的に結合していたことの知識は、経験なりほかの仕方なりで得られたにせよ、我々がこの結合の継続を安心して頼みとするのに十分である。

人間の心のこの過程はよく知られているので、それがもとづく原理を探求することなど我々には思いつかない。我々は、将来起こることは過去に起きたことに似るということを自明な真理と考えがちである。もしある程度の寒冷さが水を今日凍らせ、過去いつもそうだったことが知られたなら、明日も、いや一年後も同じ寒冷さが水を凍らせるのは疑いない。これが、その意味が理解されたなら、すぐに信じられる真理であることを私は認める。しかし、問題はなぜ自明なのかである。観念どうしの比較が理由でないことは確かである。というのも、寒冷の観念と透明な固体に硬化した水の観念を比較しても、私はそれらのあいだに少しの結びつきも知覚できないからである。誰も、一方が他方の必然的結果であることを示すことはできない。自然はなぜこれらを結合させたのか、誰もその理由をわずかでも示すことはできないのである。しかし、我々はこの結合を経験から学習するのではないか。その通り。経験は我々に、これらが過去において結合していたことを教える。しかし、誰もまだ未来は経験したことがない。そして、まさにこれが解明されなければならない問題なのである。すなわち、なぜ我々は未来が過去と似ると信じるのか。自然の創造主がこれを約束したのだろうか。あるいは自然の創造主が現在の自然法則を確立し、その継続に要する時間を決定したとき、我々はその協議に参加することを許されたのだろうか。もちろんそうではない。たしかに、賢明で善良な自然の創造主がいることを我々が信じているなら、なぜ彼が同じ自然法則と事物の結びつきを長期間継続させるのかについては十分な理由が見いだされるだろう。すなわちもし自然の創造主がそうしなければ、我々は過去から何も学ぶことができなくなり、我々の経験すべてが我々にとって役にたたなくなるからである。

しかし、こうした考察は、理性の使用が始まってからなら自然の現在の行程が継続することへの信念を確証しはするが、明らかにこの信念をもたらすものでない。というのは、子供や阿呆たちも火で火傷するとすぐにこの信念を得るからである。したがって、この信念は本能の結果であり理性の結果ではない。

自然の賢明な創造主は、推理できるようになるまでは、必要な知識の大部分が経験に由来することを意図し、この意図に申し分なくかなう手段を与えた。というのも、第一に、自然の創造主は、我々が世々に継続する事物の結びつきを無数に見つけられるよう、自然を確固とした法則で支配している。この安定した自然の行程がなければそもそも経験がありえないか、または偽の導き手として我々を誤りと災難におとしいれるだろう。人間の心に真実さの原理がなければ、人々の言葉は思考の記号でなくなるだろう。自然の行程に規則性がなければ、ある事物がほかの事物の自然記号になることはないだろう。第二に、自然の創造主は人間の心に、自然の行程の継続や過去に観察された事物の結びつきの継続を信じ期待するオリジナルな原理を植えつけた。二つの事物が過去に結びついていた場合、一方の事物の出現が他方の事物についての信念をもたらすのは、我々の本性のこの一般的原理による。

私は、『人間本性論』の独創的な著者が最初に次のことを観察したのだと思う。* すなわち、自然法則の継続に対する信念は知識にも蓋然的推理にももとづくことができないことである。しかし、彼はそれを心のオリジナルな原理と考えず、むしろ、信念は信じられた事物の観念における活気の程度である、というお気に入りの仮説から説明しようとくわだてている。この奇妙な仮説については第二章で批評したが、今度は別の批評を行ってみよう。

知覚における信念は、対象が現時点で存在するという信念である。記憶における信念は、対象が過去時点で存在したという信念である。我々が現在語っている信念は、対象が未来時点で存在するだろうという信念であり、想像には何らの信念もない。さて、ある活気の程度がどのようにして対象の存在を現在の瞬間に固定し、別の程度がそれを過去の時間に押しもどし、さらに別の程度がそれを将来に持って行き、最後に第四の程度がそれからすべての存在を取り去ってしまうのか、私は喜んでこの著者に尋ねたい。例えば、太陽が海の向こうから昇るのを私が見る場合を想定しよう。私は昨日それを見たことを覚えており、同じ場所に太陽が明日も昇るだろうと信じる。また、その場所に太陽が昇るのを、信念をともなわずにただ想像することもあろう。さて例の著者の懐疑主義的仮説によると、この知覚、この記憶、この予知、この想像はすべて観念であり、活気さの程度が違うだけである。昇る太陽の知覚は最も活気のある観念であり、昨日昇った太陽の記憶はいくぶんかすかになった同じ観念であり、明日昇るだろう太陽の信念はもっとかすかになった同じ観念であり、太陽が昇るところの想像は、やはり同じ観念であるが最もかすかなものである。さて人は、この観念は、少しも身じろぐことなく活気さのあらゆる可能な程度をへて存在しなくなると考えてしまうだろう。しかし、そう考えるなら、我々は思い違いをしているのである。というのも、生彩を欠くとすぐに、観念は過去のものになってしまうからである。このことが認められたと想定するなら、活気さの減少によって観念が時間をあともどりし、さらに減少すると、ますますあともどりして、ついには視界から消えてしまうことが少なくとも予期される。なら我々は再び勘違いしているのである。というのも、活気さの減少には何らかの周期があって、あともどりの最中あたかも弾性のある障害物に遭遇したかのように、途中現在にたちよることなく突然過去から未来へと反発するからである。さて未来の領域に達すると、観念にはその残りの活気さを消費する十分な余地があると我々は考えてしまう。けれどもまだ我々は思い違いをしているのである。というのも、またまた弾むように反発して、観念は想像の軽やかな領域へ飛び込むからである。観念はその活気さを徐々に変化させ、まるで文法における動詞の語尾変化をまねているようである。観念は現在時制から始まり、順に過去時制、未来時制、不定時制へと進む。懐疑主義のこの信仰箇条はどう眺めても実に多くの神秘に満ちているので、これを宗旨とする人々はとてもまずいことに信心が疑われてしまう。私自身それは聖アタナシウス*の信条を必要とするように思われる。

しかし、自然法則の継続に対する信念が理性に由来しない点について、我々は『人間本性論』の著者に同意しよう。これは自然の働きについての本能的な先行知識であり、人間の行為についての先行知識によって我々が相手の証言を信用するのと似ている。後者がなければ言葉によって人々から情報を得られないように、前者がなければ経験によって自然の情報を得ることはできない。

オリジナル知覚をのぞくと、自然の知識はすべて経験から得られ、自然記号の解釈にほかならない。自然法則の恒常性は記号を意味表示された事物に結びつけ、今説明されたばかりの自然原理によって我々は、経験が発見したそれらの結びつきの継続をあてにする。こうして記号の出現には意味表示された事物の信念がともなう。

獲得知覚だけでなく、あらゆる帰納的推理や類比からの推理が我々の本性のこの原理にもとづいている。したがって、ほかに適切な名前がないのでこの原理を「帰納的原理」と呼ばせてもらいたい。同じ種類の結果には同じ種類の原因がある、という自然についての全知識がもとづく公理に我々がただちに同意するのは、この原理の力によるのである。というのも、結果と原因とは、自然の作用においては記号と記号によって意味表示された事物とを意味するからである。我々は、どの自然原因にも、本来の因果性または作用性を知覚しない。我々が知覚するのは、自然原因と「結果」と呼ばれるものとのあいだに自然の行程によって確立された結びつきのみである。あらゆる推理に先だって、本性上我々は確固不動な自然の行程があると期待し、これを発見せずにはいられない。我々は眼前に現れるあらゆる事物の結合に注意を向け、その継続を期待する。そうした結合がしばしば観察されると、事物は自然によって結びついていると我々は考え、推理も反省もなしに、一方の事物の出現に他方の事物の信念がともなう。

読者の中に、帰納的原理は哲学者たちのいわゆる「観念連合*」で解明されると想像する人がいるなら、その人に、この原理では、自然記号は観念とのみ連合するのではなく、意味表示された事物の信念とも連合するという点を観察してもらおう。観念と信念が同じでないかぎり、これは「観念連合」と呼ばれるべきでない。例えば、ある子供は、針のひと刺しが痛みと結合していることを見いだした。すると彼は、それらの事物は自然によって結びついているとわかり、そのことを信じる。彼には一方が他方にいつも続くことがわかる。もし誰かがこうしたことを「観念連合」と呼ぶなら、私は言葉について争いたくないが、その人はとても不適切な話し方をしていると思う。というのも、先のことを平易な言葉で言えば、それは、過去に結合していたことが見いだされた事物は未来でも結合しているという先行知識だからである。そしてこの先行知識は推理の結果ではなく、私が「帰納的原理」と呼んだ人間の本性のオリジナルな原理である。

信じやすさの原理同様、この原理も幼児期では際限がなく、やがて成長するにつれてほどよく抑制される。この原理は我々をしばしば誤りに導くが、全体としては無限の効用がある。この原理によってかつて火傷したことのある子供は火を怖がる。同じ原理によって子供は、予防接種を受けた医者から逃げたりもする。火を避けないこととくらべたなら、医者から逃げるのはまだましな方である。

しかし、これら二つの自然原理によって我々がおちいる誤りはそれぞれ異なっている。我々が彼らの言葉を申し分なく理解していれば、人々は嘘をつくことで我々を誤らせる。しかし、自然はこのような仕方では我々を誤導しない。自然の用いる言葉はいつも真実である。我々が誤るのは、自然の用いる言葉を誤解することによるのである。自然的な結びつきだけでなく、事物の偶然的な結合もあるだろう。そして後者は前者と間違われがちである。こうして前の段落の例で子供は、実際には切り口とのみ結びついていたのに、予防接種のときの痛みを外科医と結びつけた。哲学者たちやほかの学者たちも、こうした誤りからまぬがれていない。実際哲学における誤った推理はすべてこれに由来する。哲学における推理は、適正な推理だけでなく経験や類比からも導かれる。そうでなければ少しも迫真性を持たないだろう。しかし、一方は自然記号の下手に早まった解釈であり、他方は適正で合法な解釈である。もし子供なり普通の知性の持ち主なりが学術書を読むことになったなら、母国語で書いてあっても、いったいどれほど多くの失態と間違いをしでかすだろうか。それでも彼らは生活に必要なだけの知識をこの言語について身につけている。

自然の言語は普遍的な探求である。その生徒たちの階級は様々である。動物、阿呆、子供はこの探求に専念し、彼らの獲得知覚はすべてこのおかげである。普通の知性をかね備えた大人たちはかなり進歩し、わずかな反省によって子供たちが知らない多くの事柄を学ぶようになる。

この学院では、哲学者たちは上級を占め、自然の言語の批評家である。以上様々な種類の生徒たちは、ひとりの教師を共有している。すなわち帰納的原理によって啓蒙された経験である。この帰納的原理という光明を取りのぞくと、経験はモグラのように盲目になる。たしかにその場合でも現にあり直接触れるものを経験は感じるだろうが、前後、左右、過去未来の区別は知らないのである。

帰納的推理、あるいは自然の適正な解釈の規則は、自然の言語を我々が誤解するさいの謬見ともども、大天才ベーコン卿によって思慮あふれるばかりに描き出された。彼の『ノーヴム・オルガヌム』*は「自然の言語の文法」と呼ばれてよい。これが書かれたとき、世の中には帰納的推理の規則が手本とするまともな模範がなかったことは、同書の価値を高め、欠点を埋め合わせる。詩作と雄弁術はアリストテレス*がこれらを記述したとき完成の域に達していた。しかし、自然を解釈する術は、ベーコンがその多くの特徴を描いたときはまだ未発達だった。アリストテレスは彼の規則をすでに出現していた最善の模範から取ってきたが、帰納的推理においてこれまでに登場した最善の模範、すなわち私はこれをニュートンの『プリンキピア』第三篇と『光学』*に求めたいが、それらはベーコンの規則から導かれたのである。この規則の目的は、自然の行程における事物のうわべの、または見かけ上の結びつきを真実の結びつきから区別することを我々に教える点にある。

帰納的推理が下手な人々は、獲得知覚においてよりも自然の現象からの推理において誤りにおちいりやすい。なぜなら我々はしばしばごくわずかの事例から推理し、事物の偶然的な結合を自然的な結びつきと間違えやすいからである。他方、記号から意味表示された事物へ推理をともなわずに移行するという、獲得知覚をなす習慣は、多くの事例と経験によって学ばれなければならない。多くの実験は自然的な結びつきに対する我々の信念を確証するだけでなく、偶然結合しているだけのものを切り離すのにも役だつ。

子供たちが手を使い始めると、自然は彼らにあらゆる事物に繰りかえし触り、手に持つあいだによく眺め、様々な位置と距離で見るように教える。我々は、こうしたことを子供じみた気晴らしと弁解しがちである。なぜなら彼らは何かをしているに違いないが、大人らしく楽しむ理由はまだないからである。しかし、我々がもっときちんと考えるなら、子供たちが最も深刻かつ重要な探求に従事しており、たとえ十分哲学者でありえても、現に行っている以上に適切な仕事は彼らに与えられなかっただろうことがわかる。というのも、そうした子供じみた仕事によって、彼らは両眼を適切に使えるようになるからである。彼らはこうして毎日知覚する習慣を獲得していくが、それは我々が彼らに教えるもの以上に重要である。自然が彼らに与えたオリジナル知覚はわずかで、生活の目的には十分でない。したがって自然は、子供たちが習慣によってもっと多くの知覚を獲得できるようにした。この仕事を完成させるため、自然は、子供たちが飽くことのない勤勉さでこれらの知覚が獲得される作業に心を傾けるようにしたのである。

これは自然がその子供たちに授ける教育である。この点に触れてしまったので、我々は次のこともつけ加えよう。すなわち自然の教育のもうひとつは、事物の一連の行程によって、子供たちはそのすべての筋力を発揮し、工夫をこらして好奇心を満たし、わずかな欲求を満足させなければならない、ということである。彼らが望むものは、刻苦勉励と多くの失望によってのみ得られる。欲求を満たすのに必要な心身の訓練によって彼らは、その体格に必要な壮健さと活力だけでなく、運動における機敏さ、強さ、器用さを獲得する。彼らは忍耐強さを学ぶ。彼らは意気消沈せずに痛みを、落胆することなく失望をこらえることを学ぶ。自然の教育はほかに教師のいない未開の人々で最も申し分ない。彼らは、感官の鋭さ、運動の敏捷さ、体格の屈強さ、空腹や喉の渇きや痛みや失望をこらえる精神力の点で、たいてい文明人をはるかに凌駕している。こうした考察で最も独創的なとある著述家は、社会生活より未開生活を好んでいるように思われる。しかし、自然の教育はそれだけでは決してルソー*のような人物を生み出せないだろう。自然の意図は、人間を作るのに自然の教育に人間の教育が加わるべきだということである。自然はこのために、よりあとに現れる原理だけでなく、幼児期に現れる模倣と信じやすさの自然原理によって、我々を人間の教育に適するようにしたのである。

人々から受ける教育が自然の教育に存分の腕をふるわせることがなければ、それは間違っている。それは我々の知覚能力を傷つけ、心身を衰弱させる。病気が自然に治癒するとき同様、自然には人間を育成する独自のやり方がある。医術は自然に従うことであり、病気の治療において自然を見習い援助することである。教育も自然に従うことであり、人々の育成において自然を見習い援助することである。バレアレス諸島の古代の住人*たちは、子供たちを弓の名人にするにあたり、食べ物をひもで結んで宙づりにし、若者たちにその弓の術でこれを射落とさせることで、自然の教育を模倣した。

自然の教育は、生命の維持に必要なだけの人間的な配慮をともなうのなら、まったくの未開人を作り上げる。人間の教育が自然の教育に加わることで、善良な市民、巧みな職人、教養人が現れるだろう。しかし、ルソー、ベーコン、ニュートンのような人々を生み出すには、さらに理性と反省がつけ加わらなければならない。

人間の教育には無数の間違いが犯されるが、それでも最悪という教育はほとんどない。もしルソーが彼の息子をフランス人、イタリア人、中国人、あるいはエスキモー人のいずれかで養育するか選択したなら、決して最後の選択肢を選びはしないと私は思う。

理性が適切に使われたなら、自然がしるした記録を確認しよう。この記録はいつも真実で健全だからである。理性は人間の教育をしるした記録の中で善と悪を区別し、謹んで後者を避け、敬意をもって前者に従うだろう。たいていの人々は、自然の教育と人間の教育が仕上げたままの人生を送る。生活様式、意見、徳、悪徳、これらはみな習慣、模倣、教育によって得られた。これらを形成するのに理性はほとんど、あるいはごくわずかしか与っていないのである。

第七章　結論　この主題についての哲学者たちの見解に対する反省を含む

人々が心およびその能力と働きについて諸々の思念と見解を抱くのに二つの方法がある。最初の方法は真理に通じるが、その道はせまくて険しく、たどった者はほとんどいない。二番目の方法は広くなだらかな道であり、俗人たちだけでなく哲学者たちによってもずいぶんと踏みならされている。それは日常生活には十分であり、詩人や雄弁家の目論見によくかなっている。しかし、心についての哲学的討究では、それは誤謬とまやかしに通じるのである。

我々は最初のを「反省の方法」と呼ぶことにしよう。心が様々に働きだすと我々はそれらを意識し、それらが思考の対象として熟知されるようになるまで注意を向け、反省することができる。これだけが、我々が心の働きについて正しく正確な思念を形成する方法である。しかし、こうした注意と反省は、たえず注意を引きつける外的対象にかこまれている人にはとても難しく、哲学者たちによってさえこれまでほとんど実行されなかった。この研究で我々は、最も身近な感官の働きがどれほど注意されていないかを何度も明らかにした。

心とその働きについて見解を抱くのに人々がごく普通に用いる二番目の方法を、我々は「類比の方法」と呼ぶことにしよう。自然の行程では何事であれ単独できわだつものはなく、むしろ我々は、よく知っている事物どうしのあいだに何らかの類似か、あるいは少なくとも類比を見いだす。心はもともとそうした類比の追求を喜び、嬉々として注意を向ける。詩や頓智の面白さの大部分はこれに由来し、雄弁の説得力も少なからずここにある。

類比の楽しみはさておき、その著しい効用はと言えば、そのような手がかりがなければ容易に把握されない事物の概念を促進することと、直接当たるすべのないときに、事物の本質や性質についての憶測をもたらしてくれることである。木星が、地球同様、自転しつつ太陽の周りを回っており、また、地球が月に照らされているように、いくつかの衛星によって照らされていることを考慮すれば、類比によって私は、以上のようにして地球が諸々の動物種の棲息に適しているように、木星もまた同じ目的に適していると推測し、これ以上この点を直接決定する論拠がないため、私はしかるべき程度でこの類推に同意する。ジャガイモが花や実の点でナス科植物に類似することを観察し、後者が有毒であると知らされたなら、私は類比によって前者も有毒ではないかと疑う。しかし、今度の場合もっと直接的で確実な証拠があるので、私は自分を誤らせたかも知れない類比を当然あてにするべきではない。

類比の論拠はいつも手元にあり、豊かな想像から自然に生じるが、もっと直接的で決定的な論拠はしばしば刻苦勉励を要するので、人類は一般に前者の論拠を信頼する傾向が非常に強い。古代の哲学者たちの体系を物質的世界についてなり心についてなりに注意して検討すれば、それらがただひとつ類比という基礎の上にたてられていることがわかるだろう。ベーコン卿が最初に厳格な帰納法を詳細に述べたが、以来、帰納法は自然哲学のある分野で応用され成功をおさめたものの、ほかの分野ではほとんど応用されなかった。しかし、心とその働きにかかわる分野ほど、人類が類比的思考や類推を信じやすい分野はほかにはない。心の働きについて直接しかるべき方法で明瞭な思念を形成して推理するには注意深い反省の習慣が必要だが、それのできる者はほとんどおらず、またその少数の人々でさえ相当の刻苦勉励をともなうからである。

とらえがたくて不慣れな事物の思念を形成するのに、人は身近な事物との類比に頼りがちである。洋上生活が長く、考え語ることと言えば専ら航海関連の事柄しかなかった人がほかの話題を巡る談話に加わったなら、職業柄彼にふさわしい言葉や思念がどんな話題にも浸透し、万事が航海術で裁量されてしまうことはよく知られている。そのような人がこともあろうに心の能力について哲学しようなどと考えたなら、間違いなく船の構造から思念を導き、心に帆、帆柱、舵、羅針盤を見いだすだろう。

水夫が航海関連の事物に夢中になるように、そのほかの人々はあれこれの可感的対象に夢中になる。人生の大部分我々には感官の対象以外は考えられず、反省できるようになってからでも、ほかの種類の対象に注意を向けてはっきりと明瞭な思念を形成することは容易でない。したがってそうした人類の現状から十分に理解されるように、心とその働きについての人類の言語および共通思念は類比的で感官対象に由来しており、俗人たちだけでなく哲学者たちをも誤らせ、心とその能力を物質化しがちである。ありあまるほどの経験がこの真相を確証している。

世界中どこでも、人々がいつも人間の魂あるいは思考原理を息なり風なり何らか精妙な物質からなると考えてきたことは、ほとんどの言語で魂または思考原理に与えられる名称が十分証言している。触覚、視覚、味覚など感官によって外的対象を知覚する諸々の様式を表現するのには、適切で類比的ではない言葉がある。しかし、我々はそれらの言葉をしばしば、まったく異なった本性の心の能力を表すよう類比的に用いる必要にせまられる。また何らかの反省を含む能力には類比的なもの以外の名称がない。思考の対象は「心の中にある」「把握される」「会得される」「懐胎される」「想像される」「保持される」「考量される」「反芻される」などと言われる。

魂の本性にかかわる古代の哲学者たちの思念は俗人たちのそれよりはるかに洗練されているようには見えず、それとは別の方法で形成されたようには見えない。我々が主題とする哲学を古い哲学と新しい哲学に分けることにしよう。古い哲学はデカルトまでで、彼がそれに壊滅的打撃を加えて以来徐々に息を引きとり、今やほとんど絶えてしまった。デカルトは我々の主題にかかわる新しい哲学の父であるが、この哲学はデカルト以降彼がすえた基礎を徐々に改良してきた。古い哲学はまったく類比的だったようである。それに対して新しい哲学はかなりが反省に由来するが、それでもまだ古い類比的な思念が混ざっている。

感官対象は質料と形相からなるので、古代の哲学者たちはあらゆる事物がそれらのいずれかか、またはそれら両方からなると考えた。したがって、魂は特別に精妙な質料であり粗悪な身体から分離可能であると考えた者もいれば、魂は身体に特有の形相であり身体から分離不可能であると考えた者もいた。近代人同様、古代人の中にも、身体の何らかの構造なり組織なりが感覚と知性に必要だと考える者がいたらしい。また、別の学派に属する哲学者たちによれば、心の様々な能力は心臓、脳、肝臓、胃、血など様々な身体部分に帰せられると考えられた。

魂を身体から分離可能な精妙な質料と考えた人々は、四元素、すなわち、土、水、空気、火のうちのどれに魂が帰せられるかを議論した。土以外の三元素については、それぞれ推奨者がいた。しかし、中には、魂は四元素のすべてに与るとの見解を抱く者たちもいた。すなわち、魂の組成には我々が知覚する事物と似たものがある、我々は魂の土的な部分によって土を、水的な部分によって水を、火的な部分によって火を知覚する、という見解である。しかし、とある哲学者たちは、魂をなす質料が何かを決定するだけでは満足せず、さらにその形態をも考察してそれを球状であると考えた。それだと運動により適しているからである。古代の哲学者たちの中で魂の本性について最も精神にあふれた崇高な思念を採ったのは、おそらくプラトン主義者たちである。彼らは、魂は恒星と同じ天上的で不滅の質料からできており、そのため元のしかるべき場所にもどろうとする自然な傾向があると考えた。私は、アリストテレスが以上の哲学者たちのどれに属するのかがわからなくて困っている。彼は魂を*「潜在的な生命を持つ自然物の第一の『エンテレケイア』*」と定義している。私には意味がわからないので、「エンテレケイア」というギリシア語の翻訳はかんべんしていただきたい。

心の働き、とくに知覚と観念については古代の哲学者たちの思念も同様の類比で形成されたようである。

現在まで知られている著述家たちではプラトンが最初に「イデア」という言葉を哲学に導入したが、この主題にかかわる彼の学説は独特だった。万物が質料と形相からなり、そのうち質料はもともと形相なしに悠久の昔から存在していたとする点で、彼はほかの哲学者たちに同意した。しかし、彼は、存在することのできるすべての事物について、それらの永遠の形相が質料なしにあるとも信じた。そしてそれら永遠かつ非質料的な形相に彼は「イデア」という名称を与え、それらだけが真なる知識の対象であると主張した。彼が以上の思念をパルメニデスから借りたのか、それともそれは彼自身の独創的想像の結果であるのかは、我々にとっては重要でない。のちのプラトン主義者たちはこれらの考え方に改善を加え、イデアあるいは永遠の形相は単独でではなく、むしろ神の心の中にのみ存在すると考え、すべての事物が作られたさいの模範や原型だと考えた。

永遠なる一者あり*

人知越えたる本質にて

創造以前の事物の像を見たり

そうしたプラトン的な思念にほとんど同調するのがマルブランシュの考えである。おそらくこの著述家はほかの誰にもまして、思考の全対象の観念は人間の心の中にあるという、観念についての共通仮説の問題点に気づいていた。そこでそれを避けるために彼は、人間の思考の直接的対象である観念は神の心の中にある事物の観念であるとし、神の心は万人の心に直接のぞむので、その意にかなうまま各人にその観念を割りあてるのだと考える。

プラトン主義者とマルブランシュをのぞけば、私の知るかぎりすべての哲学者たちが、思考のあらゆる対象の観念または像が人間の心にある、あるいは、心の座がそこに想定された脳の部分にあると考えた。

アリストテレスは「イデア」という言葉によい感情を持っていなかったので、プラトンの思念を論駁するとき以外それをほとんど、あるいはまったく用いなかった。彼は、質料は形相なしに存在するが、形相は質料なしに存在しないと考えた。だが同時に心の中に形相、心象、形象がなければ感覚、想像、知性はありえず、可感的事物は可感的形象で、可知的事物は可知的形象で知覚されると考えた。彼の追随者たちはもっとあからさまに、それら可感的および可知的形象は対象によって放たれてのち受動知性を刺激し、能動知性が受動知性のこの刺激を知覚すると考えた。これはアリストテレス学派の哲学に権威があった頃の共通見解だったように思われる。

ルクレチウスが説明したエピクロス学派の学説は、多くの点でアリストテレス学派の学説と非常に異なっているが、右の点ではほとんど同じである。エピクロスは、皮膜または霊（tenuia rerum similacra）が万物から離脱して飛散し、きわめて精妙なために粗雑な身体を容易に通過し、心にぶつかるや思考と想像を引き起こすと断言している。

ほとんど競合するものなく千年以上に渡ってヨーロッパの学院を支配したのち、アリストテレス学派の体系はデカルトの体系の前に屈した。デカルトの著書と思念のわかりやすさはアリストテレスと注解者たちのわかりにくさとは対照的で、人々が新しい哲学をひいきするのに非常に好都合だった。プラトンの才能は崇高であり、アリストテレスの才能は緻密だが、デカルトの才能は明快さの点で彼らを凌駕し、その精神を後継者たちに伝えた。心とその働きについて今や一般に受容されている体系は、その精神だけでなく、その基本的原理もデカルトに由来する。そしてマルブランシュ、ロック、バークリー、ヒュームによって改善がなされたのちでもなお「デカルト的体系」

と呼ばれるだろう。そこで我々はその精神と傾向一般について、とくに観念についての学説を批評してみよう。

一　その方法のおかげでデカルトは、正確な反省によって彼以前の哲学者たちよりもっと心の働きに注意を向け、この主題について類推に頼ることが少なくなった。体系を新たな基礎の上に構築することを意図して、絶対に確かで明証なもの以外は何も認めないことを彼は固く決意した。彼は自分の感覚、自分の記憶、自分の理性および我々が日常生活で信頼しているほかの能力があてにならないかもしれないと想定し、あらがいがたい証拠によって同意しなければならなくなるまでは、あらゆる物事を疑う決心をした。

そう考えて何より確実で明証だと思われたのは、自分が考えたこと、自分が疑ったこと、自分が熟慮したことだった。要するに、自分が意識する心の働きは真であってまやかしではない、ほかの能力なら自分をだますかもしれないが、意識にはできないということだった。したがってデカルトは、これをあらゆる真理の中で第一のものと考えた。以上が懐疑主義の大海に投げこまれたのちに彼が立脚した最初の確固たる地歩であり、彼はほかに第一原理を求めることなくその上にあらゆる知識を構築しようと決意した。

したがってほかの真理、とくに感官対象の存在は、彼が意識によって知るものから厳密な論証によって演繹されなければならなかったので、当然彼は外的事物から思念を借りることなく自分が意識する心の働きに注意を向けた。思考、意欲、記憶、そのほか諸々の心の属性が延長、形態、そのほか諸々の物体の属性に類似しないこと、したがって思考実体が延長実体に類似すると考える理由がないこと、思考実体の属性は我々が意識するものであるから、感官による外的対象の知識より反省による思考実体の属性にかんする知識の方が確実で直接的であること、それらを彼が観察したのは類比の方法によってではなく、注意深い反省の方法によってであった。

私が知るかぎり、右のことが最初に観察されたのはデカルトにおいてであった。それらは非常に重要で、心について従来語られてきたことのすべてにもまして、この主題の解明に役だつ。それらは、心とその働きについて、類比の方法によって可感的対象から借りられたあらゆる思念を我々に警戒させてしかるべきであり、そのため我々は、この主題にかかわる真なる知識の源泉として、ただひとつ正確な反省にのみに頼るようになるだろう。

二　私が観察するところでは、アリストテレス学派の体系には心とその働きを物質化する傾向があるが、デカルト学派の体系には物体とその性質を精神化する傾向がある。両体系には共通の誤りがあって、類比の方法が第一の極端を、反省の方法が第二の極端をもたらしている。誤りとは、類似の感覚なしには、物体なりその性質なりについては何も知り得ないという見解である。この点で両体系は一致している。しかし、推理の方法が違うので、両者はこの誤りからそれぞれ異なる帰結を導いた。すなわちアリストテレス学派は感覚についての思念を物体の性質から導き、デカルト学派は物体の性質についての思念を感覚から導いた。

アリストテレス学派は物体とその性質が真に存在し、我々がたいてい考える通りであることを当然視し、それらから感覚の本性を推察して次のように推理した。すなわち、感覚は可感的対象が心にもたらす印象であり、蠟に対する刻印に比較できる。その刻印は印の像または型であり、印の素材はそこにはない。同様にあらゆる感覚は対象の何らかの可感的性質の像または形相である。これがアリストテレスの推理であり、心とその感覚を物質化する傾向が明らかである。

これに対してデカルト学派では、物体なりその性質なりの存在は第一原理と見なされてはならず、それらについては、感覚から適正な推理によって演繹されるもの以外は何も容認されるべきではなく、他方感覚については、類比によって感官対象から思念を借りることなく、反省によってはっきりと明瞭な思念が形成できることがわかっていると考えられた。そこで、感覚に注意することを始めたデカルト学派はまず、第二性質に対応する感覚は物体のどんな性質にも類似しないことを発見した。そこからデカルトとロックは、俗人たちが物体の性質と考える音、味、匂い、色、熱さ、冷たさは、実は物体の性質ではなく、単に心の感覚にすぎないと推論した。のちに独創的なバークリーが感覚一般の本性をもっと注意して考察し、どんな感覚も、物体がそう想定されている非感覚的存在のどんな性質にも類似しえないことを発見、論証し、そこから正当にも、延長、形態、そのほかの第一性質が、第二性質同様に、単なる感覚にすぎないと考える理由があると推論した。こうして物質は、デカルト的原理にもとづく適正な推理によってその全性質を剝奪された。新しい体系はある種の形而上学的昇華によって物質の性質を感覚に転換し、古い体系が心を物質化したように、物体を精神化してしまったのである。

この両極端を避ける方法は、意識されたものの存在同様、我々が見たり感じたりするものの存在をも第一原理として認め、物体の性質についてはアリストテレス学派とともに感官の証言によって思念を得、感覚についてはデカルト学派とともに意識の証言によって思念を得ることである。

三　次に観察すると、近代の懐疑主義は新しい体系からの自然な結果であり、新しい体系は一七三九年になって初めてこの怪物を生み落としたのだが、しかし、最初からこれを懐胎していたと言える。

古い体系は常識のすべての原理を、証明を要求することなく第一原理として認めていたので、その推理はあいまいで類比的で難解だったが、その基礎は広く懐疑主義の傾向はなかった。我々は、アリストテレス学派が物質的世界の存在を証明する責務を引き受けようとしたのを見いださない。しかし、デカルト的体系にもとづいた著述家たちはみなこれを試みた。もっともそれはバークリーが彼らの議論の不毛さを論証し、物質的世界は存在せず、それについての信念は俗人たちの誤りとして拒否されねばならないと結論づけるまでのことだった。

ともあれ、新しい体系は常識の原理の中でただひとつだけを第一原理として認め、ほかの原理をそれからの厳密な論証によって演繹しようとしている。思考や感覚など我々が意識するものは真に存在するということが、この体系では第一原理として認められている。しかし、それ以外はすべて理性の光によって明証なものとならなければならない。すなわち理性はこの意識という単一の原理の上に全知識を築かねばならないのである。

人間本性には事物をできるだけ少ない原理に還元するという性質があるが、少数の原理がそれらにもとづくものを支えられるなら、間違いなく体系の美しさに寄与する。数学者たちは、少数の公理および定義という基礎の上にみごとで雄大な学の体系を築いたことを誇りとしている。単純さを嗜好し、事物を少数の原理に還元することは多くの誤った体系を生み出したが、デカルトの体系ほどこの嗜好が著しいものは今までになかった。物質と心にかかわる彼の全体系は、「私は考える」と表現されるひとつの公理の上に築かれている。彼は、この意識的思考の基礎の上に、諸々の観念を材料にして人間知性の体系を組みたて、そのすべての現象を説明しようと試みている。また、自分の意識からおもわく通り物質の存在を証明し、物質およびもとからそれに与えられた運動量から物質的世界の体系を組みたて、そのすべての現象を説明しようと試みている。

しかし、物質的体系にかかわるそれらの原理は不十分であり、物質と運動のほかに重力、凝集力、粒子間の引力、磁力、そのほか物質の粒子が引かれ反発するさいの向心力と遠心力とが必要なことが明らかになった。ニュートンはそのことを発見し、それらの原理は物質と運動では解明できないことを論証したが、やはり類比によって、また単純さへの嗜好のために、しかし、彼に固有のつつましさと警戒心を忘れずに、物質的世界の全現象は物質粒子間の引力と斥力にもとづいていると推測してしまった。しかし、我々はあえてこの推測は合点がいかないものだったと言おう。というのも、無機物界でさえ塩、水晶、長石、そのほかの物体が規則的な形態に凝固するさいの力が、物質粒子間に働く引力と斥力とでは説明できないからである。そして植物界や動物界では、無機物界におけるのとは本性を異にした力が働いていることが強く示唆される。物質的世界の構造には間違いなくそれが作られた目的にかなう美しい単純さがあるが、しかし、それは偉大なデカルトが決定したほど単純ではなく、またさらに偉大なニュートンが謙遜にも推測したほど単純でもないのである。両者とも類比と単純さへの嗜好によって間違ってしまった。デカルトは延長、形態、運動が非常に得意だった。ニュートンの見解は引力と斥力とで目一杯だった。両者とも、自然の未知の部分についての思念を彼らになじみのある既知の部分から得た。ちょうど羊飼いのティテュロスが、まだ見たこともないローマについての思念を故郷の村になぞって思い描いたように。

愚かなり、偉大なローマが*
市の日ごとに訪うては
羊の群れを連れゆく町のごとくとは
子犬、子ヤギの、親犬、母ヤギに似るごとく
大なるもの、小なるもので測ったり

これは類比的な思考法の適切な描写である。

しかし、人間知性にかかわるデカルトの体系にもどることにしよう。すでに観察されたように、それは意識というただひとつの基礎の上に観念を材料として組みたてられた。そして彼の追随者たちは同じ基礎、同じ材料で体系を組みたてた。彼らは、自然が我々に様々な単純観念を与えたことを認める。実はそれらの観念は、デカルトの物理的体系における物質に類比的である。同様に彼らは、観念が合成され、分離され、連合され、比較されるさいの

自然的能力を認める。そしてこれは、デカルトの物理的体系におけるオリジナルな運動量に類比的である。これらの原理から彼らは人間知性の現象を説明しようとくわだてるが、それは物理的体系において自然現象が物質と運動から説明されるのに似ている。物理的体系同様、人間知性にかかわるこの体系にも非常な単純さがあることは認められなければならない。それら二つの体系には類似点があり、父親を同じくする二人の子供たちのようである。しかし、物理的体系がデカルトの子供であり自然の子供ではないように、人間知性の体系も同様だと考える理由がある。

この体系の自然な結果が、観念の存在と様々な観念の比較で明らかになる必然的関係をのぞくすべての事物に対する懐疑主義であることは明らかである。というのも、観念だけが思考の対象であり、意識されるとき以外は存在しないので、我々の思考の対象で継続的かつ恒常的なものはきっと存在しないからである。物体と精神、原因と結果、時間と空間、我々はいつもそれらに思考とは独立の存在を帰してきたが、それらはすべて次のようなささいなジレンマによって存在する資格を奪われてしまう。すなわち、それらは感覚の観念かそれとも反省の観念か、あるいはそのいずれでもないのか。もし感覚か反省の観念であれば、それらは意識されているあいだだけ存在することになる。もし感覚か反省の観念でなければ、それらは意味のない単なる言葉にすぎなくなる。

デカルトもロックも観念にかんする彼らの体系のこの帰結に気づかなかった。それを最初に発見したのは、バークリー主教だった。この発見に何が続いただろうか。物質的世界と空間および時間について彼は、それらが単なる観念であり、我々の心の中以外に存在しないという帰結を認める。しかし、諸々の精神、あるいは諸々の心の存在については、彼はこの帰結を認めない。実際もしそれを認めていたなら、彼は絶対的懐疑主義者になっていたに違いない。しかし、彼はどうやって諸々の精神の存在についてこの帰結をまぬがれるのか。そのために善良な主教が用いた方策はたいへん非凡なものであり、懐疑主義に対する嫌悪のほどがうかがえる。彼は、我々には諸々の精神についての観念はなく、我々は何ら観念を抱くことなく諸々の精神とその属性について考え、語り、推理できると主張する。しかし、もしそうなら、主教よ、我々はなぜ何ら観念を抱くことなく諸々の物体とその性質について考え推理することができないのだろうか。バークリー主教はこの問題を考えなかったか、あるいは考えても答えることを適切とは思わなかった。しかし、我々が観察するところでは、懐疑主義を避けるために彼は、この場合にかぎってそうする理由を何ら挙げることなく、正しくもデカルト的体系から逸脱するのである。私が出会ったデカルトの継承者たちによる体系の中で、これだけがデカルト的原理からの逸脱例である。そしてそれは懐疑主義への恐怖から突然始まったようである。というのも、バークリーの体系におけるほかの部分は、すべてデカルト的原理にもとづいているからである。

　こうして我々は、デカルトとロックが懐疑主義にいたる道をそれと知らず歩むのを目のあたりにする。しかし、彼らは、その道をさらに突き進むだけの見解を持ち合わせずに途中でとまってしまう。バークリーは、おぞましい深淵がのぞくのに怖気づいて脇によけ、懐疑主義を回避する。しかし、『人間本性論』の著者はより大胆不敵で、左右にたち退くことなく、ウェルギリウス*のアレクトよろしく奈落をうがつのである。

　　そのかたわらに*ものすごい洞穴あって、おそろしい
　　ディースの呼吸の穴が見え、ほとばしり出るアケロンの
　　流れを吐き出す巨大なる、割れ目は毒吐く顎開き

四　人間知性のうち、自然の贈物であって推理能力による獲得ではない部分について新しい体系が与えた説明が、著しく貧弱で不完全であることを我々は観察するだろう。

人間知性に自然が与えた造作に二種類ある。思念についていては、新しい体系はそれらを次の二種類に還元する。すなわち感覚の観念と反省の観念とである。感覚の観念は記憶あるいは想像に保持された感覚の写しであり、反省の観念は同様に記憶あるいは想像に保持された、意識された心の働きの写しである。そしてそれら二種類の観念が、人間知性が用いる、あるいは用いることのできる全材料をなすと我々は教えられる。事物についての判断あるいは信念については、新しい体系は何も自然の贈物には帰さず、すべてが理性による獲得であり、観念どうしを比較し、その一致・不一致を知覚することによって得られると考える。さて私は、思念と判断または信念のこの説明をきわめて不完全であると考える。そこで以下その主要な欠陥をいくつか指摘してみたい。

我々の思念が感覚の観念と反省の観念に分けられるのは論理学のあらゆる規則に反している。なぜなら区別の二番目が一番目を含んでいるからである。というのも、いったい我々は、反省とは別の仕方で感覚についてはっきりと適正な思念を形成できるだろうか。もちろんできない。感覚は心の働きで、我々に意識される。我々が意識するものを反省することで感覚についての思念が得られる。同様に疑うことや信じることは心の働きであり、我々に意識される。我々が意識するものを反省することでそれらについての思念が得られる。したがって、感覚の観念は、疑うことや信じることおよびそのほか諸々の観念同様、反省の観念である。

しかし、区別の不正確さは脇におくとしても、それは著しく不完全である。というのも、感覚は心の働きであり、我々が反省によって思念を形成するほかの事物と同様だが、我々の思念がすべて感覚の観念か反省の観念かであると言うのなら、平易な言葉で言い換えればそれは「人は自分の心の働き以外何も考えないし、考えることができない」と言うことになる。これほど真実と食い違っているもの、あるいは人類の経験と食い違っているものはあるまい。私は、ロックがこの学説を主張しつつ、物体やその性質についての思念、運動や空間についての思念が感覚の観念であると信じたことを知っている。しかし、なぜ彼はそう信じたのか。なぜなら彼は、それらの思念が我々の感覚の像にほかならないと信じたからである。したがってもし物体とその性質、運動と空間についての思念が感覚の像でなければ、それらは感覚の観念ではないことになるだろう。間違いなくそうでない。

新しい体系の学説でこれ以外に懐疑主義に直進するものはない。そして『人間本性論』の著者は、この目的のためにこの学説を活用することをよく心得ていた。というのも、もし物体や精神、時間や空間、原因や結果が存在すると主張したなら、彼はすぐに相手をつかまえて次のようなジレンマに追い込むからである。すなわち、それらの存在についての思念は、感覚の観念か反省の観念かのいずれかであり、もし感覚の観念ならいったいどんな感覚から写し取られたのか、また、もし反省の観念ならいったいどんな心の働きから写し取られたのか。

感覚やそのほかの心の働きについて多くを物した人々は、そうした働きについてもっとよく考え、多大の注意を向けて反省して欲しかった。ともあれ、人類が感覚やそのほかの心の働き以外のほかの事を考えるのを彼らが許さないというのは、実に奇妙なことではないか。

この体系が事物にかかわる判断と信念について与える説明は、思念あるいは単純把握の説明同様、真実からかけ離れている。それは感官に、心に事物の思念あるいは単純把握を供給する以外の職務を与えず、事物にかかわる判断と信念を思念の比較および思念どうしの一致・不一致の知覚によって獲得されるとする。

我々が示したのは、これとは反対に、感官のあらゆる働きは本性上、単純把握だけでなく判断あるいは信念を含意することである。つま先に痛風を感じると、私には痛みの思念だけでなく、痛みがあることと痛みをもたらすつま先の障害についての信念もある。そしてその信念は観念どうしを比較し、それらの一致・不一致を知覚することでもたらされるのではない。この信念は、感覚のまさに本性に含まれているのである。眼前の木を知覚すると、視覚能力は私に木の思念あるいは単純把握だけでなく、その存在、その形態、そこまでの距離、その大きさについての信念をもたらす。この判断あるいは信念は観念どうしの比較によって得られたのではなく、知覚のまさに本性に含まれている。我々はこの研究で信念のオリジナルな原理をいくつか考察してきた。心のほかの能力が検討されたなら、五官の検討では機会のなかったオリジナルな原理がもっと見いだされるだろう。

したがってそうしたオリジナルかつ自然な判断が、自然が人間知性に与えた造作をなす。それらは、思念や単純把握同様、全能者の息である。それらは日常生活において推理能力が我々を途方にくれさせるときに我々を導く。それらは我々の本性の一部であり、理性によるすべての発見はこれにもとづいている。それらは「人類の常識」と呼ばれるものをなしている。そしてそれら第一原理とあからさまに対立するものが「不合理」と呼ばれるものである。それらの健全さは良識であり、これは推理の鋭くない人々にしばしば見られる。本性上の欠損から生じるそれからの著しい逸脱は「狂気」と呼ばれ、自分がガラスでできていると信じる場合がそうである。人が形而上学的論拠によって常識の原理から逸脱するなら、我々はこれを「形而上学的狂気」と呼ぼう。それはほかの精神異常とは、持続せず間欠のものという点で異なっている。それが患者をとらえるのは、彼が孤独で思弁的なときである。しかし、彼が社会に出ると、常識がその権威を取りもどす。常識の原理を解明しひとつひとつを枚挙することは、論理学においてぜひとも望まれる課題である。我々は五官の検討で機会のあったものだけを考察したにすぎない。*

五　新しい体系にかんする私の最後の観察はこうである。それは類比の方法ではなく反省の方法を採用すると公言するが、心の働きにかかわる古い類比的な思念をいくらか保持していることである。とくに心に今存在していないものは、心の観念あるいは像によって知覚、記憶、想像され、この観念あるいは像が知覚、記憶、想像それぞれの直接的対象であるという点でそうである。この学説は明らかに古い体系から借用された。古い体系は、外的事物は蠟に対する刻印のように心に対して印象をもたらすが、我々はこの印象によって外的事物を知覚、記憶、想像するので、それらの印象はもとの外的事物に類似しなければならないと教えた。我々が類比によって心の働きについて思念を形成すると、こうした見方はとても自然に思え、我々の思考を引きつける。というのも、我々は、触れられる事物がみな身体に何らかの印象を残すように、理解される事物もみな心に何らかの印象を残すと考えがちだからである。

そうした類推から、心における事物の観念あるいは像の存在というこの見解が生まれ、哲学者たちのあいだで広く受容されるようになったと思われる。すでに観察されたように、バークリーは、我々には諸々の精神についての観念はなく、観念なしにそれらを直接考えることができると断言することで、新しい体系のこの原理を一部では破棄している。しかし、私は彼がこの点で継承者を得たかはわからない。我々が可感的事物を知覚、記憶、想像する観念あるいは像については哲学者たちのあいだに見解の相違がある。というのも、すべての哲学者たちがそうした観念あるいは像の存在には同意するが、その場所については見解が違うからである。ある者はそれを魂が宿ると考えられた脳の特定の場所に求め、別の者はそれを心そのものに求めた。デカルトは前者の見解だったが、ニュートンも同じ見解だったようである。彼は『光学』の中で「動物の感覚中枢*は、感覚的実体が現在する場所であり、そこへ事物の可感的形象が神経と脳を通って運ばれていくのではないだろうか、それらは感覚的実体に直接現在することで知覚されるのではないか」と述べている。しかし、ロックは可感的事物についての観念の場所を心に求めた。

そしてバークリーと『人間本性論』の著者がロックと同意見だったことは明らかである。後者はこの学説を奇妙な仕方で活用し、そこから心は実体ではないか、または、延長の観念は延長せず分割不可能な主体にはあり得ないから、もし心が実体なら延長し分割可能であることを証明しようと試みている。

告白するが、私は、彼の推理は、ほかの場合同様、この点でも明断かつ強固だと思う。というのも、バークリーやこの著者が言うように、延長の観念が延長の別名なのか、それとも、ロックが考えたように、延長の観念は延長の像あるいは類似物なのか、その点を私は常識のある人にゆだね、延長あるいは延長の像が延長せず分割不可能な主体にありえるかを考えてもらいたいからである。しかし、私はしばらく彼の推理に同意し、この推理を別の仕方で用いてみたい。彼は、心に延長の観念があることを当然視している。そこから推理して、心が実体ならそれは延長しており分割可能な実体に違いないと述べている。反対に私は、常識の証言によって、私の心は実体であり思考の恒常的な主体であることを当然視し、私の理性は、私の心は延長しておらず分割不可能であることを確信させる。それらから推理して、私は、心の中には延長に類似したものは何もないと主張する。もしこの推理がバークリーに思い浮かんだなら、我々は、諸々の精神の場合同様、諸々の物体についても観念なしに考え、推理できることを彼に認めさせていただろう。

私は心の中にある事物の観念、あるいは像の存在にかかわるこの学説、およびこれにもとづくほかの学説、例えば、判断あるいは信念は観念の一致・不一致の知覚にほかならないという学説をもっと個別かつ十分に検討するつもりだった。しかし、これまでの研究ですでに、我々が検討した心の働きはこれらの学説のいずれにも同意せず、多くの場合これらに反することを示したので、計画をこのあたりで中断するのは適切かと考えた。必要なら人間知性のほかの能力を研究することで、この計画はもっと効果的に実行されるだろう。

我々は五官と五官において用いられる人間の心の原理だけを検討し、またこの検討の過程で遭遇したものをも検討したが、この研究のさらなる遂行は将来の熟考にゆだねたい。* 記憶、想像、趣味、推理、道徳知覚、意志、情念、愛情、といった能力と魂の活動的能力は哲学的討究に計り知れないほど無限の領域を提示する。この研究の著者には、この領域を正確に見渡すことはできない。古今の独創的な著述家たちは、この広大な領域に乗り出して有益な観察を伝えた。しかし、全体の地図をもたらすと公言した人々が、結局は非常に不正確で不完全な概要で満足するほかなかったと信じる理由がある。ガリレオ*が自然哲学の完全な体系を試みたなら、彼は人類にほとんど貢献しなかっただろう。しかし、自分の理解できる範囲に仕事を制限したことで、彼は知識の体系の基礎をすえたのであり、この基礎は徐々に豊かになり人間知性の名誉となっている。ニュートンはこの基礎の上に構築し、同様にみずからを重力の法則と光の性質に制限したことで驚くべき成果をもたらした。もし彼がもっと多くを試みていたなら、その成果はもっと少なかったか、あるいはまったくなかったかもしれない。分不相応の歩幅と、悲しいかな、分不相応な力量でこれら偉大な先例に追随しようとの野心から、我々は人間の心におけるほんの一隅の研究を試みたにすぎない。すなわち通俗の観察で最も接近しやすく、最もよく理解できる一隅である。しかし、我々がかりにそれを適正に描写したのだとしても、これまでの説明はまだかなり貧弱で真理に近づいていないことは認められなければなるまい。

訳者註

vii ＊全能者の息が人に悟りを与える　*the inspiration of the Almighty* ……

旧約聖書「ヨブ記」三二・八。訳文は日本聖書協会『聖書』（一九七八年刊）によった。

vii ＊第四版改訂版　*The FOURTH EDITION Corrected*

『心の哲学』には七つの版があり、第四版までが著書生前のものである。各版の出版年と出版地は以下の通り。初版一七六四年（エジンバラ）、第二版一七六五年（エジンバラ）、第三版一七六九年（エジンバラ）、第四版一七八五年（ロンドン）、第五版一八〇一年（エジンバラ）、第六版一八〇四年（グラスゴー）、第七版一八一四年（出版地記載なし）。

vii ＊T・キャデル　*T. Cadell*

Thomas Cadell. 1742-1802. ロンドンの書籍・出版業者。

vii ＊J・ベル　*J. Bell*

John Bell. 1745-1831. エジンバラの書籍・出版業者。

vii ＊W・クリーチ　*W. Creech*

William Creech. 1745-1815. エジンバラの書籍・出版業者。

献辞

ix ＊フィンドレイターおよびシーフィールド伯爵ジェイムズ　*JAMES Earl of FINDLATER and SEAFIELD*

James Ogilvy, Lord of Deskford. 1714-1770. 第三代シーフィールド伯爵、第六代フィンドレイター伯爵。一七六一年から一七七〇年までアバディーン、キングズ・カレッジ総長。

ix ＊デカルト　*Descartes*

René Descartes. 1596-1650. フランスの哲学者。

ix ＊マルブランシュ　*Malebranche*

Nicolas de Malebranche. 1638-1715. フランスの哲学者。

ix ＊ロック　*Locke*

John Locke. 1632-1704. イングランドの哲学者。

ix ＊バークリー　*Berkeley*

George Berkeley. 1685-1753. アイルランド出身の哲学者。

ix ＊ヒューム　*Hume*

David Hume. 1711-76. スコットランドの哲学者。『人間本性論』の著者。

x ＊一七三九年に『人間本性論』が公刊されるまでは　*until the Treatise of human nature was published, in the year 1739*

『人間本性論』は全三巻からなり、第一巻と第二巻は一七三九年に、第三巻は翌年に、それぞれ匿名で公刊された。

x ＊懐疑主義　*scepticism*

古代ギリシアはエリスのピュロン(Pyrrho of Elis. c. 360 - c. 270B.C.)を祖とすることからピュロン主義（pyrrhonism）とも呼ばれる。何であれ確実とは断定しない態度を意味する。近世初期に古代のピュロン主義の再評価がなされ、モンテーニュ（Michel Eyquem de Montaigne. 1533-92.）などが影響された。デカルトでは、懐疑主義が確実な知識に対する挑戦と受けとめられ、以後、この挑戦に応答することが哲学者の課題となった。

xi ＊この像や映像は「印象」や「観念」と呼ばれます　*certain images and pictures......, which are called impressions and ideas*

「印象」、「観念」はヒューム哲学の用語。『人間本性論』第一巻第一部第一節参照。

xi ＊かくて、まやかしの幻視のごと　*And, like the baseless fabric of a vision*

シェイクスピア『テンペスト』第四部一・一五一－六。

xii ＊哲学の私的な会合　*a private philosophical society*

「アバディーン哲学協会（Aberdeen Philosophical Society）」のこと。一七五八年にリードらによって発足。一七七三年解散。

3＊広範な影響　*extensive influence*

「心の哲学」に「依拠する」様々な学問分野としては「論理学、修辞学、自然と国家の法、政治学、家政学、美学、そして自然宗教」が考えられている（Thomas Reid, *Practical Ethics*, ed. by Knud Haakonssen, Princeton University Press, Princeton, 1990. p. 15.）。

4＊ニュートン　*Newton*

Sir Isaac Newton. 1642-1727. イングランドの数学者・天文学者。

4＊「哲学することの規則」　*regulae philosophandi*

ニュートンが『プリンキピア』（一六八七年刊）第三篇冒頭に掲げた「実験哲学」の四つの規則のこと。

4＊地球の形成、動物の発生　*the formation of the earth, the generation of animals*

ビュフォン（Georges Louis Leclerc, Comte de Buffon. 1707-88.）の学説を指す。ビュフォン『自然の諸時期』菅谷暁訳、法政大学出版局、一九九九年。

4＊自然悪と道徳悪の起源　*the origin of natural and moral evil*

フランシス・ハチソン（Francis Hutcheson. 1694-1746.）が、*An Inquiry into the Original of our Ideas of Beauty and Virtue*, 1725. の「第二論考（Treatise II.）」で扱った「自然悪」と「道徳悪」の「観念」の起源のことを指す。

4＊デカルトの「渦」　*the vortices of Des Cartes*

デカルトによる宇宙の起源にかんする仮説に登場する概念。唯一延長のみを本質とする物質が、固有の運動量をもって空虚の存在し得ない宇宙に仮定されると、やがて渦が形成され、その結果様々な大きさの粒子から様々な天体が形成されたとする。

4＊パラケルススの「アルケウス」　*the Archaeus of Paracelsus*

「アルケウス」は、パラケルスス（Philippus Aureolus Paracelsus (Theophrastus Bombastus von Hohenheim). 1493-1541.）の思想における基礎概念のひとつで、霊妙な生命原質を指す。例えば、人間の各臓器に宿り、その活性化が各臓器の機能であるとされた。

4＊観念の理論はたしかにとても古い理論　*The theory of ideas is indeed very ancient*

リードによれば、中世の「スペキエス」の学説と近世の「アイデア」の学説に共通するのは、知覚の直接対象を心的とみなす考え方である。本書において「観念の理論」は、広義には、中世・近世の双方を総括した呼称であり、狭義には、「観念的体系」または「デカルト的体系」とも呼ばれる近世の学説を意味する。訳者解説参照。

8＊迷宮はあまりに　The labyrinth may be too

ギリシア神話で物語られる、クレタの迷宮に巣くう怪獣ミノタウロス退治にちなむ譬え。クレタ王の娘アリアドネは英雄テセウスに糸巻きを与え、迷宮からの脱出を助けた。

9＊楼閣建築家　castle-builders

一般には「夢想家」の意味で用いられる。一八世紀初頭の造語。

9＊自分の存在を信じないと決めた　resolved not to believe his own existence

デカルト『方法序説』第四部、『省察』第一省察。

10＊省略三段論法　enthymeme

三段論法は大前提と小前提から結論を導くが、前提のいずれか、または結論に言及しない三段論法のことを省略三段論法という。

11＊ロックがこの疑問を持ち出した　Locke has done it

ロック『人間知性論』第二巻第二七章。

11＊物質的世界の存在を証明する　to prove the existence of a material world

いわゆる「外界問題（the problem of the external world）」と呼ばれるもので、知覚の直接対象が心の中にのみあるとした場合、それから外界の存在をどのように推理するかという問題。

12＊学院的詭弁の時代　the ages of scholastic sophistry

中世スコラ哲学の時代（九－一三世紀）に対する蔑称。

13＊全能のユピテルに挑んだ巨人族　the giants to dethrone almighty Jove

ギリシア神話にゼウスと巨人族（ティタン）との一〇年におよぶ戦い（ティタノマキア）があるが、そのローマ神話版での出来事に言及したもの。

14＊クロイン主教　the Bishop of Cloyne

バークリーのこと。クロインは教区名。バークリーは一七三四年から同教区の司教職を務める。バークリー主教（Bishop Berkeley）という呼び方もある。

14＊『人間本性論』の著者　*the author of the Treatise of human nature*

ヒュームのこと。『人間本性論』が匿名で出版されたことに由来する呼称。

14＊観念と印象が影響する主体さえ存在しない　*without any subject on which they may be impressed*

『人間本性論』第一巻第四部第六節。

15＊自分の哲学に同意できたのはひとりで書斎にこもっているときだった　*it was only in solitude and retirement that he could yield any assent to his own philosophy*

『人間本性論』第一巻第四部第七節。

15＊エリスのピュロン　*Pyrrho the Elean*

Pyrrho of Elis. c. 360-c. 270B. C. 古代懐疑主義またはピュロン主義の祖。

15＊ディオゲネス・ラエルティオス　*Diogenes Laertius*

Diogenes Laertius. c. 300B. C. 古代ギリシアの哲学史家。『ギリシア哲学者列伝』の著者。

15＊カリュストスのアンティゴヌス　*Antigonus the Carystian*

Antigonos of Carystian. c. 240B. C. 古代ギリシアの哲学史家。『ギリシア哲学者列伝』で利用された伝記書の作者。

16＊その料理人を追いたてた　*pursued him even into the market-place*

ディオゲネス・ラエルティオスは、この物語をピュロンではなく、ピュロンの弟子であるエウリュロコスのものとして描いている。ディオゲネス・ラエルティオス著『ギリシア哲学者列伝』下巻、加来彰俊訳、岩波文庫、一九九四年、一五七頁。

16＊ゼノン　*Zenon*

エレアのゼノン（Zeno (of Elea). c. 490-430B.C.）。「アキレスと亀のパラドクス」ほかによって運動の可能性を否定した。

16＊ホッブズ　*Hobbes*

トマス・ホッブズ（Thomas Hobbes. 1588-1679.）。イギリスの哲学者。リードの言及については、『リヴァイアサン』第一部第一五章参照。

17＊クリストファー・コロンブスなりセバスティアン・カボート　*Christopher Columbus or Sebastian Cabot*

コロンブス（Christopher Columbus 1451-1506.）はスペインに仕えたイタリアの航海者・探検家。カボート（Sebastian Cabot 1476-1575.）は、父ジョン（John Cabot. 1450-98.）とともに英国に仕えた探検家。北米探検に参加。

17＊連合の三法則　*three laws of association*

ヒュームは観念連合に「類似」「近接」「原因・結果」による三種類を区別した。『人間本性論』第一巻第一部第四節。

18＊エピクロスの原子さながら　*like Epicurus's atoms*

エピクロス（Epicurus. 341-270B.C.）は古代ギリシアの原子論者。ディオゲネス・ラエルティオス『ギリシア哲学者列伝』下巻、加来彰俊訳、岩波文庫、二〇一頁以下。

第二章　嗅覚について

21＊化学親和力　*chemical affinity*

化学的な相互作用をする能力。この能力を物質どうしの親和性に求める考え方は、ヒポクラテス(Hippocrates. c. 460 – c. 377B.C.）の昔にまで遡る。

22＊指導的精神　*spiritus rector*

錬金術の伝統に属する概念と思われるが、詳細は不明。

22＊動物精気　*animal spirits*

脳室が脳における精神活動の中枢だと考えられた中世では、脳室を満たす脳脊髄液がこの活動の媒体と見なされた。「動物精気」と観察されたものの実体はこれである。近世になって神経が発見されたあともなお、例えばデカルトの生理学がその典型であるように、神経を管に見立て、その中を「動物精気」が流れていると考えられた。なおリードは、本書第六章第一九節で、神経系を「水力機関」と見なす仮説に言及している。

23＊未知の原因　*unknown cause*

いわば間接的にしか知られない原因が、リードのテキストではこう呼ばれる。より正確には、以下説明するような仕方で、「相対的」にしか概念が形成できない原因は「未知の」と形容される。リードでは、感覚の原因は、ロック以来の伝統から物体の第一性質と第二性質の区別で考えられている。そしてこの区別は、リードにおいては、それぞれの性質についての概念の性格によって特徴づけられる。すなわち物体の第一性質についての概念は「はっきりと明瞭」であるが、物体の第二性質についての概念は「相対的」でしかない。その際、ある概念が相対的であるとは、ほかの「はっきりと明瞭な」概念との関係で思考されたことを意味する。さて匂いの感覚を引き起こすのは、物体の第二性質である。いま匂いの感覚に注意を向けて、それについての「はっきりと明瞭な」概念があるならば、それとの関係で、つまり〈匂いの感覚を−引き起こした−物体の−性質〉という記述が許す限りで、物体の第二性質についての「相対的な」概念が得られる。物体の第二性質は、第一性質とともに、感覚の原因と考えられるのだから、匂いの感覚の場合には、その原因については「相対的な」概念しか形成されない。従って、匂いの感覚の原因は「未知の」ものである。

24＊単純把握　*simple apprehension*

アリストテレス（Aristoteles. 384-322 B.C.）以来の古典論理学では、人間知性の働きを「概念・判断・推論」に分けたが、このうちほぼ「概念」に相当するのが「単純把握」である。「概念」が「判断」に先行するように、「単純把握」も、事柄が「何であるか」を、その現実・非現実にかんする信念なしに理解することであると考えられた。

25＊像や心象または形象　*an image, phantasm, or species*

いずれも、観念の理論において、思考の直接対象が心的なものであることを意味するために用いられる用語。なおこのようなある種の連語はロックに由来する。ロック『人間知性論』第一巻第一章第八節。

25＊感覚中枢　*sensorium*

脳における活動の場を脳室（脳のほぼ中央にある脳脊髄液で満たされた空洞）に求めた伝統では、とくにアビセンナ（Avicenna. 980-1037.）以降いわゆる五つの外的感官（嗅覚・味覚・聴覚・触覚・視覚）のほかに三つの内的感官（共通感覚・想像力・記憶力）を想定し、それぞれの中枢が三つの脳室（現在では四つと数えるが古くは現在の第一、第二側脳室がひとつと考えられた）にあると考えた。デカルトの頃になると脳室機能局在論は意義を失うが、外界から得られた情報は脳の中のある種の感官によって整理・統合されるという考え方は残り、例えば視知覚的な情報にかんしては今日視神経交叉として知られる箇所に感覚中枢があると考えられるなどした。デカルトもまた、知性が単一である以上感覚中枢も単体でなければならないとの考えから、脳のほぼ中央に位置する松果腺に感覚中枢があるとした。

25＊我々はのちに　*We shall afterwards*
第二章第六節。
27＊一致なり不一致なりが知覚される　*we perceive agreements or disagreements between them*
「信念・判断・知識」についてのロックの見解に触れたもの。『人間知性論』第四巻第一章。
27＊自然物　*natural bodies*
リードではまれなこの英語表現は、このあとアリストテレスによる「霊魂」の「定義」の引用に際して用いられるだけである(本書第七章)。訳語は、『広辞苑』による以下の説明を参考にして採用した。「自然物　人の手が加えられていない、自然界に存する有形物」『広辞苑』第五版、岩波書店、一九九八年。
27＊単純原質または元素　*simple principles or elements*
錬金術の伝統でいう五つの単純元素（水銀、硫黄、塩、水、土）のこと。
28＊観念的哲学による近年の発見　*modern discovery of the ideal philosophy*
ヒューム哲学のこと。
28＊信念が単純把握より強力な対象観念を含意する　*belief implies only a stronger idea of the object than simple apprehension*
『人間本性論』第一巻第三部第七節。
29＊ロックの思念に言及した　*I mentioned before Locke's notion of belief or knowledge*
ロック『人間知性論』第四巻第一章。
29＊それが現代の懐疑主義における眼目のひとつ　*one of the main pillars of modern scepticism*
本書第七章の最後の方で「判断あるいは信念は観念の一致・不一致の知覚にほかならないという学説をもっと個別かつ十分に検討するつもりだった」と述べられているように、実際にはリードはこの約束を果たさなかった。同章には、ロック哲学とヒューム哲学の関係を述べた個所があるが、そこで焦点になっているロックの学説はいわゆる「感覚の観念」と「反省の観念」との区別である。
31＊心とは主体をともなわない観念および印象の継起である　*the mind is only a succession of ideas and impressions, without*

any subject
ヒューム『人間本性論』第一巻第四部第五節。

32＊観念は物体の第二性質をすべて放棄した　*they discarded all secondary qualities of bodies*
ロックは、『人間知性論』第二巻第八章で、物体の性質に第一性質と第二性質を区別した。第二性質は匂い、味、音、熱さ、冷たさ、色などで、物体そのものから切り離して考えることができる性質である。ロックは、これらの性質についての観念は物体の性質には類似しないと主張した。

32＊延長、凝固性、空間、形態　*extension, solidity, space, figure*
これらはロックにおいて、いわゆる物体の第一性質を指す。第二性質の場合と異なり、これらは物体そのものから切り離して考えることができない。従ってロックは、これらの性質についての観念は物体の中になんらかの「パターン（pattern）」があり、物体の性質の「類似物」であると考えた。『人間知性論』第二巻第八章第一五節。

33＊誘引の法則なり先行の規則なり　*laws of attraction, or rules of precedence*
ヒュームにおける観念連合の思想と「観念には印象が先行する」という基本命題について触れたもの。「誘引の法則」は『人間本性論』第一巻第一部第四節、「先行の規則」は同書第一巻第一部第一節をそれぞれ参照。

33＊事物の皮膜　*the films of things*
ルクレチウス（Lucretius. c. 99 - 55B.C.）からの引用文にある「事物の［この］皮膜」（rerum simulacra）を指す。

33＊そこで私は言うが　*Principio hoc dico*
ルクレチウス『物の本質について』第四巻七二四―二七行（ルクレーティウス『物の本質について』樋口勝彦訳、岩波文庫、一九六一年、一八七頁）。

33＊受動知性　*the passive intellect*
中世スコラ哲学の用語。能動知性（the active intellect）と対をなす。外的事物から発せられたその形象（species）は、まず感覚器官を刺激し、その後に感覚中枢に送られるが、この形象は可知的なものとならなければならない。形象を受けとめる働きとして受動知性が考えられ、この形象を可知的なものにする働きとして能動知性が考えられた。

33＊アリストテレス　*Aristotle*

Aristoteles. 384-322 B.C. 古代ギリシアの哲学者。本書では古代における観念の理論の創始者として描かれる。本書第七章参照。

33＊可知的形象　*intelligible species*

中世スコラ哲学の用語。能動知性によって可知的なものとなった外的事物の形象のこと。可知的なものになる以前の形象は「可感的形象（sensible species）」と呼ばれる。

33＊松果腺や純粋知性、さらには神的精神　*either in the pineal gland, or in the pure intellect, or even in the divine mind*

「松果腺」も「純粋知性」もデカルトの場合を指す。「神的精神」はマルブランシュの場合を指す。

35＊プラトンが彼の学院に加わる者にあらかじめある種の資格を要求した　*Plato required certain previous qualifications of those who entered his school*

プラトン(Platon. c. 428 - c. 347B.C.)が古代アテネに開設した「学院（アカデメイア）」の校門には、「幾何学を知らぬ者、入るべからず」とあったと伝えられている。

37＊関係についての我々の思念は関係づけられた観念の比較によって得られる、というのが哲学者たちに受容された学説である　*It is the received doctrine of philosophers, that our notions of relations can only be got by comparing the related ideas*

ロック『人間知性論』第二巻第二二章第七節および第二五章。

37＊ここで「示唆」という言葉を使わせてもらいたい　*I beg leave to make use of the word suggestion*

既出の表現であるにもかかわらず、ここで初めて「示唆」ないしは「示唆する（suggest）」という表現が、リード哲学における専門用語として導入される。本書では「意味表示する（signify）」や「表示する（ indicate）」という表現も「示唆する」と同じ意味で用いられることがある。

38＊心に対する刺激　*impression upon the mind*

「感覚」または「感じ」の言い換えであるこの表現は、このあと本書第六章第八節でだけ用いられている。そこでは「物理的刺激（material impression）」と「心に対する刺激」が区別される。「物理的刺激」は、空気の振動が鼓膜を刺激する場合のように、つねに受容器に対するものであり、これに伴う感覚とは区別される。この感覚を「心に対する刺激」と呼ぶ点については、本書は、リードが一七八五年に公刊した『人間の知的能力試論』より表現法がゆるやかである。同書第二試論第四章でリードは、「心に対する刺激」という表現を心にかんする言語の誤用であると批判する。

40＊この感覚の原因、機会、先行条件　*cause, occasion, or antecedent*
リードは、自然界に働く本来の因果性（causality）は自然哲学の対象外であるとし、自然哲学の対象に属する自然原因（natural cause）と本来の因果性である作用因（efficient cause）を峻別する。自然哲学者のいう因果性とは、事物や出来事どうしの恒常的結合（constant conjunction）にほかならないとする点で、リードはヒューム的である。

41＊厳密に哲学的な意味においてではなく、普通の意味において　*not in a strict and philosophical sense, ……, but in a popular sense*
事物や出来事どうしの恒常的結合を観察するという点では、俗人の興味と自然哲学者の興味に相違はないというのがリードの持論であった。従って本来の因果性である作用因は、常識はもちろん自然哲学の領分にも属さない。むしろその探求は形而上学の課題である。この点でリードはヒュームと袂を分かつ。『人間の知的能力試論』第六試論第六章参照。

41＊そうした原因は実際には自然法則にほかならない　*such causes are in reality nothing else but laws of nature*
リードに見られるこうした文言は、今日、実証主義的な科学観の「古典的表現」と理解されている。Ian Hacking, *Representing and Intervening*, Cambridge University Press, 1983, p. 47.

41＊作用性　*efficiency*
いわゆる「作用因（efficient cause）」のこと。「作用因」は、アリストテレスのいわゆる「四原因（形相因、質料因、作用因、目的因）」のひとつ。ヒュームが『人間本性論』第一巻第三部第二節で、「原因」の定義として「あるほかのものを産出するあるもの（something productive of another）」に言及するのは、この「作用因」である。ヒュームはこの「産出」概念と出来事の恒常的結合を区別するが、この点はリードも同様であり、後者の意味での「原因」はつねに「自然原因」と呼ばれている。とはいえリードは、「産出」の「観念」には、「印象」というその「起源」が見つからないゆえに、本来の「原因」である「作用因」の意味を疑問視するヒュームの議論には同意しない。リードにおいて本来の「原因」である「作用因」は、「行為者（agent）」にのみ認められている。一七八八年に公刊された『人間の活動的能力試論』の第一試論参照。

42＊自然原因　*natural cause*
「作用因」とは区別される、本来自然哲学の課題とされた原因のこと。

42＊結果を産出する力　*power or virtue to produce the effect*

「作用因」のこと。

42＊向心力について述べた三つの定義　*three of his definitions*

ニュートン『プリンキピア』巻頭にある定義六、定義七、定義八のこと。定義六「向心力の絶対量とは、力の原因がそれを中心からまわりの領域中に伝える効果の大小に比例する、向心力の測度である」、定義七「向心力の加速量とは、この力が与えられた時間内に生ずる速度に比例する、向心力の測度である」定義八「向心力の起動量とは（この力が）与えられた時間内に生ずる運動に比例する、向心力の測度である」（世界の名著三一『ニュートン』河辺六男責任編集、中央公論社、一九七九年、六三頁）

44＊それはひとつの言語における単語に似ている　*like the words of a language*

知覚における感覚の役割を記号のそれに見立てるリードの感覚記号論のモデルは、言語記号である。

第三章　味覚について

48＊不透明な物体の色から、その物体を構成する微細で透明な部分の大きさを発見しようと試みた　*attempted, from the colour of opaque bodies, to discover the magnitude of the minute pellucid parts, of which they are compounded*

ニュートン『光学』（一七〇四年刊）第二篇第三部命題五「物質を構成する透明な粒子は、それぞれの大きさに応じて、ある色の射線を反射し、他の色の射線を透過する」（島尾永康訳『光学』岩波文庫、一九八三年、二三一頁）

49＊神々しいソクラテスが語った　*the beautiful allegory of the divine Socrates*

プラトン『パイドン』六〇B－C。

49＊ネーミア・グルー博士　*Dr. Nehemiah Grew*

Nehemiah Grew. 1641-1712. 植物生理学者。リードが言及している論文は、*A Discourse of the Diversities and Causes of Tasts chiefly in Plants*.

49＊王立協会　*the Royal Society*

正式名称は「自然についての知識を改善するためのロンドン王立協会（The Royal Society of London for Improving Natural Knowledge)」一六六〇年創立。

第四章　聴覚について

51＊完全音調　*perfect tone*

一定の振動数をもち、波形が正弦曲線で描かれる純音（pure (simple) tone）のこと。音叉による音は純音に近い。

52＊自然はその働きにおいて倹約家　*Nature is frugal in her operations*

一般的原理と特殊原理については本書第六章第二四節で論じられる。

第五章　触覚について

58＊ノヴァヤゼムリャ　*Nova Zembla*

ロシア北西、バレンツ海とカラ海をわける大島。

58＊ふだん自然界に拡散しており、ときに熱せられた物体中に蓄積される特殊な元素　*a particular element diffused through nature, and accumulated in the heated body*

シュタール（Georg Ernst Stahl. 1660-1734.）によって一八世紀に広まった熱素（phlogiston）にかんする学説のこと。

58＊痛風　*gout*

足の指の関節が激しい痛みとともにはれあがる病気。

60＊生気のない物質　*an inanimate piece of matter*

慣性（inertia）をもって物質の基本的性格であるする近代的な考え方が、物質にも自動力を認めてきた前近代的な見方と対比されたときの表現。

62＊我々はそれを感覚の観念と呼んだらよいだろうか、それとも反省の観念と呼んだらよいだろうか　*Shall we call it an idea of sensation, or of reflection?*

「感覚の観念」と「反省の観念」については、ロック『人間知性論』第二巻第一章参照。

62＊観念どうしの比較から　*from comparing the ideas*

信念や判断が観念どうしの比較によってもたらされるという考えについては、ロック『人間知性論』第四巻第一章参照。

62＊蓋然的な論拠なり確実な論拠なり　*probable or certain arguments*

ヒューム『人間本性論』第三部第一節および第二節。

64＊ヴェルラム卿　*Lord Verulam*

フランシス・ベーコン（Francis Bacon. 1561-1626.）のこと。一六一八年にヴェルラム男爵位（Baron of Verulam）を授爵したことから、後世この肩書きで呼ばれる。なおヴェルラム（Verulam）というのは、イングランド南東部ハートフォードシャー州西部の都市セントオルバンズの古代名。

64＊「自然の解釈」　*an interpretation of nature*

ベーコン哲学における基本概念。一般には「自然の解明」と訳されるが、本書ではほかの訳語との関係からこう訳した。

65＊私が前に示したように　*shewed formerly*

第二章第七節。

66＊第一性質　*primary qualities*

第二性質と対比される物体の性質。ロックは、延長や固さにかかわる感覚の観念は物体そのものに類似物があるとして、これらの性質を第一性質と呼んだ。

67＊しかしバークリー主教は　*But Bishop Berkeley*

バークリー『人知原理論』第九―一五節。

71＊眼に見えない隠れた性質　*an obscure or occult quality*

もともとは中世スコラ哲学の用語で、近世の科学者・哲学者たちによって、説明できない事柄を言い繕うための方便として非難されたものだが、本書では「未知なる原因」と同じ意味で用いられている。

71＊相対的概念　*relative conception*

概念形成についてのリードの考え方のひとつ。一般に事物については直接的にか、または間接的に概念が形成される。前者についてでは次註参照。後者の間接的な場合は、ある「はっきりと明瞭」に概念された事物との関係でほかの事物の概念が形成される。従ってそうした概念は「相対的」と形容される。なおリードでは「概念」は「思念」に同じである。『人間の知的能力試論』第二試論第一七章参照。

71＊はっきりと明瞭な概念　*clear and distinct conception*

概念形成についてのリードの考え方のひとつ。事物について、それの「何であるか」が、ほかの事物にかんする概念を介さずに理解された場合の概念のこと。

71＊ソーンダーソン博士　*Dr. Saunderson*

Nicholas Saunderson (Sanderson). 1682-1739. イングランドはケンブリッジの数学者。一二歳でかかった天然痘のせいで眼もろとも視力を失っていたので「盲目の数学者」としても知られる。

72＊座骨神経痛　*sciatica*

座骨神経領域の神経痛の総称。

72＊硬性腫瘍　*schirrous tumour*

「硬性（scirrhous）」とは「実質より間質が多い」ことを指すが、腫瘍の場合では、「腫瘍組織中の腫瘍細胞（実質）より腫瘍細胞の増殖に場を与える結合組織、新生血管（間質）が多い」ことを指す。『医学大事典』二〇、講談社、一九八二年。

73＊腹部の疝痛　*colic*

腸管の緊張、痙攣にもとづく発作性・反復性疼痛。言葉はcolon（結腸）に由来する。『医学大事典』二八、講談社、一九八三年。

74＊権限開示令状　*Quo warranto*

何らかの職務・特権などを僭称する者に対して「いかなる権限によって（quo warranto）」かを明らかにすることを命じたもの。英国法としては一九三八年に廃止され、差止令状（injunction）がこれにかわる。『英米法辞典』田中英夫編者代表、東京大学出版会、一九九一年、六九三頁。

74＊ア・プリオリに　*a priori*

語義的には「より先なるものから」を意味するラテン語表現で、ここでは何らかの論理的前提から結論を導くことの意味で用いられている。「物質的世界の存在」を否定する哲学者たちの議論をこのラテン語で形容するのは、バークリー『人知原理論』第二一節を念頭においてのことであろう。

75＊クロイン主教のであれ『人間本性論』の著者のであれ　*either by the Bishop of Cloyne, or by the author of the Treatise of human nature*

バークリー『人知原理論』第一六―二〇節、ヒューム『人間本性論』第一巻第四部第二節。

75＊古代および現代の哲学者たちがこの見解に同意した　*ancient and modern philosophers have agreed in this opinion*
訳者解説参照。

77＊相手にかんする錯誤　*error persona*
法律用語。一般には「人にかんする錯誤」と訳される。哲学者たちが論証によって否定しようとした「物質的世界」なるものが、哲学者たちによる論証対象の取り違えに過ぎないことを言わんとしたもの。

77＊法規にかんする錯誤　*error juris*
法律用語。一般には「法律にかんする錯誤」と訳される。常識が奉じる「物質的世界」の存在を論証によって否定するのに、哲学者たちが「観念的体系の法規」を持ちだすことの違法を意味しての表現。

77＊ロックの実に正当な観察によれば　*a very fine and a just observation of Locke*
ロック『人間知性論』第二巻第二章第二節。

77＊決定実験　*experimentum crucis*
ある理論の当否を最終的に決するような実験のこと。

78＊『人間本性論』の著者は中途半端な懐疑主義者　*The author of the Treatise of human nature appears to me to be but a half-sceptic*
哲学における懐疑主義の意義についてのヒュームの見解については、『人間本性論』第一巻第四部第七節および『人間知性研究』第一二節参照。

79＊あらゆる推理は第一原理からでなければならない　*All reasoning must be from first principles*
「第一原理」にかんするリードの論考としては、『人間の知的能力試論』第六試論第四節以下参照。

81＊質料なき形相　*the form, without the matter*
いずれもアリストテレス哲学における基本概念であるが、ここでは物の素材と形態というほどの意味で用いられている。

81＊蠟に対する刻印　*the impression of a seal upon wax*
この譬えはアリストテレス『霊魂論』第二巻第一二章（四二四a二〇）に見られる。

84＊トロイの木馬　*the Trojan horse*

ホメロス『オデュッセイア』に物語られるトロイ戦争で用いられたギリシア軍の兵員輸送の極秘手段。巨大な木馬の腹に忍ばせた兵を、難攻不落のトロイ軍の城塞都市内に奸計をもって進入させた逸話は有名。いわゆる知覚的知識の分析の場面で、プラトンもこの譬えを用いている。プラトン『テアイテトス』一八四D。

第六章　視覚について

88 ＊テネリフ山の頂　*the peak of Teneriffe*

Tenerife　アフリカ大陸西方、北大西洋にあるカナリア群島の火山島。

88 ＊ローマのサン・ピエトロ大聖堂　*St. Peter's church at Rome*

バチカン宮殿に隣接する世界最大規模の聖堂。建立は三二六年に遡るが、現在のものは一六世紀に再建されたもの

89 ＊非凡な知識が視覚的に授かる様式　*the manner of the divine knowledge by seeing*

一般に哲学の伝統では、論証的知識よりも直観的知識の方が優るとされてきたが、リードが言わんとしているのはこのことであろうか。次節には、視覚を人間にとって希有な能力と想定した場合のことが話題となるが、そこでは、そうした希有な才能を持った人々がそうでない人々から見て「予言者や霊感師」と思われるだろうことが指摘されている。

90 ＊球の射影や遠近法の規則　*the projection of the sphere, and the common rules of perspective*

「球の射影」とは、球面上のすべての点をある平面に一対一の対応で関係づけることで、立体射影（stereographic projection）と呼ばれる。遠近法には線遠近法と空気遠近法があり、リードが言及するのは線遠近法のこと。この遠近法では、ある観察者に対するある対象の見かけが、観察者と対象の中間で地平面に対して垂直に立てられた平面に描出されるが、対象上の点と平面上の点との対応関係は幾何学的な規則によって定まる。

90 ＊『球面上の諸々の円で作られる諸々の角はこれらの円の立体射影による表示で作られる諸々の角に等しい』　*the angles made by the circles of the sphere, are equal to the angles made by their representatives in the stereographic projection*

これは立体射影の定理と呼ばれる。球から平面への射影において、円や角の特性が保持されることから、この命題の内容は「立体写像は等角写像であり、保円写像である」とまとめられる。ヒルベルト、コーン－フォッセン『直観幾何学』芹沢正三訳、みすず書房、一九六六年、二六八－七〇頁。

90＊ハリー博士　*Dr. Halley*

いわゆる「ハリー彗星」の発見者として知られるエドムンド・ハリー（Edmund Halley. 1656-1742.）のこと。天文学者・数学者。

93＊クロイン主教の正しくも重要な観察　*a just and important observation of the Bishop of Cloyne*

バークリー『視覚新論』（一七〇九年刊）第一四七節（下條他訳『視覚新論』勁草書房、一九九〇年、一一九頁）。

93＊スミス博士　*Dr. Smith*

Robert Smith. 1689-1768. イングランドの数学者・光学者。著書に『光学の体系』（*Optics A Complete System of Opticks in Four Books, Cambridge*, 1738.）がある。

93＊光学ガラス　*glasses*

光学ガラスには望遠鏡や顕微鏡に用いられるレンズのほか、拡大鏡（magnifying glass）や多面鏡（multiplying glass）などがある。

96＊のちに明らかに　*as we shall afterwards show*

第六章第二二節。

96＊チェゼルデン　*Cheselden*

William Cheselden. 1688-1752. イングランドの外科医・解剖学者。

96＊ガラス体転位をほどこされた　*couched*

一八世紀当時白内障の治療に行われた外科的処置のこと。視軸の位置にある白濁した水晶体を針を挿入してずらす。

97＊多面鏡　*multiplying glass*

光学ガラスのひとつで、凹状の装置の内側に複数の面を設け、それぞれに鏡を張ることで、物の像が複数個映し出されるようにしたもの。

100＊皮膚収斂性　*astringent*

皮膚・組織をなす諸々の部分を緊密にし、その間の空隙を減少させる性質。

100＊麻酔性　*narcotic*

眠気を誘う性質。

100 ＊皮膚刺激性　*epispastic*

皮膚の特定部分に血液などの体液を集中させる性質。

100 ＊皮膚腐食性　*caustic*

皮膚にやけどなどの炎症を引き起こす性質。

101 ＊哲学者たちと考え、俗人たちと語ること　*to think with philosophers, and speak with the vulgar*

これに類した文言が、バークリー『人知原理論』第五一節にある。同書の岩波文庫版の訳者である大槻春彦は、一六世紀に由来する諺であると紹介している。

101 ＊アディスン　*Addison*

Joseph Addison. 1672-1719. イングランドの著述家・新聞発行者。『ザ・スペクテイタ』は、彼が発行者となった日刊紙（一七一一－一二、一四年)。

104 ＊可感的形相　*sensible forms*

中世スコラ哲学の用語。古代哲学の形相質料説を継承した概念。

104 ＊可感的形象　*sensible species*

中世スコラ哲学の用語。可知的なものとなる以前の形象。

105 ＊感覚の観念　*ideas of sensation*

ロック哲学の用語。『人間知性論』第二巻第一章。

105 ＊感官が直接つたえた感覚と記憶および想像に保持されたこの感覚のかすかな写しである観念　*sensations, which are immediately conveyed by the senses,.....ideas of sensation, which are faint copies of our sensations retained in the memory and imagination*

ヒューム哲学における「印象」と「観念」のこと。『人間本性論』第一巻第一部第一節。

105 ＊我々はあとでこの仮説を詳しく検討しよう　*We shall examine this hypothesis particularly afterwards*

第六章第一二節、第一九節。

113 ＊放物線やサイクロイド　*a parabola, or a cycloid*

放物線は、平面上でひとつの定点Aとひとつの直線Lとから等距離にある点P（AP＝LP）が描く軌跡。サイクロイドは、座標の横軸上をひとつの円が一定方向に回転して移動したとき、円周上の一点が軌跡として描く曲線。

115 ＊白内障　*cataracts*

眼の水晶体が白濁する疾患。

115 ＊チェゼルデン氏が報告しているように　*as Mr. Cheselden observes*

リードが典拠とするのは以下の記事。W. Cheselden, *An Account of some observations made by a young gentleman, who was blind, or lost his sight so early, that he had no remembrance of ever having seen, was couch'd between 13 and 14 years of age*, Philosophical Transactions of the Royal Society 35, 1728, pp. 447-450.

118 ＊バークリー主教が用いるまで　*until Bishop Berkeley gave it that*

『視覚新論』第五四節。

120 ＊大円　*great circle*

ひとつの球で、その中心を含む平面が球面と交わった場合にできる円のこと。

121 ＊小円　*lesser circle*

ひとつの球で、その中心を含まない平面が球面と交わった場合にできる円のこと。

127 ＊ヨハネス・ルドルフス・アネピグラフス　*Johannes Rudolphus Anepigraphus*

詳細不明。一般にはリードの創作になる人物とみなされているが、ウィリアム・ハミルトンは実在説を示唆している。William Hamilton, ed. *Thomas Reid, Philosophical Works*, I/II, 1895. Georg Olms Verlag, Hildesheim et al. 1983, p. 151.

127 ＊薔薇十字会の哲学者　*a Rosicrucian philosopher*

一七世紀初頭のドイツに始まる秘密結社。後に英語圏にも波及。古代キリスト教と錬金術との融合を目指した。

131 ＊ボリキウスやファブリチウス　*Borrichius, Fabricius*

ボリキウス（Olaus Borrichius. 1626-1690.）はデンマークの化学者・医学者で、パラケルススの信奉者。ファブリチウス（Johannes Fabricius. 1587-1615.）はオランダの天文学者で、太陽黒点についての最初の報告者のひとり。

131 ＊ギリシア錬金術著述家　*Greek alchemistical writers*

錬金術の伝統では、例えばプラトンの『ティマイオス』は古典のひとつと見なされている。エジプト錬金術同様、ギリシア錬金術も錬金術が古代に求めた源泉のひとつである。実際にギリシア語で錬金術の書物が著されるようになるのは、紀元後四世紀以降のことであるという。

131 ＊外的な特徴　*external marks*

「外的な特徴」によって、あるテキストの信憑性を判断するとは、その作者や執筆当時の状況にかんする情報にもとづくことを意味する。

131 ＊「内的」と呼ぶ特徴　*those which the critics call internal*

「内的な特徴」によって、あるテキストの信憑性を判断するとは、その内容の整合性などにもとづくことを意味する。

135 ＊ケプラー　*Kepler*

Johannes Kepler. 1571-1630. ドイツの天文学者・光学者。光学関係の著書に『ヴィテロ補塡（*Ad Vitellionem Paralipomena*）』（一六〇四年刊）、『屈折光学（*Dioprice*）』（一六一一年刊）がある。D・C・リンドバーグによれば、中世光学の伝統の中で初めて「映像（*picture; pictura*）」という概念を用いたのはケプラーである。David C. Lindberg, *Theories of Vision: From Al-Kindi to Kepler*, The University of Chicago Press, Chicago and London, 1976, p. 202.

136 ＊のちにデカルト　*Des Cartes afterwards*

デカルト『屈折光学（*La Dioptrique*）』（一六三七年刊）第六講。

136 ＊バークリー主教は正当にも例の説明を拒否し　*Bishop Berkeley having justly rejected this solution*

バークリー『視覚新論』第八八－一二〇節（下條他訳『視覚新論』勁草書房、一九九〇年、七九－一〇〇頁）。

138 ＊物質を構成する粒子間の様々な引力と斥力　*attracting and repelling forces in the particles of matter*

ニュートン『光学』「疑問三一」（島尾永康訳『光学』岩波文庫、一九八三年、三三二頁）。

140 ＊ユークリッドの第一巻　*the first book of Euclid*

ユークリッド（Euclid. c. 330－c. 275B.C.）の著した『ストイケイア（原論）』第一巻のこと。平面幾何を扱う。

141 ＊地平面　*the horizon*

リードは地平座標（horizontal cordinates）を考えていると思われる。すなわち、この場合、horizon は、いわゆる視野の遠くで空と地面や海が接するように見える線ではなく、観測者のところで鉛直線に垂直な平面（地平面）が天球と交わって作る大円を意味する。視覚および触覚に共通の基準ならば、この大円を含む地平面（horizontal plane）がそれに当たるだろう。バークリー『視覚新論』では、この基準はただ「地面（ground）」としてしか言及されていない。

145 ＊したがって、対象のすべての点が、網膜上でそれらに対応する各点から眼の中心を通って引かれる直線の方向に見られる、ということは事実のようである　*Hence it appears to be a fact, that every point of the object is seen in the direction of a right line passing from the picture of that point on the retina through the centre of the eye*

このことをリードは視覚方向（visual direction）にかんする法則と見なす。こうした考え方の歴史については Nicholas J. Wade, *A Natural History of Vision*, The MIT Press, Cambridge, Massachusett, 1998, pp. 331-334. 参照。

145 ＊ポーターフィールド博士　*Dr. Porterfield*

William Porterfield. 1724-59. スコットランドの医学者。

145 ＊「エジンバラ医学評論」誌上　*in the Medical Essays*

リードが言及するのは次の文献。*An Essay concerning the motions of our eyes, Part I, Of their external motions*, Edinburgh Medical Essays and Observations 3, 1737, pp. 160-263. *An Essay concerning the motions of our eyes, Part II, Of their internal motions*, Edinburgh Medical Essays and Observations 4, 1738, pp. 124-294.

145 ＊『眼にかんする論考』　*Treatise of the Eye*

A Treatise on the Eye, the Manner and Phaenomena of Vision, 2 Volums, Edinburgh, 1759.

148 ＊我々が対象をその真の場所と位置に見るという法則　*a law of nature, by which we shall always see objects in the place in which they are, and in their true position*

この考えは本章第一八節で、ポーターフィールドのものとして再び取り上げられ、あらためて詳細な論評の対象とされている。

150 ＊シャイナー　*Scheiner*

Christoph Scheiner. 1571-1650. ドイツの数学者・物理学者・天文学者。イエズス会士。ヨハネス・ファブリチウスやガリレオとは独立に太陽黒点を発見。著書に『光学の基礎』（*Oculus, hoc est fundamentum opticum,...* Innsbruck, 1619.）がある。

155 ＊黒内障　*amaurosis*

とくに異常がないのに視力が低下する病気。gutta serena とも言う。

155 ＊脈絡膜　*the choroid membrane*

眼球はゼリー状の中身をつつむ三つの膜からなり、外側から角強膜・脈絡膜・網膜の順となる。

155 ＊金星の子午線通過　*the transit of Venus*

地球上で観測者から見た南北を結び、観測者のいる場所での天頂を含む大円のことを子午線という（「子午」は南北のこと）。この大円を天体が東から西に通過することを子午線通過という。

157 ＊ガレノス、ガッサンディ、バティスタ・ポルタ、ロオーらの見解　*the opinions of Galen, of Gassendus, of Baptista Porta, and of Rohault*

ガレノス（Claudius Galen. c. 130–200.）は古代ローマの医学者。ガッサンディ（Pierre Gassendi. 1592–1655.）はフランスの哲学者で、エピクロスの原子論の中興者。バティスタ・ポルタ（Giovanni Battista della Porta. 1535–1615.）はイタリアの自然哲学者。ロオー（Jacques Rohoult. 1620–1675.）はフランスの物理学者で、熱狂的なデカルト学徒。

158 ＊対応点　*corresponding points*

ある対象を両眼で明瞭に注視したとき、この対象を含む視覚方向の線が両眼それぞれの網膜で交わる箇所は互いに「対応する」という。

168 ＊何も見えない空間が視野のなかに現れる　*there is a certain space within the field of vision, where we can see nothing at all*

眼底は視神経の入り口に光があたると、その部分に対応する視野の対面に何も見えない部分、いわゆる「盲点（blind spot）」が現れる。視神経の入り口は眼の光学的中心からすこしずれているため、普通はこの盲点に気づくことはないが、例えば二つの黒点が適度な間隔で並んだ紙片を眼から適当な位置におき、いずれかの片眼をそれとは反対側にある黒点に向けながらもう片眼をつむると観察できる。

168 ＊マリオット師　*Abbe Mariotte*

Edmé Mariotte. 1620–84. フランスの物理学者。盲点を報告したのは次の文献。A New Discovery touching Vision, Philosophical Transactions of the Royal Society, 3, 1668, pp. 668–669.

169 ＊ラ・イール　*M. de la Hire*
Philippe de La Hire. 1640-1718. フランスの天文学者・数学者。

169 ＊ブールハーフェ　*Boerhaave*
Hermann Boerhaave. 1668-1738. オランダの医学者。

170 ＊ジュリン博士　*Dr. Jurin*
James Jurin. 1684-175. イングランドの医者。

170 ＊輻輳（する）　*converge*
注視された対象で出会うように両眼の視軸を傾けること。

171 ＊アギロン　*Aguilonius*
Francois Aguillon. c. 1567-1617. ベルギーの光学者。イエズス会士。

171 ＊『光学』　*Optics*
Opticorum Libri Sex, Philosophis juxta ac Mathematics utiles, Antwerp, 1613. 同書についてリードはこう述べている。「アギロンのこの書物は当時のものとしてよく書けている。視覚の様式がアリストテレス学派の学説によって十分に説明されている。視覚の錯誤については、私が見たどんな書物にもまさってかなりよく、思慮にとむ仕方で扱われている。全体は……幾何学的に整理され、もっぱら幾何学な補助定理を多く含む。遠近法の規則が論証され、球の正射影や立体射影（orthographic and stereographic projection）が詳細である。……可感的形象の学説は私が見たどんな書物にもまさって十分に扱われ、擁護されている」（*Of Common Sense*, in Louise Marcil-Lacoste, *Claude Buffier and Thomas Reid: Two Common-Sense Philosopher*, McGill-Queen's University Press, Kingston and Montreal, 1982, Appendix, pp. 189-190.）

171 ＊ブリッグズ博士　*Dr. Briggs*
William Briggs. 1650-1704. イングランドの物理学者・眼科医。

171 ＊『視覚の新理論』　*Nova visionis theoria*
A New Theory of Vision, Philosophical Transactions of the Royal Society, 1682, pp. 167-178. リードが言及する著書は、一六八三年に、ニュートンの勧めでラテン語訳単著 *Nova Visionis Theoria* として公刊されたもの。

173 ＊開散（する）　*diverge*
注視された対象の方向から眼の視軸が逸れること。

186 ＊リン　*Lynn*
イングランド東部、ウォッシュ湾に臨む港湾都市のことで、正式にはLynn Regis。現在はキングズ・リン（King's Lynn）と呼ばれる。

186 ＊クリンチワートン　*Clinchwharton*
キングズ・リン北西近郊の小都市。現在の表記ではClenchwartonと綴る。

186 ＊唾液分泌　*salivation*
水銀などによって唾液の流れを促進する治療法。

186 ＊『解剖学』　*Mr. Cheselden's anatomy*
The Anatomy of the Human Body, London, 1713.

191 ＊あとで視覚による距離判断の手段を指摘することになったとき　*when we come to point out the means of judging of distance by sight*
第六章第二二節。

192 ＊右の現象にかんする真の原因　*The true cause of this phaenmenon*
第六章第二二節第二項。

195 ＊「王立協会紀要」　*the Philosophical Transactions*
王立協会が一六六五年から刊行した機関誌。

196 ＊エーテル　*aether*
ニュートンは、『光学』「疑問一八」以下で、光の「粒子」が「全空間」を満たす「エーテル」に波動をもたらすのではないか、と推測することで、いわば光の粒子説と波動説の中間形態のような考え方を提出したが、この「エーテル」は「空気よりはるかに疎で微細であり、はるかに弾性的で能動的」（「疑問一八」島尾永康訳『光学』岩波文庫、一九八三年、三一〇頁）とされている。

197 ＊インドの哲人　*the Indian philosopher*

この譬えはロック『人間知性論』第二巻第一三章第一九節にも見られる。

197 ＊ネブカドネザル　*Nebuchadnezzar*

新バビロニア王国（625-538. BC.）の国王（在位 604-562. BC.）。多くのユダヤ人を虜囚としてバビロンにとどめた「バビロンの捕囚」の首謀者。

198 ＊第一の問いは　*The first question is*

『光学』「疑問一五」はいわゆる視覚伝導路（visual pathway）、とくに視神経交叉（chiasma opticum）にかんするもので、例えばデカルトのテキストに掲載されている図版では、いつもかならず二つの視神経がまったく別個に描かれているのと比較すると、ニュートンの推測はかなり真相に近かったことがわかる。ニコラス・J・ウェード（前掲書、p. 100）によれば、この点にかんするニュートンの関心を掻き立てたのはブリッグズであるという。

199 ＊ヴェサリウス　*Vesalius*

Andreas Vesalius. 1514-1564. ベルギーの解剖学者。著書に *De humani corporis fabrica Libri septem*, Basel, 1543. がある。

199 ＊チェザルピーノ　*Caesalpinus*

Andrea Cesalpino. 1519-1603. イタリアの医学者・生物学者。

199 ＊ディーマーブロック　*Diemerbroeck*

Isbrand de Diemerbroeck. 1604-74. オランダの医学者。著書に *Anatome corporis humani*, Utrecht, 1672. がある。

199 ＊アクアペンデンテのファブリキウス　*Aquapendens*

Fabricius ab Aquapendente (Girolamo Fabrizio). 1537-1619. イタリアの解剖学者。

199 ＊ヴァルヴェルダ　*Valverda*

詳細不明。

200 ＊ウィンスロー　*Winslow*

Jqcques Benigne Winslow. 1669-1760. デンマーク出身の医学者・解剖学者。リードが引用する文章の典拠は不明。

201 ＊私自身人生の大部分そうだったことをここに告白する　*I confess this was my own case for a considerable part of my life*

『人間の知的能力試論』第二試論第一〇章によれば、リードはもともとバークリー主義者であり、「観念的体系」の信奉者であったが、ヒュームの『人間本性論』の出現によって、この立場を疑問視するようになったという。ここに指摘されているのは、これに類似した体験ではあるが、視覚生理学上の仮説とバークリー−ヒュームの「観念的体系」とは必ずしも直接的に関連するものではない。リードには「心の哲学者」としてだけでなく、「心の科学者」としての転機もあったということだろうか。

217 ＊以下博士による枚挙に従う　*In the enumeration of these, we agree with Dr Porterfield*

以下に枚挙されるものは、知覚心理学で「奥行きの手掛かり（depth cues）」と呼ばれるものに相当する。この種の手掛かりは「生理的」と「経験的」の二つに大別されるが、リードの枚挙では最初の二項が生理的手掛かりを、残りの三項が経験的手掛かりをそれぞれ扱っている。

218 ＊明瞭視覚と不明瞭視覚についての卓越した試論　*excellent essay on distinct and indistinct vision*

An Essay on distinct and indistinct vision, 1738, In R. Smith, *A Compleat System of Opticks in Four Books*, Cambridge, pp. 115–171.

231 ＊ラファエロ　*Raphael*

Raffaello Santi (Sanzio). 1483–1520. ルネサンス期のイタリアの画家。

231 ＊ティツィアーノ　*Titian*

Tiziano Vacellio. c. 1490–1576. ルネサンス期のイタリアの画家。

232 ＊ファルサロスの戦い　*the battle of Pharsalia*

紀元前四八年シーザーがポンペイに勝利した戦い。ファルサロスはギリシア中東部にあった古代の町の名前。

232 ＊ポルタヴァの戦い　*the battle of Poltowa*

一七〇九年ロシア軍がスウェーデン軍を破った戦い。ポルタヴァはウクライナ共和国東部の都市の名前。

238 ＊『人間本性論』の独創的な著者が最初に次のことを観察したのだと思う　*I think the ingenious author of the Treatise of human nature first observed*

ヒューム『人間本性論』第一巻第三部第六節、第七節。

240 ＊聖アタナシウス　*St. Athanasius*

St. Athanasius. c. 296-373. アレクサンドリア司教。三位一体説によりカトリック正統教義を確立した。

241 ＊哲学者たちのいわゆる「観念連合」　*what philosophers usually call the association of ideas*
ヒューム『人間本性論』第一巻第一部第四節。

242 ＊『ノーヴム・オルガヌム』　*Novum organum*
ベーコンが、大著として計画された『大革新』（未完）の第一部として一六二〇年に公刊した著作のこと。アリストテレスの一連の論理学書が「オルガノン」と呼ばれることから、帰納法の論理をあらたに基礎づける意味でこう名づけられた。

242 ＊詩作と雄弁術はアリストテレスが　*The arts of poetry and eloquence*
アリストテレスに『詩学』『弁論術』という表題の著作があり、これに触れたもの。

243 ＊ニュートンの『プリンキピア』第三篇と『光学』　*the third book of the Principia and the Optics of Newton*
『プリンキピア』は三篇からなるが、最初の二篇では様々に想定された力と運動が扱われ、そこで得られた成果が最後の第三篇で天文現象（具体的には太陽系）にあてはめられることになる。その意味で第三篇は『プリンキピア』の本論ともいえる。リードがとくにこの篇に言及するのはそのためと思われる。なお本書第一章で触れられる「哲学することの規則」はこの第三篇冒頭に掲げられている。

244 ＊ルソーのような人物　*a Rousseau*
ジャン－ジャック・ルソー（Jean-Jacques Rousseau. 1712-78.）のこと。

244 ＊バレアレス諸島の古代の住人　*The ancient inhabitants of the Baleares*
バレアレス諸島はイベリア半島東、地中海にあり、マヨルカ島を中心とする。

第七章　結論

250 ＊彼は魂を　*He defines the soul to be*
アリストテレス『霊魂論』第二巻第一章 412a, 27-8.

250 ＊エンテレケイア　*entelekeia*
アリストテレス哲学の基本概念。日本語では「完全現実態」「完成態」「終局態」「現実態」と様々に訳されている。

251 ＊永遠なる一者あり　*Then liv'd th' Eternal One*

Mark Arkenside, *The Pleasures of Imagination, A Poem in Three Books*, London, 1744. BkI. , lines 64-6.

257 ＊愚かなり、偉大なローマが　*Urbem quam dicunt Romam*

ウェルギリウスの『牧歌詩』第一巻一九－二三行。訳文は河津千代訳『牧歌・農耕詩』未来社、一九八一年六〇－六一頁を参考にした。

259 ＊ウェルギリウス　*Virgil*

ウェルギリウス（Publius Vergilius Maro. 70-19B.C.）。古代ローマを代表する詩人。代表作に『アイエネーシス』『牧歌詩』などがある。

259 ＊そのかたわらに　*Hic specus horrendum*

ウェルギリウス『アイエネーシス』第七巻五六八－七〇行。訳文は世界文学全集二一『ウェルギリウス・ルクレティウス』筑摩書房、一九六五年、所収の泉井久之助氏のもの（一五七頁）を利用させて頂いた。「ディース」は冥界の神、「アケロン」は冥界を流れる川を指す。

262 ＊常識の原理を解明しひとつひとつを枚挙する　*A clear explication and enumeration of the principles of common sense*

ここで「枚挙」が要請された「常識の原理」についてリードは、『人間の知的能力試論』第六試論第五章で、「偶然的真理の諸々の第一原理」を一二個挙げることで自ら応えている。

263 ＊「動物の感覚中枢は　*Annon sensorium animalium*

ニュートン『光学』「疑問二八」（島尾永康訳『光学』三二七頁）。

265 ＊この研究のさらなる遂行は将来の熟考にゆだねたい　*the further prosecution of this inquiry to future deliberation*

この約束をリードは、一七八〇年代の二つの著作『人間の知的能力試論』（八五年刊）、『人間の活動的能力試論』（八八年刊）で実際に果たすことになる。なおアバディーン大学図書館が所蔵する遺稿によると、『心の哲学』には「第二巻」として記憶論が続く予定であったようである。

265 ＊ガリレオ　*Galileo*

Galileo Galilei. 1564-1642. イタリアの天文学者・物理学者。太陽黒点の発見など。

解説

トマス・リードは、一七一〇年に、スコットランドは北部の港湾都市アバディーン近郊のストローンというところで生まれた。一六世紀の中葉にジョン・ノックス（一五一四頃―七二）を指導者とする宗教改革の波が押し寄せたスコットランドでは、いわゆる長老派プロテスタント教会の成立を見るが、以来リード家は代々この教会に牧師を輩出してきた。トマスがこの世に生を受けたのも、牧師であった父ルイスの教区牧師館においてのことであった。二二年から三一年まで、アバディーンのマーシャル・カレッジで哲学と神学を学んだ後、息子トマスも三七年に教区牧師としてニュー・マカーというところに赴任する。牧師職は一四年間に及ぶが、この時期のリードについて、とりわけ後の哲学的思索にかかわる点についてはあまりよくわかっていない。一つ年下の同郷人デイビッド・ヒューム（一七一一―七六）が匿名で刊行した『人間本性論』との遭遇は三九年または四〇年（この年エリザベス・リードと結婚しているが、ロンドン在住の親戚の娘で、当然のことながら同年リードはロンドンに赴いている。『人間本性論』全三巻はロンドンで出版された）のことだったはずで、従って教区牧師時代のことだが、本書の「献辞」でこの遭遇が契機となったと描かれている観念学説批判の作業がこの時代に始まった形跡はまだ見つかっていないのである。

五一年に、アバディーンのキングズ・カレッジに哲学教授として招聘される。ちなみに、リードには、牧師の家系のなかでただひとりだけ、一七世紀の初頭にヨーロッパ大陸はフランクフルトなどで研鑽を積んだ哲学者がいたことが知られているが、我々の哲学者と同名で、帰郷後はロンドンに居を構え、ジェームズ一世（一五六六―一六二五　在位一六〇三―二五）のギリシア語およびラテン語担当秘書官にまでなった人物で、晩年にはマーシャル・カレッジにスコットランドで最初の公開閲覧制図書館を設立し、図書館司書の俸禄用に基金まで準備した。我々のトマスが大学卒業後、牧師職に就くまでに数年の空白があるが、その間実はこの図書館司書職にあった。このときにジョン・ロック（一六三二－一七〇四）やフランシス・ハチソン（一六九四－一七四六）の哲学を研究したらしい。牧師職に就く少し前に図書館司書の仕事を辞し、後に母校マーシャルの数学教授になる同窓のジョン・スチュワート（？－一七六六）とともにイングランドに遊学しているが、本書第六章で再三にわたって言及されているケンブリッジ在住の「盲目の数学者」ソーンダーソン（一六八二－一七三九）に面会がかなったのはこのときであった。

ともあれ、話をもとに戻すと、哲学者リードの登場は、キングズ・カレッジに招聘されてから始まるアバディーン時代からと言ってよく、経歴としては四〇代になってからのスタートであった。そのせいとまでは言い切れないだろうが、哲学者リードは寡作な著述家で、この時代の唯一の刊行物と言えば、六四年に公刊された本書『心の哲学』だけであり、著者は同年秋にはアダム・スミス（一七二三－九〇）の後任としてグラスゴー大学に転任するのである。

さて、このグラスゴー時代においても、リードにはほとんど著述活動が見られない。寡作という点にかんして、一八〇三年に最初の評伝を著したデュガルド・スチュワート（一七五三－一八二八）が、教区牧師時代にもこの特徴が見られると指摘していたのは興味深い。すなわち、普通牧師は説教用の原稿を自作するが、リード牧師はほとんどの場合カンタベリー大司教でもあったジョン・ティロットソン（一六三〇－九四）など、先人の説教を用いていたのである。また、とりわけグラスゴー時代の遺稿に詳しいK・ハーコンセンは、いわゆる講義録というのも、文字通りメモ程度のものであり、教科書風に文章が完成したものが存在した形跡はないと指摘している。事実、この時代の講義録（内容によってはアバディーン時代にまで遡るものも含めて）で唯一文章として整理されたものは、八〇年に教授職を辞任してから編集された晩年の二つの著作、すなわち八五年の『人間の知的能力試論』と八八年の『人間の活動的能力試論』のみであった。前者は知性について、後者は意志について、それぞれ網羅的に扱った大著である。若いときの小論文一本（いわゆる「活力」の測定を巡って、一八世紀前半に自然哲学者たちの間でニュートン派とライプニッツ派に分かれて争われた問題を扱った処女論文で、四八年王立協会紀要に「量について」という題目のもとに発表された）とグラスゴー時代に書かれた、それぞれ中編規模のアリストテレス論理学論考（ケイムズ卿ことヘンリー・ヒューム（一六九六－一七八二）の『人間の歴史素描』に付論として収録するために七四年に執筆）とグラスゴー大学沿革史（死後九九年公刊）をのぞけば、本書とこの二試論の三著が、生前に哲学者が公にした著述活動のすべてということになる。最晩年に自叙伝を試みたことがスチュワートによって報告されているが、ほんの走り書き程度のもので、いずれにせよ例の三著以外に何らかの著作が計画された形跡はない。リードが逝去するのは九六年で、観念学説批判者としては奇しくも（一つ年下のヒュームとは誕生日が同じということも含めて）デカルト（一五九六－一六五〇）が生まれてからちょうど二世紀後のことであった。

哲学者の没後、その思想が継承されたのは、一七七〇年代にリード講義を聴講したことが縁となって、その後リードとは師弟というより共同研究者といったほうが似つかわしい間柄になったデュガルド・スチュワートの筆によってであり、近年の「エジンバラ版」が刊行されるまではいちおう唯一の原典批評版とされてきた「ハミルトン版リード著作集」の編者でもあり、古典学研究から哲学へ転向したという経歴もあって、古今東西の哲学思想についての博識をもって盛名をはせたウィリアム・ハミルトン（一七八八－一八五六）の雄弁によってであった。いわば、荒削りの原石を研磨するかのように、リード哲学の洗練化と体系化が計られることになったこうしたひとたちの営為は、従来、哲学史では「スコットランド学派」と呼ばれてきた。もっとも今日、いわゆる「スコットランド啓蒙」をテーマとする社会思想史の研究者たちによって、一九世紀前半におけるリード理解の問題点が指摘されることがある。すなわち、確かにスチュワートやハミルトンはリード哲学を発展継承させたのかも知れない。しかし、彼らが知り得たリード哲学の思想的内容はあくまで例の三著作を通じてのそれであり、寡作な哲学者であっただけに、著述物として公にされなかった部分にかんしては、当然のことながら「スコットランド学派」の人々は知るよしもなかった。今日、アバディーン大学に所蔵されている遺稿の整理・編集・公刊が意欲的に進められているが、どうやらこれら生前に未刊（あるいは未完）の講義録、学会等発表原稿、書簡、そのほかの草稿などの資料からは、「スコットランド学派」において描かれたのとは少し違った描像が浮かびあがるようである。たとえば、リード哲学を何よりヒューム哲学批判としてとらえ、いわゆる知識の理論なり心の哲学なりにおける思想をとくに強調した従来の描像では、一八世紀前半のスコットランドで宗教が市民社会の形成に果たした役割やニュートンの自然哲学が道徳哲学に与えた影響などがリードの思索にどう反映したかはかなり見えにくくなっている。実際、前に触れたハーコンセンは「実践哲学」にかんする講義録を編集することで自然法思想がリードの思索にどう反映したかを明らかにし、P・ウッドは自然誌・唯物論・生理学関連の読書ノートや草稿を整理編集することで、科学と哲学の接点をリードの思索に読み込もうとしている。「スコットランド啓蒙」という一八世紀の文脈でリードの「常識哲学」の実態を丹念に調査した篠原久の論考（「トマス・リードにおける常識哲学の展開」『アダム・スミスと常識哲学』有斐閣一九八六年所収）や、リードにおけるニュートン主義を克明な実証によって明らかにした長尾伸一の本格研究（『ニュートン主義とスコットランド啓蒙』名古屋大学出版会、二〇〇一年）など、日本の研究者もこの分野で活躍していることをつけ加えておこう。

新たなリード研究が一定の成果をあげることで、今日では、一九世紀の「スコットランド学派」の創始者と呼ぶことを慣わしとしてきた狭義の哲学における描像よりは、むしろ一八世紀の「スコットランド啓蒙」の哲学者・科学者とする社会思想史の描像のほうがかなり一般的になっているように見受けられるが、反面、「スコットランド学派」がブリテン島では衰退してしまった一九世紀は最後の四半世紀になって初めて西洋哲学を学び始めたという歴史的事情から、日本の哲学界ではこれまでリードを発端とする哲学思潮の研究がなされてこなかったことを考えるならば、やはり狭義の意味での哲学者リードの思想がきちんと理解される必要があるのではないだろうか。当然のことながら、リードの著作を邦訳することはそのための不可欠な作業であると言えよう。以下では、本書を理解する上で必要となる背景的知識を提供した後、『心の哲学』各章の内容を解説してみたい。

I　リード哲学

ヒューム問題

冒頭でも触れたが、リードは本書の「献辞」で、ヒュームが一七三九年と四〇年に匿名で公刊した『人間本性論』全三巻における哲学的懐疑主義に遭遇したのを契機として、デカルト以降の近世においてもすでに「古い」と形容されることのできる、人間の心にかんするとある学説を批判する、という課題を得たのだと述べている。ヒュームの哲学的懐疑主義は、そこでは「絶対的懐疑主義」とも呼ばれ、その思想は「あることを信じるのにはそれと反対のことを信じる以上の根拠」はないという命題で特徴づけられている。

さて、『人間本性論』と言えば、その第一巻冒頭で、人間知性の働きであり対象でもある「知覚」を「印象」と「観念」に分類し、「観念」には「印象」が先行するとの原理が立てられているわけだが、この原理が応用されて懐疑主義的な帰結をもたらした議論として後世有名になるのは、いわゆる「因果性」の「観念」にかんするものであった。すなわち、「因果性」の「観念」では通常、原因と結果の「必然的結合」が意味されており、原因に結果を「産出する」力が想定されているが、ヒュームによれば我々が観察する事象は、原因とされるものと結果とされるものの恒常的相伴に過ぎず、そこで「必然的結合」などが知覚されることはない。従って、「因果性」の「観念」を説明するには、原因概念を分析するのではだめであり、むしろ「観念」に対する「印象」の先行性という原理が有効に違いない。すなわち、例の恒常的相伴にかんする個別的な観察は眼を見張る出来事として「印象」をもたらすが、過去になんどもそうした観察が蓄積されると、やがてひとつの習慣が形成され、この習慣にもとづいて「因果性」の「観念」が成立したのである。

哲学史は、右のようなヒュームの議論が北海を越えてカント（一七二四－一八〇四）の「独断主義のまどろみ」を覚醒させたことを知っているが、因果性概念に関連したカントのヒューム問題と比較したとき、リードが本書の「献辞」で描いた自らのヒューム問題はかなり異なっている。そもそもリードのテキストには、ヒュームによる因果性概念の分析を主題的に取り上げて論評した箇所がほとんどない。それを言うなら、概念分析にかんする、後のカントによる応答と比較したとき、リードの応答は徹底して「信念」レベルに定位しており、因果性の概念については、リードもヒューム同様、その内容は恒常的相伴以上に出るものではないとの見解をとっているほどである（前段落では割愛したが、逆にヒュームも「因果性」の「観念」にかんする問題のほかに原因から結果への推論とこの推論に対する信憑の問題を取り上げていたが、カントのヒューム問題では因果性概念にのみ焦点が絞られている）。しかし、リードによれば、そうした恒常的相伴の観察は我々に出来事間の因果関係にかんする「信念」を示唆するのに十分であり、そこから過去に経験された事象の規則性を将来にも期待するという「帰納的原理」が我々の心の「オリジナルな原理」として介在していることがわかるとされる（本書第六章第二四節）。この点を踏まえて、すなわち因果性概念ではなく、因果関係にかんする「信念」の説明として「習慣」を持ち出し、「帰納的原理」を容認しなかったヒュームを批判した点に、リードとカントとの大きな違いがある。

ヒューム哲学での最大の問題点は「信念」の説明であるという認識のほかに、ヒュームの哲学的懐疑主義が採用した「原理」にかんしても、リードとカントとではそれぞれの課題が設定された状況の説明が違っている。自らのヒューム体験を告白した一七八三年の『プロレゴーメナ』のなかでカントは、因果性概念を新たに分析し直すという課題を得たのは、ヒュームの分析が徹底していなかったせいだとしている。すなわち、ヒュームの哲学的懐疑主義は問題を個別に論じたがためのものであり、関連するほかの問題（カントの言う純粋悟性概念）全体のなかで捉えたとき、おのずとこの哲学の限界が明らかになるというのである。これは、いわゆる観念学説という「仮説」から首尾一貫して哲学的懐疑主義を導いたという、リードのヒューム哲学理解とはずいぶんかけ離れた評価であろう。リードによれば、『人間本性論』は、人間知性がかかわることごとくすべての問題を観念学説の観点から分析し、いずれにかんしても懐疑主義的帰結が避けられないことを明らかにしたのである。それゆえ、ヒューム哲学の批判は、その思想的内容の部分的欠陥を指摘することによってではなく、むしろその拠って立つ観念学説の存立根拠を否定することで、一挙に全体が崩壊するのでなければならない、というのがリードの場合での状況説明であった。

それでは、右のようなヒューム批判の課題は具体的にはどのような経緯でリード哲学に生じたのであろうか。残念ながら、おそらく『人間本性論』を公刊直後に知ったらしいことだけはわかっているが、四〇年代の教区牧師時代についてはほとんどなにもわかっていない。むしろ資料的な面でリード哲学の仕事場を瞥見できるようになるのは、五一年以降のアバディーン時代であり、以下そうした資料を用いてリードのヒューム批判の裏にある哲学観を見てみることにしよう。

自然の迷宮と「哲学することの規則」

資料というのは、アバディーンのキングズ・カレッジでリードが都合四回にわたって行った「卒業記念講演」の原稿である。同カレッジの教授たちは「リージェント」と呼ばれたが、それは持ち上がり担任制の全教科教授システムを意味した。そのため、受け持ちの学生が卒業のたびに担任教授が卒業式に際して記念講演をするしきたりだったのである。リードによる一連の講演は、実に連続講演のような内容になっており、彼の哲学観と観念学説批判との関連性が読み取れる。五三年と五六年の二回が哲学観に、五九年と六二年の二回が観念学説批判に、それぞれあてられている。ここでは哲学観についてまず整理してみよう。

リードは自らの哲学観を表明するにあたり、哲学を構成する様々な分野に触れるのに、一八世紀の文献に古代ストア派を介してしばしば登場する哲学の三区分にもとづいている。すなわち、倫理学、自然哲学、論理学の三つが哲学の主な分野とされる。リードはこのうちまず倫理学を取り上げ、その歴史を論評する。その際リードが意図しているのは、「哲学することの規則」を探ることだが、ほかの学芸なり技芸なりと同様、そうした規則は最善とされる具体的な事例から汲み取られなければならない。そこで倫理学の分野で「哲学することの規則」を知るために歴史を紐解くと、ここではかなり早くから人類の思索が健全な哲学精神を体現していたことがわかる。具体的にはクセノフォン（前四三〇－三五四）が描いたソクラテス（前四七〇－三九九）における倫理思想が念頭におかれているが、徳の起源と本性にかんする無用な思弁を廃した点が高く評価されている。こうした評価は、ホッブズ（一五八八－一六七九）は当然のことながら、フランシス・ハチソンやアダム・スミスの道徳哲学といった近世の試みにリードが批判的であったことと対比されるだろう。

倫理学がすでに古代の段階で健全な哲学であり得たのとは対照的に、その時代の自然哲学は、経験的観察を重視せず、「推測と想像とから」なっていたことが非難される（唯一の例外としてヒポクラテス（前四六〇－三七五）の名が挙げられている）。この点リードは徹底したベーコン主義者であり、「自然哲学は人間の心の産物ではなく、自然そのもの、あるいは神の作品の適正にして合法な解釈である」ことを最初に明確に表明したことでフランシス・ベーコン（一五六一－一六二六）の『ノーヴム・オルガヌム』が高く評価される。今日的な歴史観からすれば、こうした見方はかなり偏向しているように思われるかもしれない。しかし自然哲学にかんするこの描像が一八世紀の人々にとってかなり共通のものであったことは、いわゆる道徳哲学者と呼ばれた当時の人々の多くが『ノーヴム・オルガヌム』の精神を具現化したアイザック・ニュートン（一六四二－一七二七）の自然哲学に非常な興味をもった事実によって知られるだろう。とりわけハチソン、スミス、リードらが活躍したスコットランドは、一八世紀の初頭にニュートンの『プリンキピア』（一六八七年刊）を積極的に受容したことがわかっており、母親を介してスコットランドの数学・天文学一族グレゴリー家とつながるリードの親戚には、スコットランドの大学で最初に『プリンキピア』を講じた人物もいる。彼の叔父のひとりは、誰あろうニュートンの親友デイビッド・グレゴリー（一六五九－一七〇八）であった。マーシャル・カレッジでの修養時代の教授にコリン・マクローリン（一六九八－一七四六）がいたことも、特筆されるだろう。当のニュートンはと言えば、『光学』（一七〇四年刊）の最後で自然哲学で採用された実験と観察の方法が道徳哲学の改革にも寄与すると述べているが、ヒュームの場合でも『人間本性論』の副題がこの種の改革を標榜していたのだった。

道徳哲学の改革と言えば、およそ百学全般にわたる改革を表明したのが例のベーコンだったが、『ノーヴム・オルガヌム（新オルガノン）』という表題が暗示しているように、改革の端緒にはアリストテレスの『オルガノン』（論理学関連書の総称）以来の伝統的な論理学の批判があった。リードもまた第一回の卒業記念講演のなかで倫理学、自然哲学に続いて論理学の歴史をとりあげ、伝統的論理学では「哲学することの規則」を導くことができないと論評している。この種の規則は、あくまで倫理学と自然哲学の歴史から学ばれるのでなければならないのである。

では、具体的にはいったいどのような規則をリードはこの歴史から汲み取っているだろうか。第二回の卒業記念講演が五つの規則を指摘し、それぞれに注釈しているが、それらの詳細はさておき、まず規則を訳者なりの言葉に置き換えて列挙してみよう。

① 哲学は不毛で無用な思弁を避けるべきである。
② 哲学は諸々の学問および技術間の連帯を考慮するべきである。
③ 哲学は憶測するのではなく事象そのものに耳を傾けるべきである。
④ 哲学は常識の転覆など企むべきではない。
⑤ 哲学は諸々の「共通思念」のうえに構築されるべきである。

これはリードの理解したベーコン主義の表明といえるもので、規則③が全体の要となっている。前に「自然哲学は人間の心の産物ではなく、自然そのもの、あるいは神の作品の適正にして合法な解釈である」ことを論じたベーコンの『ノーヴム・オルガヌム』に触れたが、本書第六章第二四節で同書におけるベーコン主義の要点が「自然の言語の文法」と表現されているように、言語論的なベーコン主義理解が特徴であり、第二回の卒業記念講演でも次のように述べられている。

神のお造りになった作品はすべてなんらかの意味を持ち、なんらかの言葉を話している。これらは耳にではなく心に語りかける。たしかに、かなり大きくて万人にも理解できる声で、これらの言葉は諸々の事物にかんする創造主の力と知恵と善意を宣言していよう。しかし、もの静かな声と、土俗のではなく、熱意と努力によって理解される言語によって、これらの言葉はこれらの事物がなんであるか、これらの事物がどんな法則によって最も賢明な創造主によって作られたのか、いかなる結び目によってこれらの事物は互いに結合しているのか、そして最後にいかなる働きによって、いかなる使命によってこれらの事物は人間に役立つのかを宣言するのである。この言語にかんする文法を作ること、これらの言葉を理解すること、類比に注意してそれらの意味を把握すること、これは不確実な推測の仕事ではなく、正当な説明の仕事である。この仕事をなしとげることこそ、哲学者にとって真実の課題である。

自然が語りかける「かなり大きくて万人にも理解できる声」とは、おそらく、いわゆる「デザインからの論証」として後世知られることになる、当時の自然神学思想を要約したものだろう。自然界にみられる合目的性は、そうした巧みな意匠の創始者として善なる神が存在することの証拠とされるのが自然神学だが、同じ神学でもいわゆる神による啓示を前提せず、人間に付与された普通の知性による洞察で十分だと考えられた。かたや、右の文章でもうひとつ言及されている「もの静かな声と、土俗のではなく、熱意と努力によって理解される言語」とは、さしずめ今日的な用語で言えば、当時なぜ自然科学がキリスト教と密接な連帯を形成しえたかを物語るものだろう。その紐帯がベーコン主義だが、とりわけ言語論的な見方が強調されるのは、ジョージ・バークリー（一六八五－一七五三）の影響があるのかもしれない。というのも、自然界が人間に呈する現象は、神が人間に語りかける言語である、という思想を一八世紀初頭に最も顕著な仕方で表明したのがこのアイルランド出身の哲学者であり、修養時代のリードがバークリー主義者であったことは、本人自身が『人間の知的能力試論』第二試論第一〇章で認めていることだからである（デュガルド・スチュワートが注意を喚起していたように、リードのバークリー主義は物質的世界を否定したバークリーの論拠を容認するものだった。この論拠が同じく精神的世界の否定にも用いられるという思わぬ帰結を目の当たりにしたのが、リードのヒューム体験であったが、こうした経緯は本書のなかでも観念学説の歴史的叙述で繰り返されている）。

それでは、ベーコン主義を介したリードの自然概念は具体的にはどうだったかというと、この点についての答えを示唆するのは、第二回卒業記念講演の最後で持ち出され、本書第一章第二節でも用いられている、ギリシア神話に語られる「アリアドネの糸」にちなむ「迷宮」の比喩であろう（ベーコン「大革新序言」参照）。やはり本書第一章第六節冒頭では、自然界に見られる「ある種の性格と様式」が言及され、人間によるその「完璧な模倣」は不可能だと指摘されている。「人間の心の産物」は「自然そのもの」にはとうてい太刀打ちできない、というわけである。そのことから、先の列挙のうち規則①が物語るように、古来より多くの哲学者たちによって試みられてきた思弁の不毛さ無用さが論難されることになる。とりわけリードが警戒したのは、哲学者による説明がごく少数の原理からなされる危険性であった。例えば本書の「献辞」で冒頭に挙げられているデカルト、マルブランシュ、ロック、バークリー、ヒュームでは、それぞれ「明晰判明な観念」、「神の精神における観念」、「経験」、「存在するとは知覚されること」、「観念に対する印象の先行性」といった原理が立てられたわけだが、リードによれば、我々が信念を形成する様々な事象に対応して様々な「証拠」があり、これらの「証拠」は相互に独立して存立するはずなのに、これら先達たちの原理はいずれも多様な「証拠」を特定のものに還元してしまったものにほかならない（リードの「証拠論」については長尾伸一による、リードの論理学講義にもとづく研究がある。長尾伸一前掲書、一八一－八七頁。「証拠」の多様性に対応する「第一原理」の多様性はリードが終生変わらず抱き続けた持論であり、その定式化は八五年の『人間の知的能力試論』第六試論第五章および第六章で試みられた）。これを、哲学者たちが彼らの専門的な問題にのみ注意を集中した結果だと考えるリードは、そこで、哲学は広く様々な学問や諸々の技術に関心をもち、またそれらにおける成果を積極的に吸収するべきだと要求するのである。

規則②でうたわれている学問および技術間のこの連帯は、実は、前に触れたアバディーン時代のリードの教授活動とも関連がある。キングズ・カレッジ以外のスコットランドの各大学は、一八世紀の前半に専門教授制に移行しており、アダム・スミスは「道徳哲学教授」であったし、ヒュームが獲得を試みて失敗したエジンバラ大学の教授職は一七〇八年に新設された「精神哲学および道徳哲学教授職」だった。リードの母校マーシャル・カレッジは、彼の在学当時は全教科教授制だったが、その後五三年に専門教授制に移行しており、彼のアバディーン時代にマーシャル・カレッジで活躍したジェームズ・ビーティー（一七三五―一八〇三）は「道徳哲学教授職」にあった。キングズ・カレッジがなぜ全教科教授制を維持したのか、その理由の詮索はさておき、リードの哲学観にとっては理想的な状況だったのだろう（キングズ・カレッジも五三年にマーシャル・カレッジ同様、専門教授制への移行の動きがあったが、主にリードの助言によって全教科教授制を存続させたとP・ウッドは指摘している。キングズ・カレッジは一八世紀いっぱいこの制度を維持した）。

学問および技術間の連帯は、当然のことながら、専門家たち相互の情報交換を不可欠とするが、実際リードは第二回の卒業記念講演から二年後の五八年に、スコットランドを代表する大数学者ジェームズ・グレゴリー（一六三八―七五）の孫で、後にエジンバラ大学医学部教授になるキングズ・カレッジの同僚ジョン・グレゴリー（一七二四―七三）とともに「アバディーン哲学協会」を設立した。「協会」とは言うものの、一〇数名程度の小規模なもので、団体そのものとして知識社会に貢献することよりも、むしろあくまで会員相互間の情報交換の場であるべく、討論に徹した会合であった。そのことは、この「哲学の私的な会合」（本書「献辞」）での討論を経て本書が公刊されたことが物語っていよう。計画は大勢で立案するより個人で考案するほうが合理的だと信じたデカルトは、計画の実現においても同様の見解に固執したが、本書第一章第五節で「仲間内で書かれたのではないだろう」と指摘される『人間本性論』の匿名の著者ヒュームもまたそうだった。この点、

「全体の地図をもたらすと公言した人々が、結局は非常に不正確で不完全な概要で満足するほかなかった」（本書第七章末尾）と考えるリードは、ヒュームの『人間本性論』の最大の欠点を「ひとりの人間にとってはあまりに壮大な計画」を立て実現しようとした点に見た（本書第一章第六節）。確かにリードも、彼の先達たち同様、人間の心を分析することを意図してはいる。しかし彼は、自らが特殊な論題を扱う専門家（本書第一章第二節の「心の解剖学者」）に過ぎないと自覚しており、そのことは人間の心についての「知識がほかのあらゆる学にもたらす広範な影響を考えれば」（本書第一章第一節冒頭）、ますます必要となる態度である。

さて、人間の心に見られる事象の多様性は、この心そのものが「迷宮」に譬えられた自然の産物であることに由来する。今日哲学の世界で自然主義というと、いわゆる自然科学がもたらす知見を第一義的とする科学主義と誤解されることから、「スコットランド啓蒙」研究では「摂理的自然主義」という呼称が用いられることがあるが、結局は前にリードの文章として引用したもののなかで説明されているベーコン主義である。この立場は、自然そのものが語ることに傾聴し、「それが明かすことにあえて我々のものをつけ加えてはならない」（本書第一章第一節）という態度をとる。まさにこのベーコン主義を、それ自身が自然の産物にほかならない心に当てはめたのが規則④、すなわち、「常識」の重視である。

しかし、リード哲学における「常識」概念ほど後世誤解されてきたものはない。まず、リード自身にこの誤解の責任を帰することも可能なことを指摘しておこう。これはデュガルド・スチュワートが何より強調したことで、なるほどこの概念は洋の東西を問わず曖昧である（ちなみに、英語の common sense の今日的な意味が広まるのは一八世紀になってからであるが、日本ではそれより少し前に伊藤仁斎が『語孟字義』ほかで「常識」という言葉を「物事には原因がある」とする「普通の人の考え」の意味で用いていた。この漢語が明治になってから common sense の訳語として「造語」されたと誤解する人が多いが、「訳語」のこうした起源はすでに井上哲次郎らによる明治初期の最初の哲学辞典『哲学字彙』が明記していたことである）。そこからスチュワートはリード哲学の継承に際して、「常識」概念を一切排除したが、スチュワートに続く

「スコットランド学派」の哲学者ウィリアム・ハミルトンがこの概念の復権を試みた。ただし、ハミルトンによれば、リードのテキストに登場する「常識」は哲学的なもので、その限り、古今東西、哲学の世界に出現した一切の「原理」を意味することができるとされる（「ハミルトン版リード著作集」編者補遺A第五節および第六節参照）。哲学において考えられるありとあらゆる「原理」を結局は意味するのだ、と答えることは、実際にはリード哲学における「常識の原理」とは何か、という設問への答えを放棄するものだろう。

リードの死後における紛糾だけではない。実はリードの生前にも、彼が「常識」を哲学的な意味で用いたことがあらぬ誤解を招いたことがある。デュガルド・スチュワートはそのリード伝のなかで、おそらく哲学史のなかで初めて哲学的な「常識」概念を用いたのは、一八世紀初頭のフランスで活躍したイエズス会士の哲学者クロード・ビュヒエ（一六六一―一七三四）だったと指摘しているが、一七二四年に公刊されたビュヒエの主著の一つが英訳された一七八〇年に、実はリードの「常識」概念はビュヒエからの剽窃だという嫌疑が持ち上がったことがある。これは、当時の人々が本書における「常識」という言葉の使い方をかなり特殊なものと見なしていたことを示唆するが、リードがビュヒエの存在に初めて気づくのは、この剽窃嫌疑をきっかけにしてであった。この誤解の五年前には、ジョゼフ・プリーストリー（一七三三―一八〇四）がひとつの論争書を公にし、本書『心の哲学』における「常識」概念の特異性を揶揄していた。

このように「常識」概念は、リードの生前と没後で紛糾が絶えたためしはなかったわけだが、にもかかわらず、奇妙なことに哲学史は、あたかも一定の意味内容がこめられているかのように、リードの「常識哲学」を語ってきた。そのような慣行に頭を痛めてきたリード研究者のなかには、かつてのスチュワートのように、あえて「常識」概念を無視したり、「非・常識の哲学者」といった呼称を意図的に用いる人々もいるが、訳者の見るところ、結局これも例のベーコン主義から捉えるのが一番真相に近かったように思われる。

ＯＥＤは「常識」の意味のひとつに「自然的知性」を挙げている。ＯＥＤの説明は直接的にはハミルトンにおける「常識」概念の分析を利用したものだが、その限り間接的にはリードのテキストにおける意味内容にも触れることになった。さて、では「自然的知性」とは何か。これをリードのベーコン主義から捉えれば、自然の所産としての人間の心がオリジナルに所持しているはずの能力ということになろう。前に引用したベーコン主義のテキストでは、「事物」という言葉はさしあたり物質的な事物を意味するものと受けとめられようが、ここではこの言葉で、人間の心にオリジナルに付与されたこの能力を置き換えてみればよい。まさにそうした能力を「反省の方法」（本書第七章）という「熱意と努力」によって発見するのが、リードの構想した哲学であり、「自然が人間知性に与えた」「オリジナルかつ自然な判断」（本書第七章）が「人類の常識」（本書第七章）と呼ばれることになる。リードの心の哲学におけるベーコン主義の主眼は、自然の傾聴によってそうした「人類の常識」を読み取ることであり、傾聴者の側がそこに何かを付け足すことはむろん、「もの静かな声と、土俗ではなく、熱意と努力によって理解される言語」（前掲引用文）に心を閉ざすことなど、哲学の「目標を間違えている」（本書第一章第一節）ことになる。ちなみに、ベーコン主義がガリレオ以来、ニュートンに至るまでの近世自然科学の台頭を支持する強力な哲学的思想だったこと（「自然の探求では、自然学が数学において終結するとき、もっともよい結果を得るのである」ベーコン『ノーヴム・オルガヌム』第二巻第八節）を踏まえるならば、「常識の原理にもとづく人間の心の研究」という本書の原題には字面を超えた意味がこめられていたことがわかる。とりわけ、以上解説したような「常識」概念を踏まえ、あらためて本書第七章末尾を読み返すならば、リードが本書でニュートンの主著、すなわちそのラテン語の原題が「自然哲学の数学的原理」と訳される『プリンキピア』の精神哲学版を企てたと思われるのである。デカルト以降ますます強く意識されることになる物質と心の二元論は、一八世紀になると、自然哲学（物質の哲学）と精神哲学（心の哲学）という哲学における二大部門として捉えられることになる。その自然哲学では、かつてガリレオが物質的自然界は数学の言語で書かれてあると宣言し、その「文法」の解読がベーコン主義者ニュートンによって達成された。この偉業を踏まえ、「分不相応の歩幅と、悲しいかな、分不相応な力量でこれら偉大な先例に追随しようとの野心」（本書第七章）を抱いたリードは、同様の企てが精神哲学の分野でも可能であると考えた。物質的自然が数学の言語を語っているように、精神的自然は常識の言語を語っているというわけである。訳者が本書を『心の哲学』と題し、これまで誤解以外に貢献したことのなかった呼称を含む、原題にもとづく直訳的命名を意図的に排したのも、以上の理由からであることを付け加えておきたい。

さて、リードによれば、こうした企てはこれまで試みられてきたためしがなく、それどころか、むしろ観念学説によってこの企ては阻止されているという。リードは従来の精神哲学を改革して、新たな心の哲学に着手することになるのである。規則⑤が要求していたように、それは、通常我々が「常識」を語るときの意味の基本にあるものに類比されるような、万人が明証と認め、さらなる解明と説明を必要としないような「共通思念」の上に構築されることになるだろう。次に、こうした新たな心の哲学の構想にとって当面の論題となる観念学説批判について、例の卒業記念講演、特に第三回のそれを手がかりに見てみることにしよう。

観念学説の基本命題とその批判

「人間知性の哲学」が「正確な分析」というより、むしろただの「仮説」にもとづくだけの低水準にあることを、「以前は」ただ疑惑を抱くだけだったが、「今や確かに知っている」との宣告で始まる第三回卒業記念講演が行われたのは一七五九年のことであった。既述したように、リードは前年「アバディーン哲学協会」を立ち上げており、早速その年に自らの研究成果を報告し、会員による討論に付している。そのときの発表原稿の題目には「人間の心にかんする適正な哲学の難しさ」とあり、本書『心の哲学』第一章にあたる内容のものであったことがわかっている。同題目にはヒューム批判が示唆されており、また視知覚にかんする分析もなされることが予告されているが、これらも今日残されている議事録から内容的に確認されるところである（ちなみに、五八年から六二年までリードは毎年例の会合で研究報告を行っている。研究報告の原稿を刊行著作のために整理するかたわら、六二年に、「論敵」ヒュームに、完成しつつある本書の原稿の閲読を依頼した。

往復書簡が残されているが、そのなかでリードは『人間本性論』によって心の哲学における新たな課題を得たことに言及して、自らを「形而上学における貴方の弟子」だと相手に語りかけているが、ヒュームの方も観念学説批判について、「哲学者たちに共通のものである私の諸々の原理をもっと厳密に検討し、それらの不毛さを理解することになる」だろうと述べて、一応の（あるいは儀礼上の？）理解を示している）。

このように、五〇年代も終わりになってから哲学者リードは観念学説批判者として公の場に登場するわけだが、この批判の成果である本書は、論題としては知覚のみを扱っており、今右に触れた五九年の発表でも、本書第六章で披露されている研究が報告されている。おそらくそのせいなのか、リードによる観念学説批判は、これまでしばしば知覚にかんする問題状況でのみ取り上げられてきたように思われる。例えば、いわゆる知覚の哲学と称される分野では、我々が外的対象を直接に知覚すると主張する直接実在論と、そうではなく、外的対象の知覚は間接的であり、むしろ直接に知覚されるのは心的対象（「観念」）であり、この心的対象が外的対象をいわば表象するのである、と主張する間接実在論または表象説との是非が議論されてきたという伝統があるが、こうした問題設定のなかでリードの観念学説批判は間接実在論ないし表象説批判だとされ、リード自身の知覚論は直接実在論であったとの解釈がまかり通ってきた。

第三回卒業記念講演が展開する観念学説批判は、これとは違った描像を与えている。そして、その描像は、これまで述べてきたことからすれば、リードの側の哲学的思索としてごく当然の成り行きと思われるものである。前に「ヒューム問題」という同じ呼称を巡ってカントの場合とリードの場合との課題認識の違いを述べたが、例えば因果性にかんするヒュームの懐疑主義的議論で明らかなように、「観念」という用語の意味するところは、つまりは概念にほかならない。それを踏まえて言えば、リードにおける観念学説批判は「概念学説批判」とも言うことができ、実際、人間の心の基本的性格として、いわゆる概念性よりも信念あるいは判断を重視したリードからすれば、批判の着眼点として当然であろう。第三回卒業記念講演が記録しているように、そうした着眼点を提供したのは、普通には「論理学」と称される伝統である現在この伝統は「古典的論理学」と呼ばれ、今日的な意味での論理学とは区別されるが、人間知性の論理的作用を「概念」「判断」「推論」に三区分して分析したことを特徴とする。この種の古い論理学が実際に扱うのは、人間的知識のいわば「形式」であり、その実際の内容については何ら寄与しないとの認識から、後世しばしば「形式論理学」とも呼ばれることになるが、どうやらこうした認識が一般化するのはカント以降のことであるらしい。実際、デカルトやロックが思索したことは直接にはこの論理学とはかかわらないのだろうが、彼らが「観念」について提起した問題は、この論理学における「概念」の章に取り込まれるのが普通であった。さらに、人間の心の能力にかんする事実とこの能力によって得られる知識を論理的に整理することは、なるほど別のことであろうが、こうした認識もまたカント以降のことであり、それまでは論理学と心理学ははっきりと区別されることはなかった。リードにおける観念学説批判の契機は、この種の混交にあるとも言えるだろう。

実際、人間的知識の論理的な整理としては、例の三区分を認めたとしよう。この説明が意図していることは、様々な人間的知識の間に見られる推論関係である。ある知識から別の知識を推論によって導出するときに、その妥当性を説明するために、推論がいくつかの構成要素、すなわち判断に分類される。そこで様々な判断からなる推論に妥当なものと、妥当でないものを指摘するために、さらに判断をその内部構造にかんして分解する。すなわちそれが概念である。これは、既に述べたように、カント以降の哲学者・論理学者が用いることのできた言説である。カントに至るまでは、この言説にさらに心理学的な教説が上書きされるのがつねであった。すなわち、我々が何らかの事象について判断を形成するには、まず必要な概念を見渡して、それらのうちのどれとどれが結合できるかを調べればよい、というわけである。当時の言葉で言えば、人間知性は諸々の「観念」どうしを調べることで何らかの関係を見出し、それを「把握」したものが「判断」とされた。第三回卒業記念講演では、こうした教説が「観念、判断、把握について提出されてきた諸々の公理」として言及され、これらの「公理」こそ「綿密な検討」が加えられなければならない当のものとされている。

このように、論理的のみならず、心理学的にも概念が判断に先行するとの教説をリードは単なる「仮説」と見なすが、この「仮説」そのものであるとも言うことができ、またこの「仮説」の発端になったとも言うことのできるのが、すなわち観念学説にほかならない。というのも、判断に対する概念の先行性は、人間の心にまず現前するなり、あるいは場合によって外界から与えられるなりするのが「概念」ないしは「観念」であるとの見方と不可分だからである。普通近世哲学史では、この関連で、「観念」の起源を巡る先天説（合理論）と後天説（経験論）が語られることになる。しかし、まさにこうした問題を哲学における不毛な問いと一蹴するリードは、判断に対する概念の先行性という観念学説の基本命題をさしあたり英語圏での先達であるロックやヒュームのテキストで指摘することになる。すなわち、ロックによれば、知識は観念相互の「一致・不一致の知覚」にあるとされたが、リードはこれを判断にかんするロックの知見と見なした。その上でさらに、「信念」（「判断」、解説ではこれ以降、この二つの言葉を適宜使い分けるが、内容的には同じものと理解されたい）を「現在の印象と連合した生き生きとした観念」と「定義」したヒュームの主張を取り上げて、例の教説が極論にまで達したことをリードは確認する。というのも、リードによれば、「あることを真だと信じることと同じことを偽だと信じること」は、両者が「生き生きした観念」である限り、同じことになり、従って前に本書「献辞」にある文言として引用したように、ヒューム哲学の基本は「あることを信じるのにはそれと反対のことを信じる以上の根拠」はないという命題で特徴づけられることになるのである（こうした論評は本書では第二章第五節で「死後の世界」の「有無」にかんする信念の例で繰り返されている）。

以上見たような、判断に対する概念の先行性が、リードのいう観念学説にほかならないが、ではこの学説に対する批判は具体的にはどのようなものになるのだろうか。一口に信念といっても、とりわけその多様性を重視したリードの立場からすれば、この批判が多岐にわたるものであることは容易に想像できよう。心の哲学でも例のベーコン主義を採用するリードは、人間的信念の種類の多様性に着目し、知覚、記憶、証言の三つはそのなかでもとくに重視される。信念が形成される「オリジナルな能力」のほかに、観念学説で誤解された概念能力（想像能力）もまた批判的精査の対象となろう。この概念能力にくわえ、それとは異なる抽象能力も考究対象となる。信念一般の論理的位置づけにかんしては、伝統的論理学におけるのと違った判断論が要求される。すなわち本書第七章の最後の方で「論理学においてぜひとも望まれる課題」である、「自然が人間知性に与えた」「オリジナルかつ自然な判断」の解明がそれにあたる。観念学説が人間知性の哲学を僭称してきた以上、新たな心の哲学の開拓は、人間知性に根拠をもつ諸々の学問にかんする省察も必要となろう。リードの時代には、何らかの諸々の「第一原理」の上に諸命題が構築されるのが学問の理想形態だが、分野によってはそれが可能なものと不可能なものとがある。これは一般に人間的理性がどこまで信頼し得るかの問題であり、リードの理性論では再びヒュームの『人間本性論』における哲学的懐疑主義が論難される（拙稿「信頼原理と人間の知識」イギリス哲学研究、第二三号、二〇〇〇年、所収参照）。以上の知性論のほかに、いわゆるリードによって「活動的能力」と呼ばれる意志にかかわる諸々の事象も観念学説批判によってあらためて再考されなければならない。

こうした多岐にわたる課題（本書第七章末尾で「哲学的討究に計り知れないほど無限の領域を提示する」と呼ばれたもの）にリードなりに答えたものが、この解説の冒頭で触れた八〇年代の二つの試論であった。しかしそこでの観念学説批判、とりわけ『人間の知的能力試論』でのそれは、右に概観した様々な信念形成能力ごとに個別的に取り上げたものである（八三年六月八日付けジェームズ・グレゴリー（一七五三－一八二一）宛書簡のなかでリードは、当時原稿を整理編集中であった『人間の知的能力試論』では、観念学説の歴史を同学説批判ともども総論的に論述してほしいというグレゴリーの要望に答えて、「心の哲学」が「低水準」な現状では、批判しつつ構築するに如くはない、として心の諸々の能力の考察ごとの各論批判という論述を採用する予定であることを記している）。しかし、リードにはいわばこうした各論批判のほかに、観念学説の最も原理的な箇所を総論的に批判する議論もあった。すなわち、判断に対する概念の先行性の教説でいわば媒介項的な役割を果たす「知覚」の議論である。

というのも、前にロックの場合として触れられたように、例の教説はしばしばこう述べられることもあったからである。何らかの事象についての判断を形成するには、この事象について必要な概念を精査し、それらの間の一致・不一致を「知覚」すればよい、と。ここで「知覚」とは、現在では廃れてしまった用語であり、リードは第三回卒業記念講演や本書では、しばしば何ら信念を伴うことのない「(単純) 把握」という表現で置き換えている (この表現自体、中世スコラ哲学の伝統を残していた当時の学院形而上学における専門用語であり、リードはおそらくハチソンの形而上学講義を念頭においていたと思われるが詳細は割愛する)。さてこの古風な「知覚」の用語法に伴う問題は何かというと、諸々の「概念」同士の関係を「知覚」するとは、結局は、「概念を概念する」としか述べていない点である。というのも、本来「概念」とは、心理学的には、我々が何かについて「理解すること」を意味するはずだが、例の「知覚」ないし「単純把握」もやはり同じ「理解すること」にほかならないからである。従って、例の教説は、結局、「判断は概念である」と述べたことになる。リードによれば、これは明らかに不合理であろう。

観念学説における奇妙な「知覚」の用語法に対比されるのが、この言葉のもうひとつの用語法、すなわち現在一般に使われている、いわゆる五官による外界の情報の獲得という場面での意味合いである。これはまさに本書の論題そのものなわけだが、リードの一貫した主張は、知覚は信念形成そのものであり、この知覚的信念があってはじめて、知覚対象についての概念も成り立つというものである。要するに、同じ「知覚」という言葉の用語法でも観念学説と知覚の現場では、概念と判断の関係はまったく逆転しているというのが、リードの批判的議論の核心であった。そして、観念学説がここでようやく知覚の問題に収斂するとき、この学説における最も不合理な帰結がリードの眼に明らかになる。すなわち、この学説が人間的知識にかんする哲学的懐疑主義をもともと胚胎していた事実である (後述する観念学説の二重学説化参照)。

リードが六四年の段階で公にした批判がこれであり、今述べてきたように、晩年の各論批判と対比したとき、この批判には総論という性格を認めることができる。だがその議論の詳細については、この後本書の内容を整理するところで再び取り上げることにしよう。ともあれ、以上、五〇年代のアバディーン時代にリードが行った卒業記念講演を資料に、リードの哲学観と観念学説批判にかんする背景的知識を紹介してきた（第四回卒業記念講演に触れなかったのは、内容的には前回分の復習、文脈的には本書との重複、思想的に八五年試論の先取りと、解説のこの箇所で紹介するのが適当ではないと考えられたからである）。かなり専門的なことにも言及したと思うので、本書の内容を整理する前にこれまで述べてきたことを要約しておこう。

トマス・リードにとっての哲学とは、基本的にはベーコン主義に立脚するものであった。リードのベーコン主義は言語論的に捉えられており、自然そのもの、または神が自然を通じて人間に語りかける言語の種類に応じた知的営為が識別される。ひとつは、自然が語る「土俗の」言語であり、普通の知性による知的営為である。「常識」という言葉は、本来この言語に属するもので、リードはその点をもっとはっきり述べておいた方がよかったのかもしれない。自然の言語の第二は、ガリレオが予言し、ニュートンによって体現された「数学」であり、「熱意と努力によって理解される言語」である。この種の言語の「文法」を解明することが、リードによって自然哲学の課題とされる。最後に自然の言語には、リードが「常識の原理」と呼んだ、人間の知性において概念性に先行し、「オリジナルかつ自然な判断」をもたらす「能力」がある。この種の言語の「文法」を解明するには「反省の方法」が必要だが、リードによれば、自然哲学の場合と同様のベーコン主義を精神哲学でも踏襲することは、これまで本格的に試みられたことがないばかりか、むしろこの試みを阻害する事態がまかり通ってきた。すなわち、人間知性において概念性を最優先し、ために信念ないし判断の正当性が不当に詮索されるため、「自然的知性」である諸々の「能力」への信頼が蝕まれてきたところの観念学説である。精神哲学を改革して、あらたな心の哲学を構築するには、従って、そうした現状の元凶である観念学説をその基本命題にかんして批判することが焦眉の急となる。こうしてリードの構想した心の哲学の実質は観念学説批判に終始するという性格を持つようになったわけだが、ベーコン主義からすれば当然多岐にわたる批判でなければならないにもかかわらず、観念学説の基本命題のまさに「存亡」（第五章第七節）にかかわるとの認識から、あえて「知覚」の問題に論題を限定して、古来より哲学者たちに継承されてきた「仮説」に単身挑んだのが本書『心の哲学』であった。

II　本書の内容

ベーコン主義に立脚した哲学観とこれにもとづく現状認識から成立した観念学説批判を右に見てきたが、以下これらを踏まえて本書『心の哲学』の内容を整理して見たい。あらかじめ断っておきたいが、冒頭でも指摘したように、訳者は本書をいわば狭義の意味での哲学書と理解している。晩年の二試論と比較すれば、なるほどいわゆる五官による知覚のみを扱った論考に過ぎないが、取り上げられている論題は多い。それらについては、今日の「スコットランド啓蒙」研究で注目されるような思想史的意義に注目するべきものもあるのだろうが、以下での整理は観念学説批判という一貫した主題を追求したものである。

第一章

本書は、献辞を始め、序論の章と結論の章を含む全七章から構成されている。本論五章は、目次からすると、いわゆる五官にかんする分析に割り当てられている。そのうち第六章の視覚論は、本書全体の三分の二を占めるほど長大なものとなっている。

第一章は序論である。八節からなる。第一節で人間の心を独自の研究対象とする理由が示された後、第二節でそうした研究の難しさが述べられるが、それはすでに見たベーコン主義の表明である。そしてこの観点から、第三節から第六節にかけて、人間の心にかんする一七世紀と一八世紀の哲学に論評が加えられる。献辞におけるのと同様、この論評での最大の焦点はヒュームの『人間本性論』で、同書における最も著しい欠陥が第六節で指摘される。ところで、リードのヒューム批判というと、しばしば常識の立場からのものと描かれることがあるが、この第六節が明らかにしているように、『人間本性論』がベーコン主義に抵触していることがヒュームを批判する理由のひとつでもあったことは重要である。ともあれ、続く第七節で新たな心の哲学を構築する上での当面の課題が観念学説に対する批判であることが指摘され、そのことが同時に、この学説が『人間本性論』を通じて帰結した哲学的懐疑主義に対する正攻法であることが宣言される。

第二章

さて、第二章から第六章までが本論に相当するが、章立てとその表題が招くおそれのあるあらぬ誤解についてまず述べておこう。本書は確かに知覚論を論題とした哲学的論考ではある。しかし、ここで言う知覚論は、その性格が、哲学や心理学の世界で通常意味されるものとはずいぶんと違っているので注意が必要である。単に自らの積極的な見解を論拠や実験結果を踏まえて述べるだけでなく、同時に自らのとは異なるほかの見解を批判している、と言えば、なるほどリード知覚論の性格が一応は捉えられたことになるかもしれない。しかしリードが批判している観念学説のために、まさに批判を伴う構築の作業が彼の議論を見えにくくしているのである。以下この点をとくに踏まえて内容を整理しよう。

第二章の意図は、判断に対する概念の先行性を容認する観念学説を何らの論拠をもたない「仮説」として批判するために、嗅覚というもっとも原初的な知覚(より正確には感覚)の現場ですでに、「自然でオリジナルな判断」(第四節)が概念に先行していることを示すことにある。ところで、普通観念学説と言うと、なによりまず知覚の現場が想起され、知覚における人間知性の対象は、事象そのものではなく、むしろこの事象の代表・表象となる何らかの心的対象(観念)であることを容認する学説として描かれるが、この種の学説が第二章では言及されていないことは注意されるべきである。たしかに第三節では、記憶と想像の場合にかんする類似の学説が触れられているが、これとてその批判は先送りされている。記憶論と想像論は本書の論題にはならなかったので、実質この批判は本書ではなされなかったことになる。第四、第五節から明らかだが、従って、第二章が批判する観念学説は、右に見た知覚論的な学説ではなく、以前に触れたような意味で「概念学説」とも呼ぶことのできる観念学説である。人間知性においてその概念性を重視するのがこの観念学説であり、リードが新たな心の哲学で構想したのは諸々の「自然的知性」にほかならない様々な「能力」が第一義的にもたらす信念ないし判断を重視することであった。

さて、判断に対する概念の先行性を容認する観念学説の批判のために、嗅覚の場合での「感覚」が注目されたことの、いわばつけがリードに回って来ることになる。観念学説の基本命題は知覚的判断の場合にもあてはまり、知覚対象の概念として「感覚の観念」が重視されるが、リードはこの場合の「感覚」の意味をあらためて再考せざるを得ない。「感覚」とはまず、心によって知覚される限りのものであり、その限りで存在し、従って心のなかだけにある。このように指摘するリードは、あたかもバークリーの「観念」をそのまま「感覚」と置き換えているようである。だがしかし、リードによれば、「感覚」は固有の名称を持たず、ために名称が借用されるほかのものとの混同が避けられない。そこで「感覚」そのものに正確な注意を向けるに、それは知覚者によって意識された心の「活動」または「働き」である。だとすると、「感覚」は、知覚者の心という「主体」を想定するに違いない。そしてさらに、「心のなか」だけにある「感覚」と、「心のそと」の事象にかんする本来の知覚との間に何らかの関係がなければならないだろう。なぜなら、我々はバークリー流の観念世界に定住する独我論的な感覚者としてではなく、あくまで外界の存在を想定する現実世界に活動の場を持つ公共的な知覚者として自らの「感覚」に注意を向けるからである。

これらの問題のうち、「感覚」の分析が第二節と第三節でなされ、その結果を踏まえて、第四節、第五節で観念学説の基本命題に対する疑念が表明されたわけだが、「感覚」との関連が指摘された「主体」と「外界」との関連性は、それぞれ第六、第七節および第八節の課題である。とくに最初の「主体」との関連性では、例によってヒュームの『人間本性論』が槍玉に挙げられており、同書において「主体」が抹消されてしまった経緯が「観念」概念の歴史的叙述によって描かれている。しかし、やはりここで注目するべきは、「感覚」と「主体」および「外界」との関連性を考察するリードの観点が再びベーコン主義を特徴とすることだろう。その要点は次の通りである。

リードでは、例の三つの項、すなわち「感覚」「主体」「外界」にかんしては、それぞれ固有の情報であることが想定されている。「感覚」は知覚者が自らの心の「働き」に注意を向けたときに得られる情報であるが、「働き」にかんするこの情報は「能力」としての「心」ないし「主体」にかんする情報とは区別される。「外界」にかんする情報もまた、本来、感覚ではなく知覚によって得られたものとして、これらとは異なる。さて、それぞれが独自の情報であることが踏まえられた上で、「感覚」と「主体」、「感覚」と「外界」との関連性がどう説明されるかというと、結局それは恒常的相伴に注目することである。匂いの「感覚」が得られるときにはいつも、匂いを嗅いでいる「自分」のことが意識されており、また同じく、この「感覚」を意識するときには常に「自分」のではない、何らか外的なものの「匂い」であることが弁えられている。こうした恒常的相伴をリードは記号論的な関係として捉えるが、それはもともとのベーコン主義が前に確認されたように言語論的な観点から理解されていたことと相通じるものがある。すなわち、「感覚」は「記号」として、それぞれ「主体」にかんする信念と「外界」にかんする信念を示唆する、というわけである。

以上が第二章のあらましだが、最後にそこでの議論と本来の知覚論との関係について述べておこう。第二章での観念学説批判は、知覚の現場に事例を求めて判断に対する概念の先行性という「仮説」が成り立たないことを明らかにするものであったが、「感覚」を取り上げたがためにリードが引き受けることになった例の二つの論題、すなわち「主体」および「外界」の問題は、今述べたように、いわば感覚記号論によって処理されることになる。この感覚記号論がリード哲学に本来の知覚論であり、その本格的な議論は本書第五章においてなされる。この感覚記号論が言語論的に理解されたベーコン主義の所産であったことは既述の通りであるが、その中心命題には、因果関係は記号関係である、というものがある。そして、いわゆる「自然法則」もこの意味で理解されるが、そのことを第二章の範囲で論じたのが第九節である。この節は、本来の知覚論への伏線となっており、特に心にかんする事象にかかわる「自然法則」の解明の点では、第五章を経て第六章の視知覚論へと繫がっていく一連の考察において重要な役割を果たすことになる。

第三章および第四章

第三章と第四章はそれぞれ味覚論と聴覚論だが、頁数も少なく、内容的にもほかの章と比べると見劣りするが、感覚と知覚の分析という点では、ある意味でごく普通の意味での知覚論を構成する章と言える。とは言え、リードに固有の知覚論という観点からすれば、体裁上五官の議論を整えるために挿入されたと言っても差し支えないだろう。そこで、さっそく本書における本格的な知覚の議論が行われる第五章を見てみることにしよう。

第五章

触覚を主題とする第五章が文字通り知覚論だというのは、実は歴史的な理由からでもある。物質の性質に第一次性質と第二次性質を区別したロックの議論は有名だが、物の形や大きさなどは第一次性質であり、いわば物質そのものの性質である。これに対して、匂い、味、熱さ・冷たさは第二次性質に分類され、知覚者自身の状態に相対的な仕方で知られる物質の性質とされた。さて、普通知覚と言えば、いわゆる感覚器官を通じての外界情報の取得である。この種の情報を得るのに、知覚者自身の状態に相対的なものであっては信用が薄れてしまうことは言うまでもない。従って、物の形や大きさといった性質が知覚における基本的な対象である、というのはアリストテレスの昔においてすら、すでに伝統的な見方であった。そして、この伝統的な見方では、物の形や大きさは、しばしば触覚と視覚に共通の性質と見なされてきたが、リードの活躍した一八世紀には、この二つを峻別したバークリーの『視覚新論』の影響力を考慮する必要がある。すなわちバークリーによれば、物の形や大きさを固有の対象とする知覚は、本来触覚だけなのであり、これに視覚が参画するようになるのは、経験と習慣の結果に過ぎないのである。

本書第六章からわかるように、リードはバークリーのこの見解を一応は受け入れている。従って、リードでも物の形や大きさといった、本来知覚の対象とされる性質が識別されるのは触覚によってなのであり、従ってこの種の知覚を主題とした第五章で本書は初めて知覚の問題に本格的に切り込むのである。

第五章での知覚論は、すでに述べたように感覚記号論として整理することができる（詳細は第三節、拙稿「トマス・リードの知覚論」現代思想三月臨時増刊「カント」一九九四年所収参照）。その基本命題は、感覚が知覚対象にかんする「概念と信念」を「示唆」する、である。「固さと柔らかさ」（第二節）、「粗さと滑らかさ」および「形態と運動」（第四節、ただし言及されるだけ）、「延長」（第五節、第六節）など、物質の第一次性質にかんする我々の「概念と信念」が、すべて感覚によって「示唆」されることが指摘される。ちなみに、この「示唆」という感覚記号論におけるキー・タームについて一言述べておくと、表現自体はバークリーに由来するものだが、内容的には以前に触れたようにリードのベーコン主義を体現するものである。あるものが別のあるものを「示唆」する、という語り方は、ともすると擬似因果的な説明と誤解されそうだが、本来意味するのが恒常的相伴のことであったことは、第八節で指摘されている。すなわち何らかの感覚が知覚対象の「概念と信念」をこの感覚に「直接継起」するものとして「示唆」するのである。

ところで、信念論者だったリードからすると、一見この指摘は奇妙かも知れない。「オリジナルで自然な判断」の先行性を持説とするならば、知覚の現場での「概念と信念」にこの順番で言及するのはあらぬ誤解を招くのではないだろうか。しかし、これは、批判しつつ構築するリード哲学の性格から理解される必要がある。第五章が本格的な知覚論であるために、観念学説の知覚論がここで正面から攻撃されているのである。

この学説はこれまで一貫して概念学説として扱われてきたが、先行する概念の分析によって判断が成立すると説くからには、問題の概念性について、そうした判断が外界の事象と合致する理由が考えられなければならない。伝統的には、概念を外界の事象の類似物と見なすことで、この理由としてきた。リードは常にこうした応答を観念学説の「古さ」と指摘するが、おそらく一八世紀当時に理解されていた中世のアリストテレス主義が念頭にあったことは、この「古い」観念学説の創始者としてアリストテレス（前三八四－三二二）の名が再三言及されていることからもわかる。言うまでもなく、「感覚のなかになかったものは知性のなかにもない」との訓示で知られるアリストテレス主義のことである。ここで急いで付け加えておくと、リードの評価では、アリストテレス主義的な「古い」観念学説の方がデカルト以降に始まる「新しい」観念学説より、むしろ整合的で首尾一貫した思考だったとされている点である。なるほど、我々が外界の事象について何らかの判断を形成するに、その素材となる概念がこの事象の類似物として得られるのならば、例の「観念どうしの一致・不一致の知覚」という、一種の論理的操作によって形成された判断の信用性は疑うべくもない。従って後にリードは、「古い」観念学説が支配的だった古代・中世にデカルト以降の近世哲学を特徴づける「外界問題」が存在しなかったことを確認するのである（本書第七章）。

以上は、近世以前の観念学説であるが、これが含意する知覚の哲学（感覚知覚による類似的概念の取得）を批判したのは実はリードではない。ある意味で、リードが描く観念学説の歴史では、この点での先駆者はデカルトそのひとであり、ヒュームに至る「デカルト主義者」であったはずである（従って本書の「献辞」で、観念学説批判という自らの哲学にとって大いに参考になったのは、とりもなおさずこの学説を容認した先達たちの思索だったと指摘されることになる）。すなわち、最も典型的なのはバークリーの場合であり、リードがかつてバークリー主義者であったことが如実に読み取れるところだが、我々には本来、外的事象にかんする類似的概念ないし観念などないのである。むしろ、類似というなら、各人の心のなかにある概念ないし観念に類似するのは、「ほかの心」のなかにある概念ないし観念でしかない（第八節）。従って、この見解を認める限り、近世以前の観念学説は実はその時点で崩壊していたはずである。というのも、類似的概念が得られるからこそ、概念の判断に対する先行性の学説が人間知性を説明するものと考えられたからである。しかし、実際は、「古い」観念学説はそのまま容認されてしまった。つまり、デカルト以降、すでに触れた「外界問題」が発生したわけだが、この問題はまさに外界について我々が形成する判断の信用が疑われたことを意味し、判断に対する概念の先行性の「仮説」と「新たに」発見された概念の非類似性がそのまま同居し続けたからにほかならない。

こうして、とりわけ知覚の現場での観念学説はリードによっていわば二重学説として捉えられていたことがわかる。このことは第五章第八節のバークリー論の箇所（「この［バークリーの］議論は二つの命題にもとづいている」）と第六章第六節（「この仮説［感覚知覚による類似的概念の取得］から必然的に生じると考えられる帰結はこうである。すなわち、どんな物質的事物も、また物質的事物のどんな性質も感官がその像を心に伝えなければ考えることができず、思考の対象になることができない」）から読み取ることができるのだが、最も明快な叙述は残念ながら八五年の『人間の知的能力試論』を待たねばならなかったようである。観念学説の各論批判としては知覚の現場にのみ特化した同書第二試論第八章でリードはこう述べている。

あの理論［観念学説］は二つの部分に分けられるだろう。第一に、外的対象の像、形象、形相が対象からやってきて、感官を通して心に入る、という考えであり、第二に、外的対象そのものは心の中のその形象なり像なりによってしか知覚されない、という考えである。第一の考えをデカルトとその追随者たちは拒否し、確固とした論拠によって論駁した。しかし第二の考えをデカルトも彼の追随者も疑問視しなかったのである。

ここに描かれた二重学説を今かりに、①「心の中に入る観念（概念）」と②「心の中にある観念（概念）」のそれぞれにかんする部分学説として理解するなら、②のような「観念（概念）」がなければ「外的対象そのもの」について「知覚」されない、とは、つまり判断形成ができない、ということである。つまり、観念学説のもとの形態である概念学説はこの②に反映しているのであり、「古い」観念学説の知覚論（①）を批判したのがデカルトおよび彼の「追随者」たちだったとすれば、この学説の基本命題である概念学説を徹底して疑問視したのがリードだったという構図が浮かびあがるだろう。

従って、観念学説とリード哲学とでは、同じ「概念」でもその意味はまったく違っているのである。まさにそのことが意図であったために、第五章の知覚論は、感覚が知覚対象の「概念と信念」を示唆する、という感覚記号論のなかでも、とりわけ「概念」が主題化されたのであった。リードの分析では、「感覚」は、バークリーの「観念」とはまったく異なり、本来類似・非類似の二者択一を考えることすら不合理なものである。このことは、いちおう「感覚」と知覚対象の「概念」の非類似性が指摘されるものの、その様子が「ただ似ていないどころか、それらは、痛みと剣の先端同様、確実かつ明白に似ていない」（第七節）と述べられていることが暗に物語っていよう。ある意味でリードの心の哲学では、類似性・非類似性という対の表現は「感覚」にかんしては、いわゆるカテゴリー・ミステイクだったわけである。だからこそ、「感覚」が独自の心の働きであり、名称を持たず、注意を向けるほかに解明も説明もできないことが何度も強調されてきた。その「感覚」が知覚対象の「概念」を「示唆」すると言えるのは、つまりは、そこでの概念性がいつも必ず信念を想定しているからである。コンクリートの壁に触れることで、その固さが識別される。この固さの「概念」は触感によって「示唆」されている。すなわち、この「固さ」は「物質の性質」であることが「理解」されているが、そう「理解」されるのは、外界を知覚する能力にもとづく信念があらかじめ信頼されているからである。信念ないし判断を形成するには、まずもってこの信念ないし判断が何にかんするものかが「理解」されていなければならない、と主張するのは概念学説こと観念学説である。同じ例にこうした考え方を当てはめた場合、問題の「固さ」の概念の性格が信念ないし判断形成能力に対する信頼とは別個に明らかにされなければならない。そのために、「観念」にかんしてデカルトでは「明晰判明性」が、またロックでは「確定性」が指摘されたが、リードによれば、知覚的概念が外界の事象のものであるとの性格を得るのは、外界を知覚する能力に対する信頼によるほかなく、概念に対する信念の先行性によってである。

以上、第五章の内容を整理したが、第二章の場合同様、かなり込み入ったものとなっている。そこで要点をまとめて、次の第六章に移ることにしよう。

本来の知覚論での観念学説を批判することが第五章の課題であった。知覚論的な観念学説は二重学説として捉えられている。学説が二重化するのは、観念学説でのキー・タームである「概念」に与えられた二重の役割のせいである。ひとつには、外界の事象に類似する「概念」として「感覚の観念」が、もうひとつには、知覚の現場でも判断に先行すると想定された「概念」がある。以上は、先に二重学説を記号化した①、②に相当する。さて、観念学説の歴史のなかでは、この知覚論は奇妙な経過を経たものとして描かれる。すなわち、「古く」からのこの知覚論は、近世になって二重学説の片方である「類似的概念」としての「感覚の観念」の部分が否定されたにもかかわらず、外界の事象にかんする知覚的判断の信用性が疑われ、「外界問題」の発生を見たことから推測するに、もう片方の学説はいわば無傷で容認されてしまった。こうして知覚の現場においても判断に対する概念の先行性という観念学説の基本命題を確認したリードは、少なくとも知覚的判断にかんする「適正」な分析からすれば、本来この基本命題そのものが「仮説」として暴露され得たはずだと反論する。第七節での「決定実験」や第八節での「感官を巡る哲学者たちの体系」がこの反論にあてられている。

第六章

第六章の視覚論は本書全体の三分の二を占める膨大な論考である。これまで第二章と第五章の嗅覚論と触覚論とを観念学説批判の観点から整理してきたが、そもそも本書の論題である知覚の観点から見返すならば、これらの章での考察の主眼は第二章では感覚、第五章では知覚であったと言える。そして、リードにおいて知覚は常に「概念と信念」で特徴づけられることからすると、第五章ではこのうちもっぱら知覚対象についての「概念」が重視されたことは前に見た通りである。そうすると、「信念」にかんする考察が残るわけだが、まさにそれに相当するのがこの第六章にほかならない（後述するように第二〇節がそのことを物語っている）。本書における観念学説批判は、概念論的なその基本命題が知覚論的に二重化していることを確認しつつ、知覚の現場での独自の分析にもとづいてこの基本命題の不当さを指摘したものだが、人間知性においてその概念性よりもむしろ信念ないし判断の事実を重視する新たな心の哲学の構想からすれば、批判しつつ構築する本書の議論を総括するのがこの第六章であったのは当然と言えるだろう。

さて、これまでの解説で述べてきたことを踏まえるならば、やはりここでもリードのベーコン主義から内容を整理するのが最も簡便であると思われる。

ベーコン主義にもとづき人間的信念の多様性に着目したリードは、「刻苦勉励」を要する実験と観察によって、心にかんする「自然法則」を見出すことを課題としたが、これは後にスチュワートが的確にも描写したように「人間的信念にかんする根本法則」と呼ばれるものである。さて、知覚の現場での信念にかんしてリードは、「オリジナル」なものと「獲得」されたものとを区別する。これは記号としての感覚が「概念と信念」を「示唆」する様式が経験以前か、それとも経験によるかの違いだが、第六章では第一九節までの議論が単眼視および両眼視による「オリジナル知覚」を扱い、知覚における信念を主題化した第二〇節と知覚が成立する過程のなかで感覚記号論を再考した第二一節を中間にはさんで、第二二節、第二三節で狭義の視知覚が狭義の触知覚と経験的に連合する「獲得知覚」を扱っている。リード知覚論の基本命題である感覚記号論は、さらに第三の知覚を想定しているが、それは推論を媒介とする限り、厳密には知覚とは区別されている知的営為である。とりわけそれは、知覚の現場から出発して「自然の行程」について推論的に信念を形成する場合として考えられており、第六章を締めくくる第二四節で取り上げられている。

以上、第六章の各節を大雑把にまとめたが、まず最初の「オリジナル知覚」にかんする箇所から見てみることにしよう。知覚を「概念と信念」によって特徴づける観点からすると、このうち視知覚にかんする概念の部が第一節から第九節までとなり、同じく信念の部が第一〇節から第一九節となる。これらのうち第六節が観念学説批判となるが、第二章および第五章と比較したとき、本章ではそうした批判的考察よりもむしろ自らの積極的な見解を展開することに重きが置かれているのは注意してよいだろう。おそらくこのことは、視覚による「オリジナル知覚」の題材としてリードが取り上げている事象が、とうてい観念学説では説明できない類のものとなっていることと関連しよう。第三節および第七節、第八節で視覚に固有な知覚対象である「可視的なもの」が論じられているが、そもそもこれにかんする適正な概念を観念学説は指摘したためしがないのである。というのも、リードによれば、「可視的なもの」は、本来触知覚だけに固有の対象である「形態」同様に、何らかの数学的特性を持つが、それはいわゆる「非ユークリッド的」と形容できるものとして分析されるからである。リードはそうした新たな幾何学を「可視的なものの幾何学」と称して第九節で披露しているが、簡単にその要点を見てみよう。

一連の公理と「見本」の命題として提示されているこの幾何学は、一見球面幾何学なり射影幾何学と誤解されるかもしれない。実際、一七八二年に『心の哲学』が独訳された際、匿名の訳者はこの点を疑っており、またこれに先立ってジョゼフ・プリーストリーはリード批判の論争書のなかで「可視的なものの幾何学」を「とんでもないでたらめ」として一蹴したほどである。しかし、後に実際に出現した非ユークリッド幾何学を知っている我々からすれば、リードの意図はもっと適切に理解されるのではないだろうか。この幾何学はあくまで「可視的なもの」という特殊な対象にかかわっている点に理解の要点がある。すなわち、見られた限りにおいて、平面図形も球面図形も区別がない、ということである。ところで、バークリーはいわゆるユークリッド幾何学は徹底して触知覚の対象であると論じていたが、リードはこれを容認している。では、純粋に視知覚の対象である幾何学は何であろうか。バークリーはこれに対して何ら答えることがなかったが、「可視的なものの幾何学」はこの設問に答えたものでもあり、平面図形が触知覚に属するものである以上、この新たな幾何学の「モデル」に球面図形の性質を利用したのである。しかしそれは、平面図形を球面に射影する際の操作を扱った射影幾何学ではない。むしろ球面図形そのものの性質を直接に「可視的なもの」に当てはめたのがリードによる「非ユークリッド幾何学」なのである（より正確に言えば、幾何学上の対象として想定された「可視的なもの」にかんする諸々の概念の幾何学的特性が球面をモデルに決定されている。平面三角形と球面三角形に共通の見かけが「可視的三角形」だが、その幾何学的特性は球面三角形のそれである。球面がモデルにされた理由としてリードは、網膜の特性が平面よりむしろ球面であることを挙げている）。結果、いわゆるリーマンの楕円幾何学と同じように、例えば三角形の内角の和は二直角よりも大、という命題などが得られている（リードの議論は二〇世紀の視覚心理学で「視知覚空間構造論」として研究者の関心を引いた問題の先駆と言えるかもしれない。ただし、ルーネンバーグそのほかの研究で指摘されたように、視知覚空間に固有な幾何学はリーマン的ではなく、むしろロバチェフスキー的であるとされる）。

さて、純粋に視覚だけの「オリジナル知覚」のうち信念の部が扱われているのが第一〇節から第一九節だが、おそらく今日の読者にとっては本書のなかで最も読みにくい箇所だろう。レスリー・スチーヴンはかつて本書『心の哲学』が斜視の研究によってヒューム哲学を批判していることに驚いて見せたが、もちろんこれは偏見と誤解に満ちた論評以外のなにものでもない。読者は、この解説の前半で触れたリードの哲学観を想起するのがよいだろう。そもそもヒューム哲学を含む観念学説の批判は、この哲学観に見られるリードのベーコン主義を発端とするが、「哲学することの規則」の②に要求されていたように、自然哲学のみならず心の哲学でも、人間知性にかんする諸々の学問と技術にかんする関心が必須とされている。第一〇節と第一九節が扱うのは、その意味でケプラー以来の近世光学（光の物理学と視覚の心理学を総合したもの）の課題である。事実、「光学」はアバディーン時代のリードの講義科目のひとつだったわけだが、興味深いことに、この近世光学においてもリードは観念学説の影響を看取している（第一九節）。これまでに扱われてきた観念学説では「心のなかの観念」が想定されてきたが、近世光学に波及している観念学説は「脳のなかの観念」を想定する。そこでリードは、単眼・両眼双方の場合での単一視・二重視の現象を観察することで、この「脳のなかの観念」を想定しない説明を試みることになる。単眼視については第一一節、第一二節で、両眼視については第一三節から第一九節までである。前者では視覚対象の明瞭視は、対象とその網膜像を結ぶ直線が眼球中心を通る場合に成立するという視覚方向にかんする規則性が、後者では両眼それぞれの網膜における「対応点」どうしの協調が「自然法則」として解明されている。ベーコン主義では通則と変則の両面での実験および観察が要求されるが、とりわけ両眼視にかんする変則として注目されたのが斜視の現象であった。

さて、「オリジナル知覚」に続いて「獲得知覚」が扱われる第二二節、第二三節は、今日ならば「奥行き知覚の手がかり説」として知覚心理学で論じられる問題に触れたものである。前に本書第三章および第四章について述べたことだが、この箇所も珍しく観念学説批判の課題とはいわば無縁な次元での論考となっている。ちなみに、この箇所に先立つ第二〇章は「知覚について」と題されており、しばしば単独でもその思想が言及される箇所だが、本書全体のなかに位置づけたとき、先の第五章とは異なり、同じ知覚でも信念の擁護に力点が置かれていることが注目される。第五章から始まった知覚論の推移を窺わせるテキストである。第二一節は知覚の成立を受容器に対する刺激の発生から振り返ったものだが、その意図は自然の「ドラマ」と形容されるこの過程のなかに感覚記号論を位置づけることである。いわば、自然のこの「ドラマ」を鑑賞する我々にとって唯一展開されるシーンが感覚記号論にほかならない。そこで、そのシナリオが考察されるわけだが、記号と意味表示される事物との関係が三種類指摘されている。すなわち「オリジナル知覚」の場合、「獲得知覚」の場合、「自然の行程について理性が発見するすべて」の場合である。訳者が本書第六章を大きく三分割したのは、実はこの指摘にもとづくものであった。

前にも触れたように、知覚には本来推論はない、とされながらも、知覚の現場から始まる推論もまた、右のシナリオに見るように、本来の知覚の場合同様、記号論的に考察されている。それが第六章を締めくくる第二四節である。ここでの考察の特徴は、知覚から始まる推論を証言にもとづく知識との類比で捉えていることだが、自然が人間に語りかける「もの静かな声」に傾聴して、その「文法」を理解するのに、微に入り細にわたる事象の複雑さのために、場合によっては「類比に注意する」ことも要請されていた、ベーコン主義を表明した例の引用文が思い出される。そこで「自然の行程」にかんする推論形成と「人間の行為」にかんする知識形成の双方が類比的に考察されるが、いずれも言語的事象として捉えられ、それぞれに「一般的原理」が摘出されることになる。まず言語を媒介とした「人間の行為」にかんする知識形成にかんしては、「真実さの原理」と「信じやすさの原理」の二つが挙げられ、相互に補完的であることがいわゆる発達心理学的な観察によって述べられる。次に「自然の行程」にかんする推論形成の「一般的原理」としては、『人間本性論』の暗い影をちらつかせながら「帰納的原理」が指摘される。この第二四節で終わる第六章は、最後が教育論となっている。「自然の教育」と「人間の教育」が比較されるが、典型的な啓蒙人であるリードは、当時この分野で著名となったジャン・ジャック・ルソー（一七一二―一七八）の思想をいささか揶揄気味に扱っている。本書公刊直後にフランスに渡ったヒュームは、やがて逃亡中のルソーを伴って帰国するが、二人の間がまもなく誤解と猜疑に満ちた関係に変わり、悲劇的な最後を向かえたことは有名である。ルソー救出の意図を知った友人たちはこぞってヒュームを諫めたとか。一連の出来事をリードがどう見ていたのかは判明しない。

第七章

本書における結論の章である第七章は、序論の章であった第一章同様、ベーコン主義を中軸としたリードの哲学観が表明されたテキストである。本書のなかで唯一、節の区分を持たない本章は、それでも内容的には前半と後半に分けられる。その前半では、「類比の方法」と「反省の方法」を対比させ、新たな心の哲学では「反省の方法」が採用されるべきことが述べられた後、哲学のこの分野でのアリストテレス主義とデカルト主義の共通点と差異がこれら二つの方法との関連で指摘される。後半では、主にデカルト主義の心の哲学が取り上げられ、次に見るように五つの論評が認められている。

第一にデカルトが「反省の方法」を最初に導入したとされ、その点はまず評価される。第二に、しかしデカルトによる「反省の方法」の採用は、アリストテレスによる「類比の方法」の採用同様、極端に走り、前者は物質を精神化し、後者は精神を物質化してしまったことが非難される。自然をあまりに単純視しすぎたとのこの批判は、言うまでもなくリードのベーコン主義である。第三に、デカルトから始まる新たな思索は後にヒュームの『人間本性論』で顕現化する哲学的懐疑主義を最初から胚胎していたと推断される。第四に、そうした経緯の元凶が例の観念学説に求められ、人間知性における概念性をあまりにも強調したその基本命題があらためて論駁される。「自然的知性」という名の「能力」の所産にほかならない「オリジナルかつ自然な判断」は、本書では知覚の現場でのそれしか考察されなかったと確認された上で、ほかの能力の場合にも見出されるそうした「常識の原理」を「解明しひとつひとつ枚挙する」課題が「論理学」に与えられている（リードは八五年の『人間の知的能力試論』第六試論第五章「偶然的真理にかんする諸々の第一原理」でこの課題に自ら答えた。そこでは、第七命題の「信頼原理」を要石として、意識（第一命題）、自我（第二命題）、記憶（第三命題）、人格の同一性（第四命題）、感覚知覚（第五命題）、意志（第六命題）、他者（第八命題）、自然言語（第九命題）、証言（第一〇命題）、社会的行動（第一一命題）、自然の行程（第一二命題）にかんする計一二個の「原理」が列挙され注釈を施されている）。デカルト主義にかんする第五の論評では、「反省の方法」をもって始まったこの新たな心の哲学が実は「類比の方法」も保持していると指摘されるが、例の観念学説との関連で言えば、アリストテレス主義とデカルト主義がともにその基本命題を容認したと指摘されるのと同断である。そこで、人間知性における概念性の強調が「類比の方法」と関係していたことが示唆されるわけだが、その詳しい実態については、「心の中にある事物の観念、あるいは像の存在にかかわるこの学説、およびこれにもとづくほかの学説、例えば、判断あるいは信念は観念の一致・不一致の知覚にほかならないという学説をもっと個別かつ十分に検討するつもりだった」とされながらも、本書ではこれに対応する考察はついに行われずに終わっている。従って、再びここでも、八五年の『人間の知的能力試論』が参考になるが、問題の箇所は同試論での概念論である第四試論第二章である。

著者はそこで、観念学説とこの学説に哲学者たちを導いた謬見について「より包括的な展望」を与えることを約している。

詳細は省くが、リードが指摘しているのはいわゆる「現前」の思想である。すなわち、人間知性が何らかの事象について概念するとき、この知性に何かが「現前」しているのでなければならない、とする思想である。この何かは、事象そのものというわけにはいかないので（例えば空想の場合はよい例である）、いわば事象を「代表」するものが人間知性に「現前」すると考えられた。リードによれば、こうした「現前」の思想は、精神が物質との「類比」で考えられたためだとされるが、それは、一方で物質相互の作用が一般に近接的な接触によってなされること、他方で、アリストテレスの用いた「蠟」の喩えに見られる卑近な事例のように、個別の作用の後には物質に痕跡が残ることが確かめられるからである。いわば、知性の場合でも、何らかの事象が概念されたことの痕跡が心に刻まれるはずだ、というわけである。ともあれ、以上が観念学説と「類比の方法」との関連性である。第七章末尾には、批判しつつ構築する本書の思想が知覚のみを論題としたことが、ガリレオやニュートンといった自然哲学における先例に比較され、そこでの偉業を精神哲学の分野でも達成しようとしたある種の「野心」が仄めかされている。

リード哲学におけるベーコン主義——結語にかえて

デュガルド・スチュワートは、一八一五年と二一年の二回に渡って、『エンサイクロペディア・ブリタニカ』への特別寄稿論考として『ヨーロッパにおけるルネサンス以降の形而上学、倫理学、政治哲学の発達にかんする研究』を著している。そのなかでスチュワートは、一八世紀のスコットランドに出現し、ヒュームとリードによって頂点に達した一連の思想動向を「スコットランドにおける形而上学学派」と称し、文芸復興以来の西洋形而上学の最も完成した形態であると謳歌する。

トマス・リードの哲学的思想が後世に与えた影響史という点からすると、スチュワートがこうした呼称を用いることによって実質的に始まったと言ってよい「スコットランド学派」が挙げられる。もっとも、スチュワートが本当にリードの後継者であったかどうかについては、今日いわゆる「スコットランド啓蒙」研究から疑念が呈せられているわけだが、「常識」という言葉に込めたリードの意図に必ずしも好意的でなかったことは前に触れた通りである。そこでは「常識の原理」をリードのベーコン主義から一応理解したが、どうやらリードとその弟子との間にはこの点についても見解の相違があったようである。スチュワートの主著の一つに一七九二年に公刊され、師に献じられた『心の哲学原理』があるが、その原稿を閲読したリードは、スチュワートが同書の序論でベーコン主義の意義をいわば相対化したことに対して、次のように書簡を書き送っている。

ベーコン卿が後世の人々からしかるべき以上の賞賛を得たとは思えません。……ニュートンやロックは、彼らが海外でも知られるようになってからというもの、ベーコン卿の著述物以上に、哲学の真正な精神を流布するのに貢献したようです。かたやベーコン卿の著述物は忘却され、ニュートンとロックの哲学的精神がベーコン卿の胎内から出自したことはあまりよく知られていません。そこで、私としては、貴方の筆になるものに、ベーコン卿の研究を促進するものを見てみたいと思うものです。というのも、ベーコン卿のことはほとんど研究されていないからです。なるほど、世界中の人々が彼の欠点を知ってはおります。しかし、彼の中で完成の域に達したものを知る人はほとんどいないのです。

ここに記された当時の文言は、そっくりそのまま今日でも通用するが、唯一違うのは、かつての内容がそっくりそのままリード哲学自身に当てはめられなければならないことである。スチュワートから今日に至るまでのリード哲学関連の文献で、リードにおけるベーコン主義がまともな研究対象になった例を訳者は知らないが、必ずしも浅学寡聞のせいではないと思う。実際、本書や晩年の二試論のなかでベーコンのことが名指しで言及される箇所はそう多くなく、また右の文言でリード自身が仄めかしているように、ベーコン主義的として摘出されるべき思想内容はしばしばその継承者たちの名称のもとで理解されてきた。

とはいえ、言及の多寡や思想内容の分離という問題は、リードにおけるベーコン主義をそれとして見定める上では副次的な性格のものだと訳者には思われる。ある意味でリードのテキストの端々からベーコン主義が読み取れるのであって、もちろんそれが、まさしく「かなり大きくて万人にも理解できる」文言を通してではないのは当然である。もとより、訳者としては、読者がそれぞれの裁量で本書を読んでもらうことに異存はないわけだが、失礼を承知で、あえてベーコンの顰に倣って言えば、何らの「補助手段」を持たないままに「放っておかれた知性」はいつも「偏見」と「予断」に満たされるのであり、事実、これまでのリード理解が多くの誤解を伴ってきたことを踏まえ、この解説では本書『心の哲学』への指針として一貫してリードにおけるベーコン主義を強調してきた。観念学説の基本命題に「自然の迷宮」というベーコン主義を対置させたリード哲学の全体像が、本書以降晩年の二試論を通じて具体化される様子の解明を今後の課題として、拙文を終わることとしたい。

訳者あとがき

一九九一年に初めてその著書に接して以来、哲学者の実像を追い求めてきたが、トマス・リードがそれこそ骨の髄まで染め上げたベーコン主義者だったということを、翻訳を終えた今、訳者はしみじみと噛みしめている。実験と観察によって「自然法則」を発見することが科学だと考えるのがベーコン主義である。「仮説」や「理論」が果たす積極的な意義を語る余地はここにはない。一時期、理論は理論によってのみ倒されるということがベーコン主義の根幹を揺すぶる大発見であるかのように喧伝されたことがあったが、ひと言「理論」と名指されれば、それだけですでに信用を失うのであり、かりそめにも倒すに値するほどの「理論」の存在などはじめから想定しないのが、リードのような筋金入りのベーコン主義者である。

彼はベーコン主義を近代科学が何ら手を加えることなく継承するべき「遺産（ヘリテージ）」だと信じて疑うことを知らなかった。確かにカントもまたベーコンを礼賛することができたが、有名な「思考法の革命」はその舌の根が乾かぬうちに認められたのである。歴史はカントの判断が正しかったことを示している。水という物質の状態変化を最初に観察した古人は、「常識」という、近代人のニュートンをして重力の法則と光の性質を発見せしめたのと同じ知性を用いたのである、などと真顔で言えた哲学者に後世の我々が顔を顰めるのは当然であろう。痛ましいことに、リードはこの偏向した科学理解こそ観念学説批判における最大の武器だと信じた。彼の哲学的生涯は勝ち目のない戦いだったと形容するのがふさわしい。ならば、その思索の跡は、いささか重みをつけて悲劇的だったとも言えるわけだが、しかしまさにそのことが実像だと知りえたからこそ、ヒュームとカントの間という哲学史的に絶妙なポジションにいながらそのことを活かしきれず、かえって極端なまでのベーコン主義にのめりこんでしまったことが、むしろ訳者にとっては哲学者の魅力なのかもしれない。冒頭、心境を語る「しみじみ」という言葉も、そのあたりに落ち着くようである。

ともあれ、カントをやめてリードにのめり込んでいった頃の訳者を一番よく知っている上智大学教授大橋容一郎氏には、これまで何度も訳者のリード談義を忍耐強く聞いていただいたことも含め、特に今回は知泉書館を紹介していただいたことに感謝申し上げたい。慶應義塾大学教授丸山徹氏には「可視的なものの幾何学」の数学にかんする部分の翻訳原稿に目を通していただき、訳者の訳語のミスを始め、貴重な助言を頂戴することができた。数学関連の訳者註でのご協力の申し出に残念ながら副うことができなかったことを含め、翻訳作業が意外と手間取ってしまったとはいえ、謝辞がこんなにも遅れてしまったことをお詫び申し上げたい。両眼単一視にかんする箇所の翻訳原稿を読んでいただいた淑徳大学専任講師金沢創氏、網膜倒立像にかんする箇所の翻訳原稿を読んでいただいた群馬県立女子大学教授植村恒一郎氏のお二人にも、それぞれご協力していただいてからずいぶんと時を経てからの謝辞を申し訳なく思う。他方、解説の最初でも触れた日本のリード研究の先達たちを始め、専門・非専門を問わずリードのテキストを読んでおられる方々とこれまで面識を得る機会があったが、喜んでご教示下される方々であることは重々承知していたものの、残念ながら訳者の不手際でそうしたご好意に甘えさせていただくまでには至らなかった。翻訳を終えた今、もちろん面識・非面識の別なく、それぞれにリードを読んできた方々からの手厳しい批判によるご指導を賜らんことをこの場を借りてお願い申し上げたい。

最後になったが、知泉書館社長の小山光夫氏には、本訳書のような、ありていに言えば哲学史的にはマイナーな哲学者の著書を翻訳・出版するのにまたとない環境を提供していただいたこと、正直感謝の言葉もない。同じような仕事の経験がある知人の話と比較するにつけ、訳者の得た環境がいかに恵まれたものであったかを思い知らされた次第である。当初からトマス・リードに興味を持っていただいたことは、訳者として何より嬉しかった。拙い訳文が氏のご厚情と高野文子氏による裏方での実務に少しでも報いることがあればと願うばかりである。

二〇〇三年一一月

朝広　謙次郎

朝広謙次郎（あさひろ・けんじろう）

1960年生．上智大学大学院博士課程修了．青山学院大学・拓殖大学・東京家政大学非常勤講師．
〔業績〕「信頼原理と人間の知識」（『イギリス哲学研究』第23号，2001年），『自我の探求－現代カント研究 8』（共編，晃洋書房，2001年），『進化と自由』（共訳，産業図書，1989年），『進化論の基盤を問う』（共訳，東海大出版会，1987年）など．

〔心の哲学〕　ISBN4-901654-26-8

2004年2月20日　第1刷印刷
2004年2月25日　第1刷発行

訳者　朝広謙次郎
発行者　小山光夫
印刷者　藤原良成

発行所　〒113-0033 東京都文京区本郷1-13-2
電話(3814)6161 振替 00120-6-117170
http://www.chisen.co.jp
株式会社 知泉書館

Printed in Japan　印刷・製本／藤原印刷

人 名 索 引

事 項 索 引

あ　行

か　行

さ　行

た　行

な　行

は　行

ま　行

や　行

ら　行

わ　行